国家出版基金项目
NATIONAL PUBLICATION FOUNDATION

“十二五”国家重点图书

美国博雅学院的现代转型

Meiguo Boya Xueyuan de Xiandai Zhuanxing

刘春华 著

MEIGUO JIAOYU BIANGE YANJIU

美国教育变革研究

总主编 张斌贤

浙江出版联合集团
浙江教育出版社

总序

从2001年起，北京师范大学外国教育史教学科研团队一直把美国教育史作为主要的研究领域之一。十余年来，我们陆续承担和完成了二十多项全国教育科学规划课题和教育部人文社会科学研究规划项目，先后培养了数十名博士和硕士研究生，累计出版了数十种著作和译著，发表了数以百计的论文。迄今为止，美国教育史研究已成为北京师范大学外国教育史学科建设的基本特色，在国内教育学界产生了较为广泛的影响。

为集中呈现团队的研究成果，2008年以来，我们先后在河北大学出版社出版了“美国研究型大学探索译丛”(6种)，在北京师范大学出版社出版了“京师高等教育发展论丛”(8种)，在安徽教育出版社出版了“美国教育经典译丛”(10种)，并组织编写了“美国著名大学校长评传”(10种，由安徽教育出版社出版)。上述著作主要反映了2001—2008年间团队的研究成果。

2009年初，我从繁重的行政工作中脱身出来，有了更多的时间和精力系统反思我们团队在过去几年开展的研究工作及其成败得失。经过较长时间的思考以及与同事、学生们的深入讨论，我逐渐意识到，尽管美国教育的发展历史非常短暂，但由于这段历史本身所具有的丰富性和复杂性，教育史学界原有的以研究长时段、大问题、大趋势(或过程)为特征的研究取向和以宏观把握为特点的研究方式，是难以真正达成对美国教育历史发展的深刻认识的。若要深入认识和理解美国教育的历史，则应当转换视角，从对宏观的历史过程的把握转向对微观的历史事件的认识，更多地关注那些在美国教育历史发展过程中具有重大意义的、具体的和微观的历史事件与历史现象，更多地关注那些在美国历史转变时期所发生的重大教育变革。我相信，只有实现了这样的转换，才有可能基于充分翔实的文献资料，深入到每一个研究对象的内部，客观地还原或重构历史，从而获得科学的认识；我相信，只有实现了这样的转换，才有可能真正地在具体的研究实践中消除长期以来"困扰"外国教育史学界的思想史与制度史割裂的现象;我相信,只有实现了这样的转换,才有可能从根本上提高外国教育史学科研究的学术化和科学化水平。

这套"美国教育变革研究"丛书所收录的著作,正是我们团队近年来转换美国教育史研究视角所做尝试的初步成果。本丛书的出版首先应当感谢浙江教育出版社张宝珍总编,没有张总编的大力支持和精心筹划,难以在较短时间内完成出版工作。浙江教育出版社多名编辑为丛书的出版付出了辛劳,在此一并致谢。

我衷心地感谢参与本丛书写作的各位作者。他们任教于不同的高校,都承担着繁重的教科研任务,能在较短的时间内完成写作和修改,确实难能可贵。我也由衷地希望丛书的出版能为他们的专业发展提供重要的动力。

本丛书是我有幸获聘 2011 年度长江学者特聘教授后组织的第一项学术"工程",也是我计划在今后开展的美国教育史研究的第一阶段成果。今后几年中,我们团队还将陆续出版相关著作,向教育学界展现我们的研究心得。我们渴望得到来自学界的批评指正,以使我们今后的研究工作沿着科学的方向不断推进。

本研究项目得到"中央高校基本科研业务费专项资金"资助(supported by "the Fundamental Research Funds for the Central Universities"),谨此致谢。

张斌贤

2015 年 4 月于北京师范大学

目　录

导 言

一、美国博雅学院的研究价值

(一) 研究缘由

作为历史悠久的高等教育机构,美国博雅学院(liberal arts college)①有着辉煌的过去。它们曾是专门为盎格鲁—撒克逊白人子弟提供精英性质教育的机构。美国早期的牧师、律师、医生和公职人员等很多是由博雅学院来培养的。博雅学院的毕业生遍及各行各业,在各种专业领域和公共事业中担任重要角色和发挥领袖作用。在早期美国博雅学院毕业生比例不到人口总数的1%时,这1%的人当中就包含了美国55%的总统,36%的国会议员,47%的众议院发言人,56%的副总统,62%的国务秘书,67%的总检察长,69%的最高法院大法官。直到现在,博雅学院依然因为专注于提供优秀的本科教育而备受瞩目,在美国成为与研究型大学享有同样声望和盛誉的高等教育机构。不同之处在于,研究型大学一般规模较大,结构功能复杂,以研究著称,以传播增进知识和追求真理为目标和使命,同时提供本科生和研究生教育。博雅学院虽然规模一般比较小,但始终秉持自由教育(liberal education)的传统,专注于提供优秀的本科教育,被认为是美国"本科教育的最佳典范"②。

---

① 对于 liberal arts college,目前没有统一的中文译法,我国内地一般译成"文理学院",香港通常译成"文理学院",也有译成"博文学院"的。为了理解统一,本研究沿用"博雅学院"的译法。

② Steven Koblik. Distinctively American: The Residential Liberal Arts College [M]. New Brunswick: Transaction Publishers, 2000: XV.

在这些博雅学院中，有一些极负盛名的精英博雅学院，例如有“小三杰”[①]（Little Three）之称的威廉斯学院（Williams College，1793 年）、阿姆赫斯特学院（Amherst College，1821 年）、斯沃斯莫尔学院（Swarthmore College，1864 年）以及有“七姐妹”（Seven Sisters）之称的七所女校，分别是曼荷莲学院[②]（Mount Holyoke College，1837 年）、瓦萨学院（Vassar College，1861 年）、韦尔斯利学院（Wellesley College，1870 年）、史密斯学院（Smith College，1871 年）、拉德克利夫学院（Radcliff College，1879 年）、布林茅尔学院（Bryn Mawr College，1885 年）和巴纳德学院（Barnard College，1889 年）[③]。其中，“小三杰”、鲍登学院（Bowdoin College，1794 年）和明德学院（Middlebury College，1800 年）等又被誉为“隐蔽的常春藤”（Hidden Ivies）。精英博雅学院的声誉源于其优秀的本科生教育，这类博雅学院非常重视培养学生宽广的学术视野、批判性思维能力、书面和口头表达能力以及扎实的学术功底。精英博雅学院曾为美国培养了不少领袖人物，学院学生毕业后进入综合型大学的研究生院或专业学院深造的人数比例也非常高，由于口碑良好，美国综合型大学的研究生院也非常青睐来自精英博雅学院的毕业生。

从近年来国内对于美国高等教育的研究来看，我们关注更多的是美国的综合研究型大学和研究生教育，尤其对一些著名的私立研究型大学，如哈佛、耶鲁和普林斯顿等给予了大量关注，对美国大学的本科生院和本科教育的关注和研究有所不足，从而忽视了美国高等教育系统中博雅学院这种专注于提供优秀本科生教育的机构。博雅学院是美国民众引以自豪的高等教育机构，从历史传承来看，美国大学（university）深深地植根于传统学院（college），而学院传统和精神在很多美国综合型大学中以不同形式保留、继承和发扬，所以研究博雅学院的本科教育意义不言而喻。

最后，从国内高等教育的发展现状来看，为了响应建设高水平综合研究型大学的要求，国内一些研究型大学，包括很多“985”“211”院校都致力于发展研究生教育，有些大学过分强调科研，忽视本科教学，对于原有

---

① 这三所学院在历年的博雅学院排名中稳居前三名，被称为“小三杰”。

② 也称霍山学院。

③ 建于 1889 年，并入哈佛大学后被称为 Radcliff Institute，在卡耐基高等教育机构分类（2000）中，已不属于独立的博雅学院。

的本科生教育关注非常不够,同时一些地方院校也借机盲目升格扩张,在本科教育基础不足的前提下也投入大量人力和经费发展研究生教育。本科生教育是研究生教育的基础,成功的研究生教育应该建立在优质的本科教育基础之上。美国在发展研究型大学和研究生教育的历程中,始终把本科教育和本科生发展摆在首要和中心地位,同时十分重视对本科教育的科学研究。反观国内,我们在看到美国著名综合研究型大学的成功的同时,没有注意到美国大学的发展是建立在成功的本科教育基础之上的,这也导致了我们不仅在科研上对美国的本科教育没有给予足够的重视,只看到综合研究型大学的光芒,而且在高等教育实践中,也有过分重视科研和研究生教育而忽视本科教育的倾向和趋势。为此,对美国博雅学院的本科教育进行研究,可以引发对我国本科教育的关注、重视和研究,有一定的现实意义。

(二) 研究问题

作为美国高等教育领域历史悠久的机构,博雅学院在美国已有300多年历史,是美国高等教育的先驱。1636年创建的哈佛学院,严格意义上来说,即是模仿英国剑桥大学的伊曼纽尔学院(Emmanuel College)建立的一所博雅学院,是美国800多所独立博雅学院和大学中的博雅学院(college of arts and science)的先驱和典范。自1636年哈佛学院诞生至19世纪中叶200多年时间里,博雅学院一直在美国高等教育,尤其是本科教育中占据主导地位,发挥重要作用。随着1862年《莫雷尔法案》(*Morrill Act*)的颁布和1876年约翰·霍普金斯大学的建立,美国高等教育机构日趋复杂和多元化,赠地学院、州立大学和效仿德国模式创建的一批研究型大学对博雅学院形成了冲击和挑战。这一时期,一些博雅学院迫于内外压力积极转型,在原来的基础上增设研究生院和专业学院,逐渐发展成为综合性大学或学院,具备学院和大学的双重身份和功能,如哈佛学院(Harvard College);一些博雅学院坚守传统,保持特色,在美国高等教育系统中占据着独特的位置;一些博雅学院转变为小型专业性职业学院(small professional school);最后还有一些博雅学院因为竞争而关闭和消失。总体来看,从19世纪末至20世纪40年代,美国绝大多数学院仍然保留着纯粹博雅学院的身份和地位,如阿姆赫斯特学院和斯沃斯莫尔学院等。

然而即便如此,依然有许多理由担忧这些学院的前景,博雅学院的未来面临各种不确定。首先,这一时期人们对博雅学院的教育目标存在争议。随着学院生存环境的变化,一些博雅学院的目标也开始向多元化迈进,原先心智训练和培养完人的单一目标后来变成学院多重混合目标中的一个组成部分。与此同时,高等教育中的功利主义和实用主义倾向日趋明显,时任布朗大学主任、后来成为阿姆赫斯特学院校长的亚历山大·米克尔约翰(Alexander Meiklejohn)对这一时期流行的"效率"和"社会服务"口号进行了抨击,他坚称美国博雅学院的主要功能在于学生学习兴趣的激发。① 其次,人们对于博雅学院未来的发展持有不同看法。一部分人认为,在多方面压力的影响下,博雅学院可能"死亡"或消失。当时的一些学术领袖,如哥伦比亚大学的约翰·W. 伯吉斯(John W. Burgess)和芝加哥大学校长威廉·雷尼·哈珀(William Rainey Harper)认为小型学院最好变成两年制教育机构,将所有与学士学位(B. A.)有关的高级工作留给大学,或者在大学和功能日益增强的中学的双重压力之下,小型学院最好取消。② 然而,也有一些人认为在功利主义和实用主义盛行的时代背景下,博雅学院对过去传统学院的一些重要价值和传统起到了保留与继承作用。当时许多关于美国高等教育未来的著作对此有一个共同预言,如罗素·柯克(Russell Kirk)在其著作《高等教育的衰落与重生》(*Decadence and Renewal in the Higher Learning*)中猛烈抨击巨型州立大学,认为小型博雅学院代表了一种"对永恒价值进行保留的希望"③。这一时期,大学中设立文理学院(College of arts and science)、开展部分自由教育也对博雅学院的发展产生了一定影响。1892 年,当新生的芝加哥大学开始能够与一些欧洲著名大学竞争时,人们认为如果大学的学士学位中普遍包含自由课程(liberal arts program),那么纯粹的博雅学院就需要为它们的存在寻找更明确的理由,并且"重新考虑它们所声称的其在美国教育

① Steven Koblik, Stephen R. Graubard. Distinctively American: The Residential Liberal Arts College[M]. New Brunswick and London:Transaction Publisher:2005:9.

② Steven Koblik, Stephen R. Graubard. Distinctively American: The Residential Liberal Arts College[M]. New Brunswick and London:Transaction Publisher:2005:8 -9.

③ Steven Koblik, Stephen R. Graubard. Distinctively American: The Residential Liberal Arts College[M]. New Brunswick and London:Transaction Publisher:2005:22.

中的卓越性"①。

在两次世界大战期间,大学与博雅学院的差距逐渐拉大。大量学生的涌入使得大学规模日益扩大(1920 年,威斯康星大学学生人数为 7000,10 年后增至 1 万人),但大学同样也面临管理不人性化和缺乏独特目标的指责。这时,博雅学院借机重申它们的理念,认为小规模学院更利于培养健康的共同体责任感和归属感,学院更关注学生的全面发展(心智、身体和精神等方面),学院教师更倾心于教学,不会像其他大学教师一样被神秘的研究吸引而分神。② 亚历山大 · W. 阿斯廷(Alexander W. Astin)在《博雅学院如何影响学生》(*How the Liberal Arts College Affects Students, 1999*)一文中肯定了博雅学院在学生培养上的独特性和积极的教育效果。他指出,在公立高等教育机构急剧扩张的条件下,博雅学院能够存活并繁荣,应归功于很多美国父母和学生坚信博雅学院能够提供一种特殊的教育收益,这种教育效果是其他有声望的私立大学和公立教育机构所没有的。一般而言,寄宿制博雅学院,尤其精英博雅学院(highly selective or elite liberal arts college)提供了一种教育模式,这种教育模式在培养学生上表现出"持续的积极效果,这是其他高等教育机构所没有的"③。

总体看来,在 1890—1940 年间,博雅学院遭遇了来自赠地学院、州立大学和研究型大学等高等教育机构以及日益完善发达的公立中等教育机构多方面挑战,受到了一定冲击和影响。然而也就在这一时期,大批美国年轻人开始涌入学院,接受正规的本科教育,这又为博雅学院的发展带来了机遇。正如约翰 · R. 特林(John R. Thelin)在《美国高等教育史》(*A History of American Higher Education*)中所指出的,1890 年到 1920 年美国高等教育中一个令人迷惑之处在于,大学创建的时代同时也是学院发展的黄金时代。④ 20 世纪 20 年代,一些选择性博雅学院利用高等教育再度

---

① Steven Koblik, Stephen R. Graubard. Distinctively American: The Residential Liberal Arts College[M]. New Brunswick and London:Transaction Publisher: 2005:3.

② Alexander W. Astin. How the Liberal Arts College Affects Students[J]. Cambridge: The MIT Press, 1999, 128(1):77.

③ 同②。

④ John R. Thelin. A History of American Higher Education[M]. Baltimore and London: The John Hopkins University Press,2004:155.

受欢迎的时机，采取策略开展广泛而有限制的招生以及提升学费。一些学院宣称自己是“小而全国性”的机构，而学院招生负责人员和委员会这时也发现只有合适的中产阶级子弟才被允许进入这类学院。个性品格的标准像筛子一样将穷人排除在外，地域名额限制了新英格兰学生的数量，在学生中形成了地域多样性（geographical diversity）。这时，要求根据照片或母亲的姓氏来帮助挑选理想的“合适学生”①。在这种挑战与危机并存的社会环境下，为了应对环境的变化，博雅学院一方面从教育目标和课程设置等方面进行调整和重新定位，以建立与现代生活的协调性，同时博雅学院之间也加强了合作和交流。1915 年，一些学院的校长，以厄勒姆学院（Earlham College）的罗伯特·L. 凯莉（Robert L. Kelly）为首成立了美国学院联合会（Association of American Colleges，简称 AAC）。20 世纪 30 年代，又兴起“博雅学院运动”（The Liberal Arts College Movement），博雅学院出现了复兴，并对当时的大学产生了积极影响。

为此，本研究的研究问题是：1890—1940 年间，在挑战与机遇并存的时代环境面前，美国博雅学院是如何保持与继承自由教育的传统与价值，同时又适应环境的变化与要求，重新调整和进行自我定位，重塑与现代生活的协调性的？

这一问题可以细分为以下几个子问题：(1) 19 世纪末，美国博雅学院遭遇的挑战是什么，发展机遇是什么，促使博雅学院转型的内外动力又是什么？(2) 作为一种历史悠久的高等教育机构，博雅学院对过去学院自由教育的传统与价值作了哪些保留与继承？(3) 为了适应环境的变化，美国博雅学院又是如何进行调整与重新自我定位的，其教育目标、课程设置和学院生活等有什么变化？(4) 美国博雅学院的现代转型对其自身和美国高等教育发展有何影响？

（三）研究目的与价值

基于博雅学院在美国高等教育史和本科生教育中的独特地位和作用，本研究选取 19 世纪末至 20 世纪 40 年代这样一个特殊的历史时期，分析博雅学院这一时期在面临挑战与机遇的同时，是如何回应社会的需

---

① Steven Koblik, Stephen R. Graubard. Distinctively American: The Residential Liberal Arts College[M]. New Brunswick and London: Transaction Publishers, 2000:10.

求重新调整和自我定位，重塑与现代生活的协调性的。本研究的目的不仅在于再现这一时期美国博雅学院现代转型的过程本身，更深层次的目的在于探讨博雅学院自由教育传统本身的价值和影响力。本研究将主要从教育目标、课程和教学以及学院生活等方面来分析博雅学院现代转型的轨迹，并从中进一步挖掘博雅学院独特的教学环境的典型特征及教育价值。

本研究的重点在于透过博雅学院现代转型的轨迹，分析这一时期博雅学院是如何在坚守自由教育传统的基础上重塑与现代生活的协调性的，其目标、课程和学院生活发生了哪些变化。在此基础上，进一步分析博雅学院教学特点的价值和影响力。从研究价值上，本研究希望能够补充和丰富对美国博雅学院的已有研究，深化对本科教育与研究生教育、学院与大学的关系问题的理论探讨，引起人们对本科教育的关注和重视，同时还希望能对我国当前的本科教育提供一点启示和借鉴。

二、文献综述

（一）国外研究

1. 关于博雅学院发展历史的研究

乔治·R. 施密特(George R. Schmidt)的《博雅学院：美国文化史上的一篇》(*The Liberal Arts College: A Chapter in American Culture History, 1957*)详细介绍了从殖民地时期至20世纪50年代美国博雅学院的发展历程。作者在文中探讨了博雅学院的欧洲起源、博雅学院与宗教的关系、欧洲学院的古典人文(liberal arts and sciences, or the classical tradition)传统对美国博雅学院课程教学的影响、美国寄宿制学院的概况、早期博雅学院的校长、女性博雅学院的发展历程、19世纪中后期大学的出现及其新的大学理念对博雅学院的冲击和影响、在学院课程问题上进步主义与保守主义的代表杜威与哈钦斯对于学院课程的辩论、20世纪50年代的博雅学院的现状和面临的问题与挑战等，这为本研究从历史的角度宏观把握美国博雅学院的发展历程与脉络提供了细致的线索和全面的图景。作者在文中肯定了美国博雅学院的欧洲传统。他指出美国博雅学院的诞生纯属偶然,深深植根于过去欧洲的学院传统。[①] 作者还引用托马斯·J. 沃滕贝克(Thomas J. Wertenbaker)《普林斯顿,1746—1896 年》(*Princeton, 1746 - 1896*)中北美殖民地的教育是宗教的孩子[②],进一步肯定博雅学院与宗教的密切关系,并认为与宗教的影响相比,欧洲的古典人文传统对美国博雅学院课程的影响显得更为突出。

阿兰·O. 普尼斯特(Allan O. Pfnister)的《博雅学院的作用:关于争论的历史回顾》(*The Role of the Liberal Arts College: A History of Overview of the Debates, 1984*)一文对博雅学院作用的争论进行了历史性的分析。作者总结和回顾了美国博雅学院发展历程中遭遇的三次大的挑战及其回应。第一次是在 19 世纪早期,独立战争和西进运动之后,美国涌现的大量新兴团体纷纷设立自己的学院或大学,这时兴起的一股强大的实用主义潮流倾向对传统学院的古典人文教育形成了冲击。第二次是在 19 世纪末期,美国高等教育呈现出新的结构和功能。赠地学院的地位得到保障,大学作为一种独特的院校类型正在形成中,公立中学也日益在公民教育中占据重要地位,被称为"人民的学院"(people's colleges)。在美国当时许多教育领导者看来,博雅学院成了时代的错误。随着中学功能的不断增强以及大学和技术性院校的发展,这种既非高中也非大学的四年制独立学院似乎已经没有容身之地了。[③] 第三次挑战始于 20 世纪 70 年代。这一时期,学院教育的重点日益放在职业准备上,一边是综合性大学或学院,另一边是社区学院,强调自由教育、目标单一的博雅学院几乎没有任何发展的空间了。进入 20 世纪 80 年代和 90 年代后,传统的大学适龄人口下降,资助也日益困难,学校对生源和资助的竞争加剧,在这些困难时期尚未到来之际,许多博雅学院就已经不堪一击了。为了应对前两次挑战,博雅学院重申了对古老传统的坚持,进一步明确了自己的目标,显示出强有力的地位和作用。在第一次挑战时,博雅学院在接下来的半

---

① George R. Schmidt. The Liberal Arts College: A Chapter in American Culture History[M]. New Jersey: Rutgers University Press, 1957:3.

② Thomas J. Wertenbaker. Princeton, 1746 - 1896[M]. New Jersy: Princeton University Press, 1946:3.

③ Allan O. Pfnister. The Role of the Liberal Arts College: A Historical Overview of the Debates[J]. The Journal of Higher Education, 1984,(2): 149.

个世纪中依然保持着主导性力量。在第二次挑战时，伴随着教育机构的扩张，博雅学院进一步明确了自己的定位。针对第三次挑战的回应，尚在形成之中。①

托马斯·林赛·布莱尼（Thomas Lindsey Blayney）的《博雅学院的复兴》（*The Renascence of the Liberal Arts College*，*1912*）考察了美国学院的历史起源，将美国学院与英国学院（English College）、法国大学预科学院（French Lycee）和德国高级中学（German Gymnasium）进行了比较，对美国学院、大学和中学的含义、目标、功能和结构进行了区分。他认为与大学和中学不同，学院有其独特的功能和目标。② 他还分析了学院遭遇的来自专业化、职业训练、实用理念、教育效用方面的挑战。在谈到学院的现代化问题时，他指出，我们必须认识到的一个事实是，我们的学院在发展中遇到了危机，我们在课程的现代化上走得太远，以至于我们的理念必须重新调整，或者"学院必须继续向前"③。他高度肯定了学院在美国文化中的独特作用，引用哈佛大学校长威廉·查尔斯·埃利奥特（William Charles Eliot）的一段话来分析这种教育的独特价值，"教育的效用不能是唯物主义的、庸俗的或实用的，而必须是理想的、人文的和情感的，否则它就不能达成其目标"④。他认为，学院与职业准备和专业教育机构的不同之处在理念上，学院课程体系的核心不是职业准备，不是专业训练，也不是谋生手段，而是文化，文化元素是学院课程体系的基石⑤。他指出，19世纪晚期，美国教育领域一个最显著的现象是表现出一股强烈的反功利主义和实用主义倾向。哈佛对自由选修制政策的调整就是这股强大的不可抗拒的改革潮流的开始，从最近对于博雅学院的 300 万美元巨额捐赠

① Allan O. Pfnister. The Role of the Liberal Arts College: A Historical Overview of the Debates [J]. The Journal of Higher Education, 1984,(2): 149.

② Thomas Lindsey Blayney. The Renascence of the Liberal Arts College [J]. The Sewanee College, 1912, 20(2):176.

③ Thomas Lindsey Blayney. The Renascence of the Liberal Arts College [J]. The Sewanee College, 1912, 20(2):181.

④ 同③。

⑤ Thomas Lindsey Blayney. The Renascence of the Liberal Arts College [J]. The Sewanee College, 1912, 20(2):182, 183.

中可以预见博雅学院20世纪的复兴①。在功利主义和实用主义盛行的时代氛围里,作者看到了博雅学院在美国文化中的独特作用,认为作为一种独立的、伟大但不具竞争力的高等教育机构,学院代表着一种不仅仅是利益而是理想的世界观。作为民族生活的一支重要力量,学院的复兴正是沿着这个轨道进行的。②

阿奇·M.帕尔默(Archie M. Palmer)主编的《博雅学院运动》(*The Liberal Arts College Movement, 1930*)是1930年3月18日至20日在芝加哥举行的博雅学院会议的论文集。这次会议源于一场美国小型学院组织的旨在保持博雅学院生机与活力的运动。19世纪中后期大学兴起之后,小型学院受到大学竞争的冲击和影响,西马里兰学院(Western Maryland College)校长艾伯特·N.沃德(Albert N. Ward)发起这场运动的目的在于保持学院在美国高等教育和民众生活中的地位和影响以及在办学经费方面的合作。这本年会论文集涉及了博雅学院的历史及未来前景、博雅学院与美国高等教育、博雅学院对美国生活的贡献、自由教育与职业教育的前景、大学与博雅学院的关系、博雅学院的财政问题等广泛主题。会议结束时,沃德校长表达了发起博雅学院运动(A Liberal Arts College Movement)的提议,会议委员会最后提交了一份报告,标志着以博雅学院运动著称的组织的形成。

乔治·巴顿·卡滕(George Barton Cutten)的《美国博雅学院的未来》(*The Future of the American Liberal-Arts College, 1939*)分析了博雅学院在入学人数、财政经费和结构重组上遭遇的危机。詹姆斯·阿克斯特尔(James Axtell)的《博雅学院的死亡》(*The Death of the Liberal Arts College, 1971*)对美国博雅学院的发展历史、性质和课程、学院与大学的关系和美国高等教育存在的问题进行了历史分析。在指出辉格派历史学家对美国大学与学院关系论述中的不足基础之上,考察了美国大学与学院的区别和一致性。指出新大学和学院之间存在显著而确定的不同,但在辉格派史学家看来,两者也存在显著的一致性。其中,最明显的一致性在于博雅

---

① Thomas Lindsey Blayney. The Renascence of the Liberal Arts College[J]. The Sewanee College, 1912, 20(2):184, 185.

② Thomas Lindsey Blayney. The Renascence of the Liberal Arts College[J]. The Sewanee College, 1912, 20(2):190.

学院应该成为大学的核心,即使是结构功能最为分散的大学,也不例外。另外一个就是,“学院作为一种生活方式”的寄宿性质。最初时,美国大学受德国大学忽视学生课外学习和生活的影响,现在新大学开始向美国特有的关注学生全部学院经历的传统回归。到了第一次世界大战时,几乎每一所美国州立和私立大学都开始效仿牛津剑桥模式,修建宿舍或建立学院系统,目的在于重获殖民地学院最重要的价值,即“生活和学习的联系和统一性”①。最后,作者对美国大学和博雅学院在发展中面临的问题和应采取的措施进行了分析,认为在美国学院与大学的形成过程中,学生是最具创造力和想象力的力量,而学生又是学术团体中最容易被忽视、最不容易被理解的组成部分,课程则是学院变化的“晴雨表”②。

史蒂文·克布利科(Steven Koblik)与斯蒂芬·R.格劳巴德(Stephen R. Graubard)合编的论文集《独特的美国人:寄宿制博雅学院》(*Distinctive American: the Residential Liberal Arts College, 2000*)从不同角度分析了美国寄宿制博雅学院的形成、现状和未来的发展前景。阿姆赫斯特学院的历史与美国研究教授休·霍金斯(Hugh Hawkins)的论文《博雅学院特色的形成》(*The Making of the Liberal Arts College Identity*)分析了19世纪以来美国博雅学院的发展历程,包括19世纪受高等教育机构类型多样化影响面临的危机,1900—1940年间博雅学院重新显示独特性,以及20世纪60年代之后博雅学院的发展进入冷静与管理主义时期。他指出,在20世纪20年代,对于青年学生而言,如果想要寻求政治抱负,州立大学会是更好的选择。但是,对于其他方面的领导力培养而言,小型学院则日益为上升期的中产阶级子弟所青睐③。亚历山大·W.阿斯廷(Alexander W. Astin)的《博雅学院怎样影响学生》(*How the Liberal Arts College Affects Students*)一文研究了寄宿制博雅学院如何影响学生的成长和发展。彼得·J.戈梅斯(Peter J. Gomes)的《肯定与调整:价值与精英寄宿制学院》

---

① James Axtell. The Death of the Liberal Arts College[J]. History of Education Quarterly, 1971, 11(4):345.

② James Axtell. The Death of the Liberal Arts College[J]. History of Education Quarterly, 1971, 11(4):348, 349.

③ Steven Koblik, Stephen R. Graubard. Distictively American: The Residential Liberal Arts College[M]. New Brunswick and London: Transaction Publishers, 2000:11.

(*Affirmation and Adaption*: *Values and the Elite Residential College*)探讨了精英寄宿制学院目标与价值的变化。杰弗里·卡纳达(Geoffrey Canada)的《民主趋势:小型博雅学院的作用》(*The Currents of Democracy*: *the Role of Small Liberal Arts College*)以自述的方式回忆了自己在鲍登学院学习的经历和感想。尤金·M. 朗(Eugene M. Lang)的《独特的美国人:博雅学院》(*Distinctively American*: *The Liberal Arts of College*)分析了博雅学院的传统目标与使命及其遭遇的专业化的挑战,探讨培养"负责任的公民"能否作为一种积极元素融进博雅学院的目标中,为博雅学院的生存和发展带来生机与活力。埃娃·T. H. 布兰(Eva T. H. Brann)的《美国博雅学院:自由学习的地方》(*The American College as the place for Liberal Learning*)对博雅学院的自由学习进行了分析和研究。其他论文涉及的主题包括:博雅学院的理念、博雅学院的科学教育、人文科学面临的问题、博雅学院与社会科学等,这使本研究能够从不同角度认识和把握博雅学院的历史、现状和未来趋势。

弗朗西斯·奥克利(Francis Oakley)的《学习共同体:美国学院与自由教育传统》(*Community of Learning*: *the American College and the Liberal Arts Tradition*, *1992*)从自由教育传统的欧洲起源、传统自身的演化、发展现状及地位和未来图景五个方面对美国学院的自由教育传统的形成和发展变化进行了全面深入的研究。作者详细论述了与美国学院自由教育传统密切相关的古希腊、古罗马、僧侣和教堂学校、中世纪大学与学院的出现、美国殖民地学院和现代大学的形成、大学与学院的关系、学院师生的学习和生活方式及其变化、自由教育传统当前面临的问题、人文学科的困境和通识教育的意义、精英博雅学院对传统的强化及其未来的命运等细致的主题,不仅有助于本研究对美国博雅学院自由教育传统的历史把握,同时也可以细致了解当时学院师生的数量、来源、学习内容、生活方式、时间支配方式及其变化。

在罗杰·L. 盖格(Roger L. Geiger)编著的有关美国高等教育教学、研究和服务三大核心功能的论文集《19 世纪的美国学院》(*The American College in the Nineteen Century*, *2000*)中,盖格的《美国高等教育多重目标时代,1850—1890》(*The Era of Multipurpose Colleges in America Higher Education*, *1850—1890*)一文分析了 1850 年至 1890 年期间美国学院向多

元目标发展的原因和趋势。他指出,19 世纪 90 年代被视为美国大学出现的时期。大学的兴起和标准化的压力使得传统学院丧失了已往的中心地位①。面对日益增加的学术知识、不拘一格的学生和市场对实用和职业技能的需求,新旧学院开始调整自己的学位课程,以应对挑战,19 世纪 90 年代标志着这些学院普遍危机的开始。② 与此同时,作者还分析了这一时期学院人数的动态变化以及多元目标学院的本质和特征。盖格的分析不仅为本研究深入了解 19 世纪中后期美国博雅学院目标多元化的历史背景,同时也为研究时期选择提供了依据。在《旧秩序的危机》(*The Crisis of the Old Order*)一文中,盖格对 1890—1900 年间高中学生的录取和毕业生人数、各类高等教育机构招生人数、学院毕业生进入专业学院的比例进行了统计和分析,认为美国大学的兴起虽然植根于悠久的学院传统,但不可避免地对学院形成挑战。

另外,在一些美国高等教育史著作中,也有一些对于博雅学院的介绍和分析。特林的《美国高等教育史》的第五章对于 1890—1920 年间美国人涌入学院的历史进行了分析和考察。作者将这一现象描述为大学时代的学院理想③,认为这一时期学院繁荣的一个特点在于,学院的声望源于其悠久的历史,而不在于现代性④。他分别从学院庆典、本科生生活、入学与负担、校际体育比赛、女子学院、男女合校教育、黑人学院、学院生活、主流校园文化和学生社团活动、学院课程、招生、一战与大学等方面进行了分析,以丰富的史料生动再现了这一时期美国学院学生的生活以及学院繁荣的广阔历史图景。弗雷德里克·鲁道夫(Frederick Rudolph)的《美国学院和大学》(*The American College and University: A History*,*1990*)从美国殖民地学院的早期发展、19 世纪的学院运动、学院生活传统、面临的挑战和回应、课外生活、教授群体、学院财政和杰克逊(Jacksonian)民主

① Roger L. Geiger. The American College in the Nineteenth Century[M]. Nashville: Vanderbilt University Press, 2000:127.

② Roger L. Geiger. The American College in the Nineteenth Century[M]. Nashville: Vanderbilt University Press, 2000:128.

③ John R. Thelin. A History of American Higher Education[M]. Baltimore and London: The John Hopkins University Press,2004:155.

④ John R. Thelin. A History of American Higher Education[M]. Baltimore and London: The John Hopkins University Press, 2004:156.

与学院等方面介绍了美国学院的发展历程。约翰·S. 布鲁贝克(John S. Brubacher)和威利斯·鲁迪(Willis Rudy)合著的《转型时期的高等教育,1636—1956》(*Higher Education in Transition, 1636—1956*)介绍了早期殖民地学院的建立、组织管理和学生生活以及19世纪殖民地学院的转型历程,重点分析了学院的扩充和变化、早期教学方式、选修制与课程转型、大学生联谊会与体育运动、学生刊物和学院生活等方面的内容。

2. 关于博雅学院教育理念与目标的研究

乔·A. 豪厄尔(Joe A. Howell)与唐纳德·R. 艾德森(Donald R. Eidson)著有《一个理想博雅学院的理念》(*The Idea of An Ideal Liberal Arts College*, 1985)。他们基于自身丰富的学院生活经历,自身在工作和生活中与学院学生、教师和其他人员的广泛接触,对一所理想博雅学院的理念应该是什么这一主题进行了广泛深入的探讨。他们赞同雅克·巴曾(Jacques Barzun)的观点,即没有一所学院是完美的①,并进一步解释说完美只是指理念上的接近,以及为实现这一理念的不断努力,但这并不意味着最终的实现。这样一所学院不存在特性问题,它拥有自己的灵魂,这一特性将激活学院的所有部分,直至学院整体独特性的实现②。他们还分析了不同的学院管理者和教师对博雅学院的使命和目标的共识,学院校长们是如何将校园中的不同利益和兴趣点聚焦于一个单一的目标、一个共同的构想,并使之服务于学院的目标和使命,学院的课程设置又应该如何反映博雅学院的传统。他们首先勾勒了一个理想博雅学院的范本和模型,然后从学院理念、学生、管理、与教堂的关系等方面进行了分析,并提出了相应的意见和建议。

亨利·H. 克里米尔(Henry H. Crimmel)的《博雅学院与自由教育理念》(*The Liberal Arts College and the Ideal of Liberal Education*, 1993)分析了如何根据自由教育的理念对博雅学院进行革新的问题。书中指出这一时期虽然许多博雅学院依旧承诺为学生提供自由教育,但它们并没有兑现这一承诺;博雅学院丧失了机构的完整性,为了重新获得这种完整性,

① Joe A. Howell, Donald R. Eidson. The Idea of An Ideal Liberal Arts College[M]. New York: University Press of America, 1985:2.

② 同①。

需要进行一些重要的改革①。书中第一部分对博雅学院当时存在的问题进行了批判,第二部分从自由教育的理念和机构独立、自由课程设置及教师自治的原则等方面分析了如何恢复学院的完整性。书中专门对柏拉图、亚里士多德和杜威的自由教育思想进行了分析和梳理,有助于本研究了解自由教育思想的历史发展脉络。

华莱士·B. 多纳姆(Wallace B. Donham)的《教育为了负责任的生活:博雅学院的机遇》(*Education for Responsible Living*: *The Opportunity for Liberal Arts College*,1946)基于自己40年与博雅学院和工程学院毕业生的接触经历,探讨这些教育机构及教育与生活的联系。书中第一部分分析了社会生活和环境的变化以及科学和技术教育的兴起给博雅学院带来的影响和挑战,分析了科技训练的严重缺陷以及日益增长的自由教育需求,博雅学院的专业教育和通识教育的双重功能,通识教育存在的不足,自然科学和社会科学与现实世界巨变之间存在的差异,人类生活面临的各种不确定性以及专业化带来的影响。第二部分分析了通识教育的目标和课程组织、个性化教学、职业教育与通识教育、肤浅专业化与通识教育以及自然科学、社会科学与人文科学之间的相互依赖关系、学术界对社会变化的适应问题。最后探讨了博雅学院通识教育的可能性问题。作者认为,博雅学院的教育应该成为真正的实验研究的中心,目标在于更有效地实现对学生的影响以及将这一教育与现代社会的变化和问题更密切地联系起来。② 作者进一步指出高效的通识教育对于一个自由民主社会的有效领导与合作是十分重要的。③

莫里斯·T. 基顿(Morris T. Keeton)的《模范与异类:私立博雅学院概况》(*Models and Mavericks*: *A Profile of Private Liberal Arts Colleges*,1971)对私立博雅学院的使命、基于独特哲学和资源的教学质量、博雅学院的典范(Mills College, Bowdoin College, Knox College, Claremont College, Sarah

---

① Henry H. Crimmel. The Liberal Arts College and the Ideal of Liberal Education[M]. Lanham, New York, London: University Press of America, Inc., 1993:v.

② Wallace Brett Donham. Education for Responsible Living: the Opportunity of Liberal Arts Colleges[M]. Cambridge, Massachusetts: Harvard University Press, 1946:297.

③ Wallace Brett Donham. Education for Responsible Living: the Opportunity of Liberal Arts Colleges[M]. Cambridge, Massachusetts: Harvard University Press, 1946:xii.

Lawrence College)、公共政策、实现优异质量的方法等方面进行了研究和分析,并对私立博雅学院如何更好地服务社会提出了建议。

3. 关于博雅学院教育的价值与影响的研究

丹尼尔·A. 克拉克(Daniel A. Clark)的《造就学院人:美国大众杂志与中产阶级男子气概,1890—1915 年》(*Creating the College Man: American Mass Magazines and Middle-Class Manhood, 1890—1915*,2010)① 从美国大众杂志的独特视角,分析和研究了 1890 年至 1915 年社会转型期学院教育与中产阶级男子气概养成之间的关系。作者重点考察学院教育是如何被赋予新的意义,又是如何成为中产阶级男性(尤其是商人)的文化资本的。作者首先考察了转型时期大众杂志中的成功男士和理想商人的形象,然后分别从学院课程与商业的关系探讨了在公司社会中重建通往权力的道路,学院课外生活体验,学院、公司化美国与自我奋斗理想的重塑之间的关系,并对学院经历全景的销售进行了分析和研究。在研究结论中,作者肯定了学院教育与中产阶级文化需求之间的关系,大众杂志在其中起到了桥梁性的沟通和塑造作用。A. H. 多伊特(A. H. Deute)在文章《当大学高年级生变成新商人》(*When the College Senior Becomes a Business Freshman*)中指出,学院人的价值并不来自他作为新成员带来的直接技能,这些他依然需要从实践中去学习。但是在 35 岁成为高级管理人员,却得益于他在学院所受的自由教育。他所受的智力训练使他在刚开始时只是机器中的高效齿轮,但依靠他的想象力、良好的判断能力和清晰的思考能力,有一天他终将走到一个更高的位置。② 克拉克认为,这一时期美国学院的繁荣和兴盛与处于上升时期的美国中产阶级的文化需求密切相关,中产阶级将学院教育和学院经历视为文化资本的一部分和日后在社会生活中提升政治经济地位和在商业竞争中取得成功的敲门砖,而大众杂志在沟通和塑造中产阶级的文化需求与学院教育之间起了重要作用。

---

① Daniel A. Clark. Creating the College Man: American Mass Magazines and Middle-Class Manhood, 1890 - 1915[M]. Madison, Wisconsin: The University of Wisconsin Press, 2010: 182.

② Richard Weiss. The American Myth of Success: From Horatio Alger to Norman Vincent Peale [M]. New York and London: Basic Books, 1969:9.

菲利普·E. 雅各布(Philip E. Jacob)的《学院价值观变化:一项关于学院教育影响的调查研究》(*Changing Values in College*: *An Exploratory Study of the Impact of College Teaching*, 1957)分析和研究了学院教学对学生价值观变化的影响,重点分析了学院学生在校期间价值观模式发生了哪些变化,这些变化在多大程度上源于通识课程中的各种社会科学的教学。斯沃斯莫尔学院的约翰·穆尔(John Moore)教授在1951—1952年期间对26所学院社会科学通识教育中的宗教和道德课程进行调查,发现社会科学在价值观问题上非常模糊和含混,提出对学院通识教育相关课程的目标、原理及对学生信仰和行为的影响进行深入细致的研究和分析。作者首先分析了美国学院学生的共同价值观,随后对学院教育的价值观结果、课程的影响、教师的影响、教学方式的影响、一些学院的特例以及学生个性本身进行了分析和研究。通过研究,作者认为通识教育课程模式、基础社会科学课程的教学大纲模型、知名教师和神奇的教学方式对学生价值观的影响并不明显。学生在校期间价值观的确存在某种程度的变化。对有些学生而言,这种变化非常显著。但是变化的动力并不主要来自正式的教育过程。对学生价值观产生重要影响的是学校独特的环境、有强烈个人价值取向和感性色彩的教师的个人魅力以及融进学生智力发展过程中的价值体验明显的个人经历。①

肯尼斯·A. 费尔德曼(Kenneth A. Feldman)与西奥多·M. 纽科姆(Theodore M. Newcomb)《学院对学生的影响》(*The Impact of College on Students*,1970)对1925—1965年40年来学院对学生影响研究的回顾和总结,通过相关数据分别从学院期间学生的变化和稳定性、学院经历的步骤、不同类型学院学生的差异、不同主修课程学生的性格差异、宿舍生活对学生性格的影响、学生文化和教师对学生的影响、学生家庭背景和个性的不同导致的学院影响的差异、学院经历对学生毕业后的持续影响和变化等方面分析研究了学院经历对于学生智力发展、个性特征和个人成长的短期和长期影响。通过研究,作者认为从某种意义上说,任何一个走进学院的学生都或多或少受学院生活经历的影响。有理由相信,学院经历

① Philip E. Jacob. Changing Values in College: An Exploratory Study of the Impact of College Teaching[M]. New York: Harper & Brothers Publishers, 1957:11.

增强和稳定了学院学生的某些个性特征,尽管在此之前,这些个性特征表现并不明显,或者业已形成但并不稳定。①

扎卡里·卡拉贝尔(Zachary Karabell)的《学院为了什么》(*What's College For*? 1998)通过自己与大学学生、教授的广泛接触,分析和研究在高等教育大众化的时代,学院的目标是什么,学生接受大学教育的目的又是什么,学院究竟应该为个体在现实世界的发展提供什么样的技能。作者分别从学院的一些重要群体、场所和重大关系,其中包括学生、教室、研究生、教授、教授任期终身制、教授与大学的关系、历史标准、社会与高等教育的关系等方面探讨学院的目标问题。在研究的过程中,作者认为在学院教育中,不同的参与群体之间存在着文化冲突,并试图让不同的参与者用自己的语言描绘自己的学院经历,重现其模糊性、复杂性。作者希望通过教授和学生们自己的故事和真实的语言来阐明学院的真正目标以及这些不同参与群体心目中所认可的目标。通过自己的研究,在结论中作者对大学是谁的,谁拥有大学,谁决定了大学的目标,董事会、大学校长、学生、学生家长、政治家、纳税人、州立法机关还是教授,这样一个问题的回答是:上述所有人员。所有这些群体都对高等教育表示出兴趣,都关心大学里教什么以及怎么教的,他们都将大学视为社会中的一支重要力量,并且所有人都相信国家的地位和成功,在某种程度上都与大学教室里正在发生的事情有联系。② 作者认为,美国高等教育的优势在于其多样性,任何要将大学经历同质化的努力不仅注定是要失败的,同时也会削弱多样化的优势。所以,大学应该成为一个拥有多重主人的地方,允许每个人有自己的观点和见解,让每个人都在保存、建设和发展美国大学的过程中有自己的声音。③ 从研究结论来看,作者并未就前面提出的问题给出明确的答案,但其研究有助于后续研究对这些问题进行深入分析和探讨。

亚历山大·W.阿斯廷(Alexander W. Astin)的《博雅学院如何影响学生》(*How the Liberal Arts College Affects Students*, 1999)一文对博雅学院在学生培养上的独特性和教育效果进行了分析和研究。作者指出,在公

---

① Kenneth A. Feldman, Theodore M. Newcomb. The Impact of College on Students[M]. San Francisco: Jossey-Bass Inc., 1970:325.

② Zachary Karabell. What's College for? [M]. New York: Basic Books, 1998:231.

③ Zachary Karabell. What's College for? [M]. New York: Basic Books, 1998:246.

立高等教育机构急剧扩张的条件下,博雅学院能够存活并繁荣,应归功于许多父母和学生坚信博雅学院能够提供一种特殊的教育收益,这种教育效果是其他有声望的私立大学和公立教育机构所没有的。一般而言,寄宿制博雅学院,尤其是精英博雅学院(highly selective or elite liberal arts college)提供了一种教育模式,这种教育模式在培养学生上表现出持续的积极效果,这是其他高等教育机构所没有的。作者分析了普通博雅学院的教育效果,对罗马天主教、清教和独立博雅学院的教育效果进行比较,对精英博雅学院的教育效果进行了专门研究。对于普通博雅学院而言,其积极的教育效果归功于它的小规模、寄宿性质和教师的强烈学生取向。这三点能够促成积极教育效果的原因在于它们增强了学生对于学术工作的参与度,提高了学生之间和师生之间的接触和联系度。① 另外,学生与管理人员之间的相互信任、管理人员对学生服务的慷慨支出以及学生同辈组织(peer group)也对这种积极的教育效果起到了积极作用。通过研究,作者认为,在教学和研究平衡问题上,选择性博雅学院在教学与研究的平衡上比美国其他高等教育机构做得要好②。通过将精英博雅学院与研究型大学和非选择性博雅学院对比,作者认为精英博雅学院在经费、学生、教师和课程等方面表现出更大的独特性。这些独特性在实践中表现为:频繁的师生互动,频繁的学生互动,学生服务上的慷慨支出,教师群体的多样化,交叉课程和人文科学课程(特别是历史和外语)的广泛采用,对写作课程的重视,叙述性评价的广泛采用,学生独立研究的广泛参与度,学生参与教师研究课题的频度。③

欧内斯特·T. 帕斯卡雷拉(Ernest T. Pascarella)与格雷戈里·C. 沃尔尼亚克(Gregory C. Wolniak)等合著的《博雅学院与自由教育:影响的新证》(*Liberal Arts College and Liberal Arts Education*: *New Evidence on Impacts*, 2005)通过对相关数据的统计和分析,专门研究和考察了博雅学

① Alexander W. Astin. How the Liberal Arts College Affects Students[J]. Cambridge: The MIT Press, 1999,128(1):83-84.

② Alexander W. Astin. How the Liberal Arts College Affects Students[J]. Cambridge: The MIT Press, 1999,128(1):91.

③ Alexander W. Astin. How the Liberal Arts College Affects Students[J]. Cambridge: The MIT Press, 1999,128(1):92.

院及自由教育对于本科生的智力发展和个人成长及未来发展产生的影响。作者首先对比同时期研究型大学、地区性公立教育机构(指州立大学)、博雅学院本科生,分析他们之间是否存在差异;其次,分析博雅学院是否对学生的智力和个人发展产生独特的影响;再次,通过不同高等教育机构的对比,综合分析博雅学院的教学及学院经历是如何影响学生发展的;最后,分析博雅学院对学生今后的研究工作和人生经验产生的长远影响。作者通过自己的研究,充分证实了博雅学院及其自由教育对学生的智力发展和个人成长影响巨大,并为其他高等教育机构学习博雅学院的本科生教育提供了证明,作者的研究还为深入研究优秀的本科教育与个人卓越成就的取得密切相关这一信念提供了基础。作者的研究最大的贡献在于在博雅学院面临专业化和职业教育等多方面的挑战时,用数据充分证实和肯定了博雅学院及自由教育的价值,认为博雅学院及其自由教育的传统值得效仿和保留。①

4. 关于博雅学院课程与教学的研究

阿姆赫斯特学院校长亚历山大·米克尔约翰的论文与演讲集《博雅学院》(*The Liberal College*, 1920)的第三部分就博雅学院课程构建的逻辑和学生心智培养问题进行了专门的探讨。作者深信,任何知识的传授如果不是建立在对知识本身的理解和研究基础之上,是不会成功的。② 在心智的训练问题上,作者认为,如果形式与内容的逻辑差异对于思考本身意义重大的话,那么正式学科的理论与教师的思考的确密切相关。③ 第四部分是米克尔约翰校长向阿姆赫斯特学院董事会提交的报告,分析了阿姆赫斯特学院 1913 年至 1914 年的课程和变化,以及对未来课程的建议和学院课程的整体规划,对阿姆赫斯特学院自 1912 年以来有关教育的讨论和措施方面的发展进行了说明,并对学院课程的重新组织进行了深入的探讨。

霍华德·R. 伯文(Howard R. Bowen)与戈登·K. 道格拉斯(Gordon

---

① Ernest T. Pascarella, Gregory C. Wolnial, et. Liberal Arts College and Liberal Arts Education: New Evidence on Impacts[M]. A Wiley Company: Wiley Periodical, Inc., 2005:xiv.

② Alexander Meiklejohn. The Liberal College[M]. Boston: Marshall Jones Company, 1920: 107.

③ 同②。

K. Douglass)的《自由教育的效率》(*Efficiency in Liberal Education*,1971)对小型独立博雅学院的本科生自由教育的效率进行了研究。作者通过对一所拟定的小型博雅学院的不同教学组织方式进行个案研究,分析比较在这所学院中不同的教学组织方式教学成本的差异。作者一共比较研究了六种不同的博雅学院教学模式,对其教育效果和经济效果进行了分析和评估,得出的结论对于包括专业学院在内的大学有效教学方式的组织富于启发和建设性。

弗雷德里克·鲁道夫的《课程:1636 年以来美国本科生课程史》(*Curriculum*: *A History of the America Undergraduate Courses of Study Since 1636*,1978)对 1636 年至 20 世纪 70 年代的美国学院和大学的本科生课程进行了历史分析,其内容涵盖了第一所美国学院的课程,1828 年耶鲁报告的经典课程,19 世纪 70 年代哈佛的选修课程及其 1909 年的调整,1860 年康奈尔大学创设的综合型大学的课程以及后来霍普金斯大学创立的研究型大学课程、核心课程和跨学科教学课程等,对这一历史时期的美国大学本科生课程进行了全面动态的研究,分析了不同历史时期本科生课程的特点及其与学生生活的联系、课程变化的背景及原因,有助于本研究从历史的角度动态地掌握博雅学院的课程及其变化。

莉萨·R. 拉图卡(Lisa R. Lattuca)和琼·S. 斯塔克(Joan S. Stark)合著的《学院课程的形成:环境中的学术计划》(*Shaping the College Curriculum*: *Academic Plans in Context*, 2009)将学院课程的制订视为决策过程来分析学院在进行课程选择和制订时所受的内外部环境及各种因素的影响。拉图卡分别从外部环境中的社会文化因素、大学内部环境因素、学术领域、创建学术计划、学习者、教学过程、计划调整、计划管理、课程变化的模式和策略等方面,从决策逻辑的角度对课程制订过程进行全面的分析,考察了影响课程设置的内外因素及其冲突和对立,再现了课程设置过程的矛盾性和复杂性,为了解美国学院本科生课程的形成提供了一个独特的角度。

詹姆斯·L. 贝丝(James L. Bess)主编的论文集《学院与大学组织:从行为科学的观察》(*College and University Organization*: *Insights from the Behavioral Science*, 1984)对学院和大学内部的组织管理从组织行为理论的不同视角进行了分析和研究,有助于本研究了解学院的内部和管理及其存在的问题。

5. 关于学院生活的研究

海伦·L. 霍罗威茨(Helen L. Horowitz)的《校园生活:18 世纪末至现在的本科生文化》(*Campus Life: Undergraduate Cultures from the End of the Eighteenth Century to the Present*, 1987)全面生动地再现了 18 世纪末至 20 世纪 80 年代学院学生和他们的校园生活,描绘了不同时期学院本科生定义自我、看待教授和同学、创建协会以及构建行为准则和意义体系的不同方式,详细探讨了学生和教师、学院外部人员、叛逆学生、杂耍和马戏团、大学组织等主题。霍罗威茨的著作全面展现了这一历史时期本科生校园生活的广阔图景,有助于本研究了解 1890 年至 1930 年间本科生校园生活及其变化的背景。

卡尔文·B. T. 李(Calvin B. T. Lee)的《校园图景:1900—1970 年》(*The Campus Scene: 1900 - 1970*, 1970)以生动的笔调再现和描绘了 1900 年至 1970 年间美国学院生活的图景,分析了不同时代不同类型的学院学生及学院生活的特征及变化,以及社会政治经济因素对学院的影响。正如作者在序言中所指出的:"学院时代,我们的学院生活,都是十分个人的……每一代学院人都有他们自己的回忆和共鸣:独特的个性、风格或信仰。虽然同一时期,不同的学院和不同的地区会有所差异。但是,任何时代都有一个主流的基调、节奏或风格决定学院生活的特征。"①李的研究有助于本研究对 1900—1940 年间学院生活、学生特征变化及社会政治经济因素对学院的影响的了解和把握。

欧内斯特·L. 博耶尔(Ernest L. Boyer)的《学院:美国本科生经历》(*College: the Undergraduate Experience in America*, 1987)是卡耐基教育促进会(The Carnegie Foundation for the Advancement of Teaching)1984 年组织的一项针对美国本科生学院学习和生活经历的研究报告。通过对 29 所博雅学院、综合大学、学位授予机构和研究型大学本科生的学院生活准备、学院生活的适应、目标和使命、课程设置、教学、校园生活和社区生活等方面进行了全面深入的调研,分析和比较了不同类型大学本科生学习

---

① Calvin B. T. Lee. The Campus Scene, 1900 - 1970 [M]. New York: David Mckay Company, Inc., 1970: xi.

和生活的历史、现状和特点。

格雷格·劳利斯(Greg Lawless)的《哈佛深红选集:哈佛一百年》(*The Harvard Crimson Anthology*: *100 Years at Harvard*, 1980)是哈佛大学学生杂志《深红》(*Crimson*)记录的哈佛历史,精选了过去一百年来哈佛大学发生的重大事件的报道和文章,详细记录了一百年来哈佛大学的发展动态、校园生活、编辑与政治、幽默与智慧、体育运动、信件、艺术与批评等方方面面的内容,涉及了这一时期的美国政治史重要时刻的文献记录、大学发展中遇到的重要问题的争论和丰富多彩的校园生活记录,生动展现了这一时期哈佛大学的发展、学生校园生活、社会生活的变化。

历史学家塞缪尔·埃利奥特·莫里森(Samuel Eliot Morrison)撰写的哈佛校史《哈佛大学三百年》(*Three Centuries of Harvard*, *1636—1936*, 1937)详细记录了哈佛自1636年创建至1936年间的历史。莫里森考察了哈佛从一所殖民地学院向声誉卓著的现代大学转变的历史过程,记录了不同时期影响大学发展的重大历史事件、重要时刻、影响大学发展的关键人物以及不同历史阶段哈佛发展的特征及面临的问题,是对哈佛三百年发展的历史回顾和生动记录。

伯纳德·贝林(Bernard Bailyn)和唐纳德·弗莱明(Donald Fleming)合著的《哈佛过去一瞥》(*Glimpses of the Harvard Past*, 1986)是贝林、奥斯卡·汉德林(Oscar Handlin)、弗莱明和斯蒂芬·特恩斯特伦(Stephan Thernstrom)撰写的关于哈佛的论文集,内容涵盖了哈佛学院的创建、约翰·桑顿·柯兰(John Thornton Kirkland)校长的失败、培养男子汉、查尔斯·埃利奥特(Charles William Eliot)改革、哈佛黄金时代、小社区和清贫但充满希望的学者等方面,从哈佛创建的背景、培养目标、杰出校长的管理和改革、19世纪中后期大学的发展与转型、作为学者社区的校园生活和大学的学者等方面简要反映了1636年至20世纪80年代哈佛的发展历程。

综上所述,国外对于博雅学院的研究较为系统成熟,研究成果也较为丰富。从研究内容上看,既有对博雅学院发展历史的研究,也有对博雅学院的教育理念和目标、学院教育价值与影响、课程与教学以及校园生活等的研究。从研究方法来看,既有传统的历史研究,也有利用现代组织学、行为科学和系统学理论对博雅学院组织管理的考察和分析。从研究成果形式来看,主要为研究专著、期刊论文和学位论文。从研究视角来看,既有宏观的、历史的整体性研究，也有关于博雅学院理念目标、价值和效果、课程教学和学院生活的专题研究，并且随着研究方法的不断丰富和研究手段的不断更新，20 世纪 40 年代以后对于博雅学院的个案研究逐渐增多，研究的主题也更为细致，包括学习目的、自由教育、课程教学、教学效果、学业能力与成就、个人成长、校园环境、校园生活、学生入学、学院管理和财政经费等广泛内容。总体而言，虽然国外对于博雅学院的研究比较成熟，研究方法和视角也日益丰富和全面，但对于精英博雅学院的群体研究相对不足，特别是对于 19 世纪末期至 20 世纪 40 年代精英博雅学院转型的历史研究显得不够。

（二）国内研究

与国外研究的系统和成熟度相比，国内对美国博雅学院的研究非常不足。从研究成果来看，首先是在一些美国高等教育史著作中，介绍殖民地时期和建国时期美国高等教育发展概况对博雅学院有涉及和梳理，如滕大春的《美国教育史》、陈学飞的《美国高等教育发展史》、贺国庆的《德国和美国大学发达史》和王廷芳的《美国高等教育史》。其次，目前研究美国博雅学院的各类期刊文章共有 20 余篇，研究主题涉及博雅学院办学特色、教学质量、自由教育、课程设置、学校管理、制度保障和地位作用等方面，如朱宏清的《美国综合文理本科学院及文理教育探微》(2004)，彭庆华的《美国博雅学院的微观管理特征》(2004)、《美国博雅学院的特殊作用及其启示》(2004)、《美国博雅学院教学质量特征》(2005)，王肃婷的《美国博雅学院的自由教育哲学浅析》(2007)，王春春的《与众不同的学院：美国博雅学院的特征分析》(2009)、《美国博雅学院的新生研讨课的特点及其启示》(2010)、《美国博雅学院卓越本科生教育的制度保障》(2010)、《以"学"为中心：美国精英博雅学院教学特点分析》(2010)，张会亮的《美国博雅学院办学特色分析》(2011)等。再次，一些研究美国自由教育和通识教育的著作和文章也涉及了对博雅学院的教学和课程等内容的研究。最后，近几年研究博雅学院的学位论文有所增加，目前共收集到学位论文 5 篇。其中博士学位论文 1 篇，华中科技大学王春春的《美国精英博雅学院研究：对麦克莱斯特学院的文化人类学研究》(2009)，利用人类学的研究方法，通过实地情境的观察和分析，从学生、教师和教育环境对麦克莱斯特学院的自由教育进行了个案分析；硕士学位论文 4 篇，北京师范大学蒋盛楠的《美国博雅学院研究》(2005)对博雅学院的特点进行了分析,中国人民大学崔蕾的《美国博雅学院模式》(2009)对博雅学院的教学模式进行了研究,山东大学齐璐的《美国博雅学院课程研究》(2009)研究和考察了美国博雅学院的课程设置,首都师范大学王丽的《美国博雅学院的通识教育课程模式研究》(2011)则对博雅学院的通识课程进行了分析和探讨。由此可见,国内也逐渐开始重视对美国博雅学院的研究。

总体来看,近年来因为建设世界一流研究型大学目标的影响,国内对美国高等教育的研究更多关注的是美国大学(university),尤其是哈佛和耶鲁这样世界著名的综合研究型大学,对美国博雅学院的关注相对不足,关注研究生教育多过本科教育。美国博雅学院,尤其是一些独立设置的博雅学院,虽然在美国本科生教育中占有举足轻重的历史地位和作用,却没有受到应有的重视,被巨型综合性大学掩盖了光芒,以至于很多人对博雅学院这类美国独特的高等教育机构了解和认识非常不足。

三、核心概念

(一) 博雅学院

博雅学院(liberal arts college)是美国历史悠久的高等教育机构,其历史可以追溯到1636年哈佛学院的建立,哈佛是模仿英国剑桥大学的伊曼纽尔学院建立的一所博雅学院。在这之后直至19世纪早期,美国先后又建立了一些类似的学院。19世纪中期以后,大量美国青年前往德国攻读博士学位,同时又有很多受过德国教育的学者来到美国,受德国大学理念的影响,效仿德国大学模式创建了现代意义的美国研究型大学。1876年丹尼尔·吉尔曼(Daniel Gilman)创建的约翰·霍普金斯大学即是美国第一所真正意义的研究型大学。与此同时,随着1862年《莫雷尔法案》的颁布,赠地学院和技术院校纷纷建立。这些新兴的高等教育机构主要进行专业教育,对只进行本科教育的博雅学院形成一定的挑战。原来一些与博雅学院理念相近的殖民地学院(如哈佛、耶鲁和普林斯顿)转变为研究型大学,其他的博雅学院则选择保持小规模传统,继续专注于为本科生提供自由教育。随着时间的推移,美国博雅学院在美国高等教育体系中的比重逐渐缩小。然而,根据詹姆斯·W. 格思里(James W. Guthrie)主编的《教育百科全书》(*Encyclopedia of Education*),在20世纪之初,这些博雅学院得到了复兴,这可能源于博雅学院本身的独特性或博雅学院培养的学生的独特性。当前,美国共有228所博雅学院,占美国学院和大学总数的15.4%。在这228所学院和大学中,26所是公立性质的,占总数的15%;202所是私立的非营利性质的机构,占总数的88.6%。不存在私立的营利性质的博雅学院,很显然,美国私立博雅学院在数量上大大超过公立博雅学院。①

在机构性质上,历史上美国大部分博雅学院和早期建立的哈佛一样,都具有一定的宗教背景,有的直接是由宗教机构和团体创建,或由不同宗教机构控制。正如乔治·R.施密特在《博雅学院:美国文化史上的一篇》(*The Liberal Arts College: A Chapter in American Culture History*)所指出的一样,美国殖民地时期的教育是宗教的孩子②。例如,由路德教会建立的学院,如圣奥拉夫学院(St. Olaf College)和路德学院(Luther College);由浸礼教会建立的学院,如阿肯色浸会学院(Arkansas Baptist College);由长老会建立的学院,如罗兹学院(Rhodes College)和圣安德鲁斯长老会学院(St. Andrews Presbyterian College)。③ 直至今天,一些博雅学院依然保持着较强的宗教联系,一些博雅学院虽然与当初创建学院的教堂保持一定的联系,但宗教对学院的影响已经十分有限,还有一些博雅学院则完全断绝了这种宗教关系。

与美国其他高等教育机构相比,博雅学院的一些典型特征是,第一,一般都是私立性质的,且规模较小,招生人数相对较少。许多博雅学院的招生总人数不到2,000人,维持较低的生师比(student-to-teacher ratios)。第二,大部分博雅学院采取寄宿制,重视共同体的价值理念。第三,大部分博雅学院只提供本科教育,非常重视教学以及学习过程中学生和教师的互相合作。奥斯汀学院(Austin College)的校长奥斯卡·佩奇(Oscar

---

① James W. Guthrie. Encyclopedia of Education[M]. New York: Macmillan Reference USA, Thomas Gale, 2003:1475-1476.

② George R. Schmidt. The Liberal Arts College: A Chapter in American Culture History[M]. New Jersey: Rutgers University Press, 1957:23.

③ James W. Guthrie. Encyclopedia of Education[M]. New York: Macmillan Reference USA, Thomas Gale, 2003:1476.

Paige）在描述博雅学院的特征时指出，博雅学院的寄宿性质是独特的，并且这种独特性使教育经历的价值得以提升。博雅学院是一个鼓励探索和调查研究的共同体，所以，博雅学院的学生比其他院校的学生更敢于去创造性地思考问题。批判性思维、革新、跨学科课程和与教师的个人互动都使这类学院与众不同。①

然而，最能体现博雅学院独特之处的是它们的目标与使命。大部分博雅学院的目标是心智训练（mind training）和培养完人（whole student，或whole man），强调教育为了学生自身的发展，而不是为了职业准备。从博雅学院在美国高等教育系统的作用来看，博雅学院为那些希望成为有教养的公民和有用的社会成员的学生服务，致力于为世界培养富于思想的健全公民。莎拉劳伦斯学院（Sarah Lawrence College）的校长米凯莱·迈尔斯（Michele Myers）对博雅学院的自由教育承诺有过很好的总结。她指出，自由教育提供的是一种使学生学会如何学习的教育，一种促进心智形成而不是填充心智的教育，一种使其毕业生能够适应任何市场需求、对周围的世界保持好奇和随着时代变化而变化的教育。②

基于这种目标和使命，在课程设置上与专业教育和职业训练有所不同的是，博雅学院提供的是一种自由教育，其目的在于使学生接受广泛的人文科学、自然科学和社会科学课程的学习和训练。虽然不同的博雅学院具体的课程设置会有所不同，但大部分博雅学院的课程都包括以下科目的大部分或全部：历史、哲学、宗教、文学、自然科学（如生物、化学和物理）、社会科学（如心理学、社会学、经济和政治学）、艺术（如戏剧、音乐和艺术）、语言和数学。

随着时代和环境的变化，博雅学院经常对课程进行革新。例如，19世纪早期随着科学和技术的普及，美国社会对于这些学院的课程设置有过广泛的争论，要求这些学院提供适合新时代特点的课程。耶鲁校长杰里迈亚·戴（Jeremiah Day）组建了一个委员会回应这些争论，形成了著名的《1828年耶鲁报告》。这份报告的主旨在于呼吁学院课程的广博度。

---

① James W. Guthrie. Encyclopedia of Education[M]. New York: Macmillan Reference USA, Thomas Gale, 2003:1476.

② James W. Guthrie. Encyclopedia of Education[M]. New York: Macmillan Reference USA, Thomas Gale, 2003:1477.

正如报告的作者所质疑的，如果仅学语言、数学、自然科学或政治学，是否能够在最大程度上促进心智的发展？学院本科生课程并不是为专业学习而设计的，目标不在于教授某一专业的知识，而是为所有专业打下共同的基础①。《1828年耶鲁报告》成为美国历史上对博雅学院和自由教育的经典辩护。事实上，基于课程内容和设置的独特性，美国还存在许多独特类型的博雅学院。有军事性质的博雅学院，如弗吉尼亚军事学院（Virginia Military Institute）。还有服务于特殊人群的博雅学院，包括女子博雅学院，如史密斯学院和密尔斯学院（Mills College）；男子博雅学院，如瓦巴士学院（Walbash College）；另外还有黑人博雅学院。

在卡耐基高等教育机构分类标准体系（2000年）中，博雅学院被单列为一类，称为“学士学位授予学院——博雅学院（Baccalaureate College—Liberal Arts），主要是本科学院，主修学士学位课程，在学习期间，授予的学位一半以上是文理学士学位”（卡耐基教育促进基金会，Carnegie Foundation for the Advancement of Teaching）②。本研究所指的博雅学院主要是指美国历史上建立较早（主要是19世纪90年代之前建立），一直保持独立博雅学院的身份和传统的博雅学院③，其目标和使命在于提供自由教育（liberal arts），进行心智训练，培养完人。这类学院的典型特点是私立性质、小规模（低生师比）、寄宿制，只提供本科生教育和专注于自由教育，一般不提供或只提供极少的研究生教育，也不进行职业训练，如有“小三杰”之称的威廉斯学院、阿姆赫斯特学院和斯沃斯莫尔学院。综合型大学中的文理学院（college of arts and science，包括美国历史上最早建立的、后来转变为研究型大学的博雅学院，如殖民地时期建立的哈佛学院④、耶鲁学院⑤和新泽西学院⑥）以及19世纪中后期新建的研究型大

① Lester F. Goodchild, Harold S. Wechsler. ASHE Reader on the History of Higher Educaion [M]. Needham Heights, Mass: Ginn Press, 1989:137.

② The Carnegie Foundation for The Advancement of Teaching. The Carnegie Classification of Institutions of Higher Education[R]. 2000.

③ 本文中，为了阅读方便，有时将博雅学院简称为“学院”，除非特殊说明，本文中提到的“学院”一般都指博雅学院。

④ 1636年创建，现哈佛大学本科生院。

⑤ 1701年创建，现耶鲁大学本科生院。

⑥ 1746年创建，普林斯顿大学前身，现普林斯顿大学本科生院。

学、综合型大学和州立大学中设立的文理学院,如霍普金斯大学、芝加哥大学院和斯坦福大学的本科生院,都不属于本研究的考察范围。

（二）精英博雅学院

本研究所指的精英博雅学院(elite liberal arts college)主要是指招生选择性非常强的博雅学院(highly or most selective liberal arts college)。这类博雅学院一般建立较早(大多是18至19世纪时建立),历史悠久,实行牛津、剑桥式的精英教育。从发展现状来看,当今许多最为精英的或选择性最强的博雅学院都是早期建立的。因此许多人倾向于把寄宿制文理教育等同于一种精英高等教育形式。①

当然,现今的美国除了这类具有高度招生选择性的博雅学院之外,还有很多招生相对较强和一般的普通博雅学院。本研究所指的精英博雅学院主要是指招生选择性最强(most selective)的这类博雅学院,其突出特点在于:小规模、寄宿制、精英教育和富于声望,对自由教育传统保持得相对完好。

具体而言,根据近年来《美国新闻与世界报道》的排名(college ranking)②,精英博雅学院主要是指那些实行选择性招生且排名始终位于前50的博雅学院,而选择性比较强(more selective)和一般的普通博雅学院则不在本研究的考察范围之内。

（三）自由教育

在任何时代,决定什么教育内容是最好的都是一件复杂和困难的事。因为知识不断在增进,经济和社会环境在改变,教育的内容也在无限扩充,所以在这些内容中做选择变得越来越紧迫,选择教育内容的原则也变得十分重要。博雅学院的一个最突出特点是,提供的是一种与专业教育

---

① 王春春.美国精英文理学院研究:对麦克莱斯特学院的文化人类学研究[D].华中科技大学,2009:23.

② 主要是依据同行评分、毕业率和新生保持率、师资、班级规模、招生选择度、生师比、财政资源、校友捐助等进行的排名。

和职业训练不同的自由教育(liberal education)①。

自由教育是一个历史悠久并随时代发展不断变化的复杂概念②,在不同的时代,有不同的含义。为了厘清自由教育概念的发展演变,有必要从历史的角度对西方自由教育的发展历程进行梳理。本研究主要借用李·C. 戴顿(Lee C. Deighton)《教育百科全书》(*The Encyclopedia of Education*)③对"自由教育"概念的梳理。④ 最早提出这一概念的是古希腊哲学家亚里士多德,他将"自由教育"定义为适合于自由人的教育。在《政治学》中,他这样写道:很显然,我们应该教给孩子们有用的知识,因为这些知识对于他们是不可或缺的。但是,同样明显的是,所有有用的知识都是不适合教育的。自由课程和非自由课程之间存在显著差别。很明显,只有那些不会使学习者变得机械呆板的知识才能够进入教育的领域。为了掌握这些机械类学科,我们必须掌握所有技能,而学习这些技能并不能使自由人的身体、灵魂和智力很好地适应外部世界。这就是为什么我们说这种使身体机械化的学习追求是不理想的,是带有职业收入性质的。这样的教育无法使心智获得自由,并且会降低人的心智水平。甚至也存在一些自由学科,如果只掌握到一定程度,对于自由人也是没有价值的,但是,如果持续不断地坚持学习,将会使我们摆脱这种危害。对于这类学科的学习本身也很不相同,如果学习它们是为了我们自己,或为了朋友,或

---

① "liberal education"目前没有统一的中文译法,各种译法包括"完全教育、文科教育、人文教育、自由教育、自由民教育、自由人的教育、博雅教育、文科博雅教育、博放教育、文雅教育、宽宏教育、通才教育、通识教育、文育、文化艺术教育、文理综合教育、教养教育、开明的教育、高尚的培养和教育等"〔参见:沈文钦."自由"人与"自由"知识:西方 liberal education 概念史研究[J].教育学术月刊,2008,(3):16-21.〕。一般常用的译法有"自由教育"和"博雅教育"。从"liberal education"和"liberal arts"的起源和词义演变来看,具体的翻译需与时代相对应,在强调古希腊起源和古典传统时,将"liberal education"翻译成"自由教育","liberal arts"相应地译成"自由学科"。本研究在概念界定时,考虑到古希腊起源和传统,将"liberal education"译成"自由教育"。

② 具体可参见:沈文钦."自由"人与"自由"知识:西方 liberal education 概念史研究[J].教育学术月刊,2008,(3):16-21.

③ Lee C. Deighton. The Encyclopedia of Education[M]. New York: The Macmillan Co.: The Free Press, 1971:506.

④ 鉴于"自由教育"概念含义的复杂性,本研究在进行概念界定时,主要借鉴了李·C. 戴顿(Lee C. Deighton)《教育百科全书》第 505-509 页中"自由教育"概念的内容,重在从历史的角度对"自由教育"的发展历程和含义演变进行梳理。

是出于善的目的,它们是自由的;但是,如果一个人是为了取悦陌生人而去学习同样的学科,往往被认为是出于成为一个奴隶或农奴的职业考虑……还有一些学科应该被教育仅仅是为了打发闲暇,这类学习也只是为了其自身的目的,此外,其他被视为必须学习的内容则是为了其他目的。

在教育内容的引导和选择上,当时自由教育的倡导者们在某种程度上都同意亚里士多德在《政治学》中首次对自由教育原则的明确定义。戴顿的《教育百科全书》认为,自由学习至少有四个非常重要的特征,分别是:第一,自由学科是非"机械的"。它们比在进行机械的身体和智力活动要求得更多。确切地说,它们要求人类高级的心智活动,而这种活动是美好生活必不可缺的一部分。第二,自由学习的目的不是出于实用的考虑。它们可能有,也可能没有实际用途,但是自由学习的特点是其价值在于学习本身。它的价值是内在的,而不是外在的。第三,假如有符合前面两个特征的学习领域存在,如果这些学习是自由的,就不应该有狭隘的专业性,因为这会限制人的心智发展,使其无法实现其他同等重要的价值及对美好生活的意义。第四,不仅仅学习本身有其内在的价值,学生也必须为了这些价值而学习,而不是为了其他目的或谋生需要。

尽管亚里士多德所做的这种区分,需要考虑他在写作时的特殊社会背景。雅典社会的情形与现代自由社会完全不同,在雅典社会,自由人能够摆脱奴隶式的程序性机械活动,但是在现代自由社会,任何人在某种程度上都不可避免地要参与这类事务与活动。然而,必须看到的是,亚里士多德在自由教育上所赋予的价值并不基于生活中是否有奴隶负责处理生活琐事。恰恰相反,某些事情被交给奴隶去做正是因为它们被认为不是那么有价值的。另外,亚里士多德将自由学习与闲暇联系在一起,但他并没有因为这类学习需要或占用自由时间而为其做辩解。亚里士多德真正关心的是内在和外在价值的差别以及现存教育形式中的那些内在价值是否为人们所追求。由此可见,正是在自由人和奴隶之间存在明显社会等级界线的社会环境中,亚里士多德对自由学习和非自由学习进行了区分。从自由教育后来的发展历程来看,亚里士多德在《政治学》中对于自由教育内容标准的界定,实际上在很大程度上能够与其所处的社会环境相分离。这也就表明如果仅仅因为亚里士多德在《政治学》中对自由教育原则所做的界定是特殊时代社会环境的产物而加以拒绝,是十分肤浅的。

亚里士多德所倡导的自由学习,可以从两个方面加以理解:一方面,这种自由学习反映的是人类天性本身的复杂性,另一方面,从亚里士多德倡导自由教育的理由论述中可以看出他对人类美好生活的重视和强调。在他看来,现存的一切事物,最有益的是其基础或本质功能的实现。这一点对于人类而言,就意味着致力于心智和道德的完善。亚里士多德将此视为人类独特能力的卓越成就,正是因为在心智和道德上不断得到完善,人们才既能够在认识和面对真理时进行理论思考,又能在实际中采取正确的行动。亚里士多德反对从实用的角度来看待自由教育的价值,认为只有在致力于心智和道德完善的活动中,人们才真正关心自由学习本身的价值,这也意味着他强调教育要致力于对真理的追求。

在自由学习内容的选择上,不容易确定哪些是被亚里士多德认定为自由的科目。从他对教育问题的相关论述中,自然科学、数学、逻辑学、形而上学属于这一类。另外,诗学也代表了某种形式的知识。至于其他科目,如历史,一时还没办法确定。在古希腊和古罗马时期,自由学科通常指"七艺",分别是"语法、修辞、逻辑"(称为"三艺")及"算术、几何、天文和音乐"(称为"四艺"),涵盖了当时的自然科学和人文科学。此后直到中世纪,"七艺"的学习都被认为是最好的,自由学习没有遇到任何挑战。后来,随着基督教教义的传播,亚里士多德学说和基督教教义之间的冲突日益显现,"七艺"学习中的形式主义倾向也日益明显,自由学科成为一种依附于神学目的而局限性日益明显的学习科目。托马斯·阿奎那(St. Thomas Aquinas)试图对亚里士多德和基督教教义进行调和,在这种融合中,自由学科逐渐让位于神学,原因是神学能够引导人们对上帝及其显示的知识的接受。

文艺复兴时期的自由教育有了新的变化,注重的是对古典文学作品的学习。这一时期,古典人文学科得到了复兴。随着古典文学作品的重新被发现,亚里士多德自由教育思想的重要性也重新被人们肯定。但是,由于当时人们更为注重的是对古典文学作品的学习,这也逐渐导致自由教育理念的一次重大转变。一部分人强调对古典知识的掌握,另一部分人则更看重同时代知识的掌握,尤其是当时飞速发展的自然科学。随着两者之间鸿沟的日趋明显,文艺复兴时期那种认为自由教育应该全部学习文学作品,尤其是古典文学作品的思想,从相对现代的意义上瓦解了亚里士多德的自由教育思想。

19世纪中叶后,高等教育领域表现出了回归亚里士多德自由教育模式的强烈倾向。与此相对,随着自然科学的进一步发展,学科知识门类进一步扩充,一些自然主义思想家则要求根据现代知识重建自由教育内容。其中,红衣主教约翰·亨利·纽曼(John Henry Newman)作为保守主义的代表,对自由教育的描述和辩护是最接近亚里士多德的。在《大学的理想》(*The Idea of A University*)一书中,纽曼指出,自由教育,就其本质而言,就是指对心智的培养,就其目标而言,除了增进心智之外,没有别的目的。① 相比之下,英国著名诗人、文学和社会评论家马修·阿诺德(Matthew Arnold)的自由教育思想同希腊哲学教义的联系程度要小些,他更看重对知识的追求与理解。在自由教育的内容上,尽管纽曼和阿诺德都认为"全部的知识"都是重要的,在评价人文学科和自然科学的重要性时,阿诺德也更倾向于前者而不是后者,但实际上他同时也认为跟随自然科学对知识的态度是重要的,因为通过这些学科也可以发展人的心智。尽管现在看来,永恒主义教育流派的思想家,如哈钦斯及其支持者和其他更具亚里士多德思想倾向的人,如范·多伦(Van Doren, 1943)和马里坦(Maritain, 1943)的影响也很大。但从阿诺德对自然科学知识的态度中,可以找到19世纪自然科学家们对于自由教育概念彻底的自然主义重构的轨迹。② 当时的自然主义者将人视为宇宙自然的一个重要组成部分,认为对于人类而言,最重要的是在与外部环境的协调中获得全面发展,过一种和谐自然的生活。自由教育作为一种手段和工具,其目的和作用是为了提升这种生活。在教育和知识的价值问题上,这一时期也出现了一些新的变化。在古希腊时期,亚里士多德认为对于知识的追求本身就是有价值的,同时相信这些追求是人类内在理性的实现,并且将这两者结合在一起。19世纪中叶之后,两者被分开了,人们更为看重的是知识的工具价值,拒绝承认追求知识本身的价值。自然主义者认为,"知识作为发展人的自然能力和过和谐自然生活的手段是重要的,而理智的发展不再

① 约翰·亨利·纽曼. 大学的理想(节本)[M]. 徐辉,顾建新,何曙荣,译. 杭州:浙江教育出版社:2001: 41.

② Lee C. Deighton. The Encyclopedia of Education[M]. New York: The Macmillan Co.: The Free Press, 1971:507.

被视为唯一的和最有价值的。它的价值需要通过其他人的总体本质和它在宇宙自然中的位置来衡量和判定”①。对此,英国博物学家托马斯·亨利·赫胥黎(Thomas Henry Huxley)在他的论文集《科学与教育》(*Science and Education*)中的一段话被视为19世纪对于这种观点最经典的论述。赫胥黎指出:“一个接受过自由教育的人,他在年轻时已经得到了很好的训练,使他的身体随时准备服务于他的意志,并且能够轻松自如地胜任和处理机械性工作。他的思维是清晰的、冷静的和富于逻辑的,并且每一方面都充分协调发展和运转,就像一台蒸汽机一样,随时准备适应任何类型的工作。他的大脑里储存了大量关于自然的基本原理和自然运行规律的知识。一个没有因为禁欲而阻碍发展的人,是充满热情和活力的,但是他的热情被训练去跟随精力充沛的意志,服务于敏感的良知。他已经学会去爱一切美的事物,不论是自然的还是艺术的,同时去憎恶一切邪恶,他像尊重自己一样去尊重别人。只有这样的人,而不是其他,我认为是接受了自由教育的。因为他已经实现了一个人可能达到的全面性,并且与自然和谐一致。”②

在这之后,自由教育思想中的这种功利主义和实用倾向继续发展,当自由教育思想与约翰·杜威(John Dewey)更激进的自由主义结合在一起时,变化则更为显著,与亚里士多德的思想已经没有多少相似性了。这一时期的自由主义思想家认为,所有的知识和理解,甚至包括心智本身,都只有实用或工具价值。为了知识本身的目的去追求知识陷入了智力的错位,职业学习并没有从其他有价值的学习中最终分离出来。③ 杜威在《民主主义与教育》(*Democracy and Education*)一书中指出,使教育自由的是广度或普遍性④。即便在这一点上杜威与亚里士多德有点相似,但杜威

① Lee C. Deighton. The Encyclopedia of Education[M]. New York: The Macmillan Co.: The Free Press, 1971:507.

② Thomas Henry Huxley. Science and Education: Essays by Thomas H. Huxley[M]. London: Macmillan: 1893:86. 转引自:Lee C. Deighton. The Encyclopedia of Education[M]. New York: The Macmillan Co.: The Free Press, 1971:507.

③ Lee C. Deighton. The Encyclopedia of Education[M]. New York: The Macmillan Co.: The Free Press, 1971:507.

④ John Dewey. Democracy and Education: An Introduction to the Philosophy of Education[M]. New York: The Macmillan Company, 1916:27.

始终认为普遍性价值在于提升人对环境的逐渐适应能力。①

19 世纪晚期以来,尽管不同派别的思想家对自由教育有不同的理解和认识,但这一时期几乎所有对于自由教育的重新定义都表现出一定的共性,即对心智训练的强调和重视。尽管这一时期的思想家拒绝承认智力追求对于人类是最有益的,并因此拒绝那种以心智训练为唯一目标的教育。但是许多教育思想家仍然认为教育与人类的心智在理性追求活动中所彰显的这些能力与品质的发展密切相关,赫胥黎和杜威都是如此。②事实上,20 世纪的教育从引导学生过一种具体形式的美好生活的努力中退出,很大程度上是为了回避最大价值的问题,但当教育不是直接履行功利目的时,它依然致力于发展理性思维所需的那些能力和品质,即对人的心智进行训练。

进入 20 世纪,并没有更为新颖独特的自由教育思想出现。这时对于自由教育最恰当的表达是,一种不是为了发展某种具体的专业技能,而是基于理智目标的普通能力发展的教育,即哈佛大学委员会在《自由社会中的通识教育》(*General Education in a Free Society, 1945*)报告中所倡导的通识教育(general education)。这份报告列出了一些心智能力和品质,其中包括:高效的思考能力,思想沟通能力,相关判断的能力,价值区分能力。但是在实际生活中,人们对于是否真正存在可以被自由教育列为发展目标的普遍的理智能力并不清楚,对于最有效地发展这些理智能力的方法和手段还处于探索之中,通识教育在实践中也遭遇了严重的困境。

近些年来,随着人类知识的进一步扩充,人们又试图根据全面的特定形式的知识和理解来界定自由教育的概念。在这个概念中,必然包括理智能力和思维品质,但是不包括容易引起质疑的普遍能力,同样也不包括对于每个人都重要的理性的全面发展。尽管一开始,基于现代知识的广泛性考虑,这似乎就是一个不切实际的想法,但也出现了一些有影响力的对于知识的界定和分类,最有价值和最为重要的是近年来人们在掌握知识用于解释经验和掌握知识用于解决具体问题之间所作的区分。

---

① Lee C. Deighton. The Encyclopedia of Education[M]. New York: The Macmillan Co.: The Free Press, 1971:508.

② 同①。

总体来看,通过自由教育理念的引导,人们掌握的知识种类不断丰富和扩充。根据戴顿的《教育百科全书》,"自由教育"这个词可能会再次被运用来指代一种与亚里士多德观点相近的教育,这至少在某种程度上是对亚里士多德观点的尊重。在亚里士多德自由教育思想原则的指引下,自由教育的内容将参考人类已经发展的理智追求的范围来决定,除此之外,别无其他。自由教育的目标仅仅在于其本身的目的——为了知识和理解以及发展这些心智和能力所涉及的品质,功利主义的考虑将不被认可。此外,广泛学习的思想将深入人们的观念中,以阻止亚里士多德所反对的心智的狭隘性。这些对于自由教育的辩护虽然依旧是建立在对理智的发展和运用的辩护基础之上,但并不和亚里士多德所给出的具体形式联系在一起。然而,在宽广的知识领域中去界定自由教育范围的进一步努力和尝试,证明了亚里士多德所提出问题的持续重要性。理念上的相近性显示了亚里士多德所作的区分的价值和判断的敏锐性。在这一问题上,正如在其他许多领域一样,古希腊人似乎已经提出了所有根本性问题,这些问题在当时已经出现,并且在技术、经济和社会已经发生巨变的今天依然持续存在。①

根据不同时代自由教育概念的变化,在本研究中,与 19 世纪末至 20 世纪初研究时期的选择相对应,自由教育的概念与当时的社会情境相对应,指的是一种涵盖人文科学、自然科学和社会科学的自由教育,其主要目标和使命不是专业教育和职业准备,而在于培养完人,发展人的心智能力和思维品质,为专业教育和职业准备打下共同的宽广的基础。

四、研究思路与方法

(一)研究思路

本研究以美国博雅学院为研究对象,选取精英博雅学院"小三杰"中的阿姆赫斯特学院和斯沃斯莫尔学院为代表性个案,对 1890—1940 年间美国博雅学院的现代转型进行历史研究。主要分析博雅学院在保留与继承自由教育传统的基础之上,是如何重新调整和定位其教育目标和课程,

---

① Lee C. Deighton. The Encyclopedia of Education[M]. New York: The Macmillan Co.: The Free Press, 1971:509.

以重塑与现代生活的协调性的,在转型过程中博雅学院的学习和生活又发生了哪些变化。

首先,透过19世纪末美国高等教育转型的历史背景,分析美国博雅学院面临的挑战与机遇,促使博雅学院转型的内外动力以及博雅学院对挑战的回应。其次,在追溯自由教育目标的历史演变过程的基础之上,分析博雅学院教育目标的变化。主要分析在转型过程中,博雅学院是如何调整和定义其教育目标的,对传统教育目标做了哪些保留与继承,在坚守传统教育目标基础之上,又增添了什么新的内容。再次,在回顾自由教育课程演变的基础之上,分析转型期间博雅学院的课程变化。重点分析博雅学院是如何重申古典课程价值的,选修制和新学科以及职业性质的课程是如何进入文理课程体系的。最后,分析博雅学院学习和生活的变化。重点分析博雅学院独特的学习环境特点和教学效果,博雅学院内部的一些新变化,包括学院环境、学院学习和生活等方面。结论部分在回顾博雅学院辉煌历史的基础上,分析了其转型的原因和目的以及转型后的未来走向,并进一步探讨了博雅学院所坚守的自由教育的价值。

(二) 研究方法

在坚持历史与逻辑相统一、宏观与微观相结合的基础之上,本研究主要采用以下具体研究方法。

1. 文献法

本研究采用文献法分析与博雅学院相关的校史、年度报告、学校年鉴(yearbooks)、年度目录手册(annual catalogue)、学院公告和新闻报道(bulletin)、会议纪要、学生出版物、学生诗集作品等一手档案文献,同时研究与博雅学院有关的专业组织的数据统计,如美国大学和学院联合会(the Association of American Colleges and Universities, AAC&U)和美国博雅学院协会(Consortium of Liberal Arts College, CLAC)、期刊、一些知名人物的传记、回忆录等史料。首先,通过校史档案、专业数据统计机构的统计数据和年度报告分析能够反映当时美国博雅学院的发展状况;其次,收集美国当时一些全国性的杂志,如《独立者》(*The Independent*)、《大西洋月刊》(*The Atlantic*)、《世纪》(*The Century*)和《麦克卢尔》(*McClure*)等的相关报道,为了解这一时期博雅学院学生的生活提供生动的资料和图景;再次,收集一些著名人物传记和回忆录中对学院生活的回忆,为本研究考察这一时期博雅学院的教育情况提供独特的视角和素材，对典型的学院生活提供更为细致的理解。此外，当时的一些新闻报道，如《纽约时报》(*The New York Times*)、《新共和》(*The New Republic*)等及同时代的文学和影视作品，也可以为本研究了解民众对博雅学院生活的看法提供一个视角。

2. 个案研究法

本研究以美国博雅学院为研究对象，在博雅学院的现代转型的宏观视野中，选取精英博雅学院中有代表性的阿姆赫斯特学院和斯沃斯莫尔学院为个案进行研究。通过分析有代表性的精英博雅学院教育目标、课程、学院学习和生活的变化，深入研究博雅学院转型的历史过程和转型方向，对自由教育传统所做的保留与继承，为重塑与现代生活的协调性所做的调整和改革，并进一步探讨博雅学院独特教学模式和自由教育的价值。通过个案，使得对美国博雅学院转型历史过程的研究更为丰富、生动和具体。

第一章　美国博雅学院面临的挑战与机遇

19 世纪对于美国博雅学院而言，是一个充满危机与挑战的世纪。19 世纪上半期，随着西进运动的开展，地方学院的兴起和实用主义思潮对博雅学院形成了第一次冲击。然而，1828 年《耶鲁报告》的出台成功捍卫了古典课程和自由教育的价值，巩固了博雅学院在美国高等教育中的地位。至 19 世纪中后期，美国社会发生巨变，美国高等教育结构也发生转型，呈现多元化和复杂化发展趋势，对博雅学院形成了第二次挑战。博雅学院对此的回应是在坚守自由教育传统的基础之上，重新调整和定义教育目标，进行课程改革。与此同时，美国中产阶级的兴起及其日益上升的文化需求又为博雅学院的发展带来新的发展机遇和空间。

第一节　美国高等教育结构转型

南北战争后，随着美国社会经济的发展以及工业化、城市化进程的加快，美国社会就像一架巨型工业机器，开始向高度组织化和专业化社会形态发展。再加上人口的增长和移民的涌入，美国社会的高等教育需求也日趋多样化。为了回应这一变化，美国高等教育结构发生转型，开始由“学院”时代步入“大学”时代。正如美国著名教育史学家劳伦斯·克雷明(Lawrence A. Cremin)所指出的，内战之后的半个世纪，美国高等教育的头等改革举措就是大学朝一个提供艺术和科学方面的研究生教育、提供重视产生新知识的科学研究以及服务大众的机构的发展①。这种转变的结果是赠地学院、州立大学和研究型大学等高等教育机构的兴起以及大学结构内研究生教育和专业教育的发展。

一、《莫雷尔法案》与赠地学院的发展

早在殖民地时期，美国博雅学院沿袭英国牛津、剑桥的传统，课程设置规定严格，内容主要包括中世纪的"七艺"及文艺复兴中后期增设的希腊文、希伯来文和新教神学，其中以古典语言、文学和神学为核心，基本不提供专业教育和职业教育。建国后尤其是南北战争结束，为了迎合社会经济发展的需要，实用主义思潮开始在美国兴盛起来。这表现在大学课程上就是要求容纳自然科学在内的新兴科目，要求大学推行改革以满足美国社会建设需要。② 从19世纪开始，自然科学的发展扩展了人类的知识领域，丰富了科学研究的手段和方法。受欧洲科学教育思潮和达尔文进化论的影响，与人文学科相对应的自然学科开始进入大学的领地。科学教育裹挟着功利与实用的观念进入大学，大学课程逐渐增加实用性质的内容，古典课程受到冲击。为了与州立大学竞争，私立大学也被迫改革课程设置，增加现代自然科学课程。

19世纪中后期，美国社会经济的发展催生了农业、技术和商业等领域的高等教育的需求。为了满足这些需求，1862年7月2日亚伯拉罕·林肯（Abraham Lincoln）签署了《赠地学院法案》（*Act Donating Lands for Colleges of Agriculture and Mechanic Arts*，简称《莫雷尔法案》）。这一法案规定将30000英亩的联邦土地分配给各个州，条件是卖地的钱将用于捐赠一所学院，在那儿，主导课程不包括其他科学或古典学习，而是开设那些与农业和机械技艺相联系的学科，目的是在生活的追求和职业准备中提升工业阶层的自由和实用教育。根据《莫雷尔法案》，美国联邦政府开始对农业和技术类院校进行资助，这被视为对这些实际需求的一种承认和回应。政府通过捐赠土地和拨款方式将大量的教育资金用来支持一些

① 劳伦斯·克雷明. 美国教育史3：城市化时期的历程[M]. 朱旭东，等，译. 北京：北京师范大学出版社，2002：611.

② 贺国庆，王保星，朱文富，等. 外国高等教育史[M]. 北京：人民教育出版社，2003：272.

小型的、处境艰难且效率低下的学院，尤其是职业性质的院校。在其他一些地方，如威斯康星州、明尼苏达州、密苏里州、北卡罗来纳州、田纳西州和爱荷华州，原有的学院也得到了扩充。在联邦和州政府的捐助下，一些州的赠地学院逐渐发展成为州立大学，服务于各州的经济社会发展。例如，康奈尔大学①之所以成功，一部分是因为有了《莫雷尔法案》基金的支持。在康奈尔大学，学生不论主修古典课程还是实用课程，只要完成了规定的学习要求，都可以获得同等学位。康奈尔大学在课程设计上以融合了古典、实用和应用性课程为宗旨，其诞生标志着美国高等教育另一个时代的到来。②《莫雷尔法案》颁布后兴起的赠地学院目的在于提升农工阶层的文化程度与实用教育水平，教育内容上以农业教育与工艺机械教育为核心。康奈尔大学尤为引人注目，其在课程设置上与美国社会的开放性取得了惊人的平衡。

赠地学院的发展对于美国自由教育传统而言，无疑是一个重大的冲击。首先，在理念上，《赠地学院法案》主要扶持农业和机械技术类院校，开设的也主要是农业和机械技术相关的课程，提供的是一种与自由教育理念相对应的实用教育，重点在于为州和当地社区的社会经济发展服务。在面对相同年龄阶段的学生时，赠地学院的发展实质上是为美国青年提供了传统的自由教育之外的另一种高等教育选择，而且因为直接服务社会的理念取向，能够获得联邦和州政府大量的拨款和捐助。另外，赠地学院开设的实用性质的课程，迎合了19世纪中后期美国社会对传统博雅学院狭隘陈旧的古典课程的不满情绪，受到了注重实用和创新的美国工业阶层的青睐。

二、研究型大学的兴起

19世纪中后期美国高等教育领域另一个主旋律和发展趋势就是研究型大学的兴起，即由“学院”理念向“大学”理念的过渡。众所周知，美国高等教育最早受英国大学影响，九大殖民地学院是效仿英国大学模式

---

① 1865年正式开学。

② Richard Hofstadter, Wilson Smith. American Higher Education: A Documentary History (Vol. II)[M]. Chicago: The University of Chicago Press, 1968:154.

创建的。在这之后直至19世纪早期,美国先后建立了一些类似的学院。19世纪中叶之前,承袭英国传统的学院教育构成了美国高等教育的主体。传统学院与教会关系密切,效仿修道院教育模式提供古典教育,主要以培养牧师和公职人员为目标。然而,随着美国经济社会结构的变化,这种目标单一的传统学院教育已经无法满足美国社会对高等教育的需求,也落后于英、法、德等欧洲国家的大学,尤其是德国大学。自18世纪始,在理性启蒙思想影响下,德国经历了两次大学改革运动,哈勒①、哥廷根和耶拿大学在学术自由、注重科研和科学教育等方面向现代大学迈进,取得了巨大成功。尤其是哈勒大学,它率先在德国大学中倡导学术和教学自由,被认为是现代大学的先驱,19世纪德国著名哲学家和教育家弗里德里希·包尔生称其"不仅是德国而且是欧洲第一所现代意义的大学"②。到了19世纪,黑格尔、费希特、施莱尔马赫等人倡导的民族精神以及德意志统一复兴的愿望为新大学诞生提供了契机。承载着民族复兴的使命,德国著名教育改革家威廉·冯·洪堡(Wilhem Von Humboldt)于1810年根据"教学与科研相结合"原则创办柏林洪堡大学③,对欧洲乃至全世界都产生了深远影响,洪堡大学也被誉为"现代大学之母"。根据洪堡的理念,现代大学应该是"知识的总和",大学应该同时开展教学和科研。大学的使命有两个,一是科学探索,一是个性与道德修养。大学的最终目标是增进知识和追求真理,而非职业准备和培养实用人才。洪堡大学成立后,发展知识成为大学的首要任务,"教学与科研相结合"的理念迅速影响了德国其他大学,为许多大学所效仿,并向欧美各地传播。到了19世纪后半期,美国大学运动借鉴德国大学的模式开始多过英国和法国大学。正如斯坦福大学教育学院理查德·E. 葛拉斯(Richard E. Grass)在《美国教育的遗产》(*Heritage of American Education*)一书中所指出的,"英国大学曾为美国高等教育提供了根源并促成了其早期的发展,然而美国学者获得学术文化营养则主要得益于他们19世纪和德国大学接触的

---

① 创办于1817年,是由两所大学合并的德国大学。其中较旧的一所Leucorea大学在1502年由威腾贝格建立,较新的一所则是1694年由哈勒创建。

② 弗里德里希·包尔生. 德国教育史[M]. 滕大春,译. 北京:人民教育出版社,1986:79.

③ 以下简称洪堡大学。

结果"①。德国大学在向学生传授知识的同时，还积极鼓励大学教师从事研究工作，注重纯学术和科学研究的传统使得大学取得令人瞩目的学术地位，德国也因此成为当时西方学术的中心。在整体水平上，美国高等教育与当时的英国、法国特别是德国相比，仍显得十分落后。美国大学仅仅只有教学，大学提供的学位停留在学士一级，没有高层次的硕士和博士学位。可以说，美国大学的蓝图一部分是从欧洲尤其是德国传来的。这一时期有相当多的美国人赴德国大学学习，他们"体验了在教学自由和学习自由联合原则指导下对真理进行系统探索的那种兴奋，回国后决心创立德国式的美国大学"②。

这种转型的尝试是从那些与德国高等教育有直接或间接接触并深受其影响的美国大学的先驱人物们开始的。自1815年起，最早一批美国留学生乔治·蒂克纳（George Ticknor）、乔治·班克罗夫特（George Bancroft）、爱德华·尹佛略特（Edward Everett）和爱德华·克斯威（Edward Cogswell）等开始前往德国留学。之后1820年至1850年间，又有大量美国学生到德国大学学习。整个19世纪，大约有10000名美国学生在德国大学学习③，他们主要散布在哥廷根、柏林（洪堡）、海德堡和哈勒等大学。由于深受德国大学模式的影响，这一时期几乎所有的美国大学在创建过程中，都会有一批艺术与科学的研究生教师、一群理念先进的教师和学生不断地拓展知识的新疆界。④ 科学方法日益受到重视并被广泛应用于科研和生活的各个领域。科学研究日益专业化，领域也不断扩展，大学教师也开始向专业群体转化。另一方面，美国国内的社会力量形成了一种知识的民主化和扩展高等教育机会的舆论氛围。到了19世纪70年代，因为巨额的私人慈善捐赠和政府对高等教育发展的重视，创建大学的经费有了充足保障，同时吉尔曼、怀特、埃利奥特、狄奥多尔·伍

① 滕大春. 美国教育史[M]. 北京：人民教育出版社，1994：409.

② 劳伦斯·克雷明. 美国教育史3：城市化时期的历程[M]. 朱旭东，等，译. 北京：北京师范大学出版社，2002：612.

③ Henry Geitz, Jurgen Heideking. German Influences on Education in the United States to 1917 [M]. New York: Cambridge University Press, 1995: 195.

④ Frederick Rudolph. The American College and University: A History[M]. Athens and London: The University of Georgia Press, 1990: 271 - 334.

尔西(Theodore Woolsey)、霍尔和哈珀等精英人物出任大学校长,他们分别在霍普金斯、康奈尔、哈佛、耶鲁、克拉克大学和芝加哥大学取得了突出的成就,这时真正的大学才在美国出现。其中,吉尔曼于1876年创建的霍普金斯大学,从一开始就致力于科学研究和研究生教育,被认为是美国第一所真正的研究型大学,也是当时最德国化的美国大学。霍普金斯大学的创建也被视为“西半球知识史上唯一且最具决定性的事件”①。受霍普金斯大学的激励,至19世纪末期,美国共成立了15所主要的研究生院或研究型机构。② 紧接着一些古老的学院也开始通过增设研究生院、致力于研究的专业学院,提供奖学金和公共服务等措施向现代研究型大学转变。

至此,美国高等教育机构的多样化步伐不断向前,学院时代开始让位于大学时代。大学的目标不再是单一的培养牧师和公职人员,而是集教学、科研和服务三大功能于一体,科学研究成为研究型大学的重要特征。相对的,州立大学和赠地学院除部分具备和重视研究功能之外,更主要的目标在于服务州和地区的经济发展,提供的教育类型以专业教育和职业教育为主。美国高等教育的结构不再以过去的传统学院为中心,而是具备了包含研究型大学、州立大学、赠地学院和少数职业院校在内的多元复杂结构。

三、大学专业教育的兴起

随着美国高等教育结构和功能的不断完善,大学结构内的专业教育也开始兴起。对于有着悠久自由教育传统的美国而言,专业教育一开始并不是美国高等教育重视和关注的领域,这一点从专业教育在美国发展的历史可以反映出来。对于美国高等教育而言,尽管美国学院有着悠久的自由教育传统,很多人却认为殖民地时代的学院基本上可以说是神学专业学院。事实也的确如此,殖民地时代的学院毕业生大部分从事牧师职业,而神学也比其他专业吸引了更多年轻人。殖民地时代的专业教育

① C. Joseph Nuesse. The Catholic University of America: A Centennial History[M]. Washington, D.C.: The Catholic University of America Press, 1990:3.

② Hofstadter Richard, Metzger M. Walter. The Development of Academic Freedom in the United States[M]. New York: Columbia University Press, 1955:377.

主要采用学徒制。直到19世纪,专业教育才进入正规学院的考虑范围,至19世纪后半期这些学院才得以升格大学。总体来看,专业教育在美国大致经历了学徒制时代、专业学校和大学专业学院三个发展阶段。

传统的专业教育,如法学、神学和医学,一般需要从理论和实践两个方面做准备。在学徒制时代,专业教育主要依靠的是实践。准备从事某一专业的人员跟随一名有能力的且成熟的牧师、律师或医生,通过观察、模仿性质的学习达到专业水平。有些学徒,如一些牧师,甚至住在师傅的家里。通过帮助师傅履行他们的职责,新手不仅可以学到专业技能,这在某种程度上也是这种学习机会和指导的一种补偿。事实上,也有一些极为成功的执业者,在教授学徒时,不仅利用学徒的服务,还收取一定的学费。学徒制下的专业教育对于新手的资质和知识训练的要求非常少。对于牧师职业而言,最多要求初学者掌握古典语言,如果他受过学院训练的话,则要求了解一些神学知识。学习的期限也不固定,因为没有这方面的规定,有的只学习几个月,有的则长达几年。在一些偏远地区,学徒的学习时间会更短。必须承认,学徒时代的专业训练质量极不均衡。但是,它也形成了现代根据专业标准衡量的技能竞争。在形成正规的教学语言之前,这种训练是真正的"做中学"。尽管有实践方面的优势,学徒制也有明显的局限。在培养法律、医学或神学人才方面的成功,并不意味着通过这种方式也能成功培养教师。这不仅因为缺乏教学的才能,更多的是因为紧张的职业生涯使得大部分人很少有时间研究教学技能。当然,学徒制更为严重的局限性还在于它的经验性质。虽然初学者也有学习阅读的过程,但训练的重点还是放在一些临时程序和步骤上。为实践提供指导和规范的理论基础被轻视,甚至忽略。法律学徒倾向于学习当地的法律程序和实体法的特点,而不是普遍的法律原理。一些经济条件较宽裕的年轻人选择到欧洲大学接受专业教育来弥补这些缺陷。后来,随着专业学院的发展,开始有了更为正式的专业教育训练,一些传统学院也开始设立神学和法学教职。哈佛和耶鲁在18世纪中叶之前就有了神学教职,独立战争后在一些学院出现了法学教职,如托马斯·杰斐逊在威廉玛丽学院设立了第一个法律教席,后来被宾夕法尼亚大学和哥伦比亚大学效仿。毋庸置疑,那些想要成为牧师和律师的学生发现,这些课程对于实现他们的职业目标十分有用。但是,在当时还没有人认为这是通往职业生涯的主要渠道,因为在18世纪依然是学徒制为主导。甚至有些准备成为牧师的人,如果之前没有学徒经历,毕业后普遍会留在学院一段时间接受主教的指导。一般而言,神学课程被认为具备同等的通识和职业取向。在殖民地时代和建国初期,不论年轻的文科学生的职业目标是什么,宗教是任何形式的通识教育的主要融合因素。法律课程同样如此。同一时期,一些学院开始出现了医学教席。最早设立医学教席的是费城学院(Philadelphia College),哈佛和达特茅斯学院相对晚些,布朗和耶鲁直到19世纪前10年才设立。

在学院纷纷设立专业教席以求专业教育的长远发展的同时,学徒体制也开始迅速发展扩充,一些成功的牧师开始同时带很多名学徒。尽管他们没有组建正式的学校,这种野心在当时常常被称为"学校的预言"。从学徒制发展成为专业学校,这在法律专业上体现得最为明显。最早和最著名的是康涅狄格州的塔平·里夫(Tapping Reeve)法官,他在18世纪80年代创办了一所法律学校,之后被其他人效仿。19世纪前10年,出现了医学学校。由此,也产生了教师的专业学位要求。这些学校围绕经济利益运行,并且独立于东部早期建立的学院。学生毕业后经常邀请他们先前的教师作为顾问,这也提升了教师的专业声望和学费收入。于是这类专业学校的数量开始激增,一些新出现的专业学校在教学上往往采取说教形式。出于专业能力方面的考虑,讲座逐渐取代了以前的经验训练,教师讲取代了学生做。这种教学方法的转变在当时具有一定的意义,使得教师们可以通过研讨班(seminar)的形式将个人的专业经验浓缩成精华进行传授,从而也节约了学生的时间和精力。尽管这种正式学校后来逐渐变得流行起来,但不能取代学徒制,两者同时并存并展开竞争。然而这类学校自身也存在问题,例如,基本没有入学要求,通常没有被学院录取甚至连预备学校也进不去的学生才选择来此学习。另外,入学考试也不正规。就像学徒制时代一样,学生可以自由选择自己适合的时间入读。

在专业教育的质量上,专业学校和学徒制一样,显然都无法令人满意。两者都需要努力使自己的课程具体化、系统化,都需要更广泛的知识基础。一种结合学徒制的实践价值和具有法学、神学和医学教育学术价值类型的更系统正规的专业教育成为需要。哈佛的柯克兰(Kirkland)校长很早就呼吁改进专业教育,对此回应最早的是公理教会于1808年创建的安多弗神学院(Andover Theological Seminary)。11年后,在贾斯蒂斯·斯托里(Justice Story)的领导下,哈佛对法学院进行改革,只招收学院毕业生或具有同等资格的人员,将学习的重点从当地实体法转到普遍的法学原理的学习①。然而,真正使专业教育得以提升的是选修制的实施。经过长时间的准备,南北战争后哈佛第一个提升专业教育的入学门槛。当时的哈佛校长埃利奥特逐个说服哈佛的各个专业学院入学招生时要求学士学位,同时提升专业教育的学费。一开始,哈佛各专业学院的入学人数大幅下降,当哈佛专业学院培养的学生在职业生涯中崭露头角时,招生人数才重新攀升,事实证明埃利奥特当时这一冒险举措是行之有效的。然而,并非所有的学院或大学都感觉有必要采取类似的措施,也有一些追随者胆怯地要求至少两年的学院经历。一些为这种胆怯辩护的人表示,这是出于对支付不起四年学院学费的贫穷学生的保护。到了19世纪末20世纪初,没有高中以上学院经历的专业人士比例急剧下降。事实上,这时10%以上的律师、医生、公职人员和学院教师在准备职业生涯时都同时拥有学院、专业或研究生教育经历。② 到了20世纪前25年,进入较好的专业学院仅仅拥有学士学位和学费是不够的,当申请人数超过要求时,专业学院可以根据各种具体记录来挑选学生。医学院特别青睐那些选修了具有医学专业准备性质科学课程的学生,如选修了化学和生物学的学生相对来说被录取的可能性更大。法学和神学院继续接收选修了各种不同课程的学生。当然,所有专业学院都乐于接收本科学习成绩优秀的学生。相关研究也表明,通过学生本科学习的成功可以预测其在专业学院的成功。专业学院也开始注重课程的丰富性,哈佛在20世纪早期设立了法律专业研究生院,授予法律科学博士(S. J. D)学位。神学院也通过增加心理学、社会学和政治学来为牧师建立与社会的非正式联系,这一时期的科学研究和发现也对神学产生了重要影响。

当大学里的专业学院开始展开学术研究时,独立的专业学院显然就没什么优势了。受到大学学术氛围的感染,同时拥有大学雄厚经费的支

① Charles W. Eliot. Harvard Memories[M]. Cambridge: Harvard University Press, 1923:49.

② John S. Brubacher, Willis Rudy. Higher Education in Transition: An American History, 1636 - 1956[M]. New York: Harper & Row, Publishers, 1958:203.

持,作为大学一部分的专业学院很容易克服私立专业学院的最大弱点——兼职教师模式,向全日制教学模式推进。在意识到自己的弱点和不足之后,一些私立专业学院在19世纪放弃它们的独立地位并入大学,成为大学的一部分。例如,1784年建立的里奇菲尔德法律学校(Litchfield Law School)在19世纪中期并入耶鲁专业学院,纽约的内科和外科医生学院(The College of Physicians and Surgeons)19世纪末并入了哥伦比亚大学。这种趋势如此强烈,以至于在19世纪末的100所专业学院中,有71所并入了大学。医学院和神学院也追随了这种趋势。随着课程的丰富,教学方式的革新也在进行中。医学院以前大规模采用的讲座教学让位于实验教学。法学院也受到了科学理念的影响。哈佛的克里斯托弗·C.兰德尔(Christopher C. Langdell)在法律学习中引入案例教学时,其理论假设是法律也是可以进行科学研究的。只有基于这一假设,法律才值得成为大学阶段教育的内容,否则,它可能继续被视为一门手艺通过学徒制来传授。后来,专业教育还通过自身专业规范的发展获得进一步提升。这种变化在19世纪末还相对缓慢,到了20世纪被快速推进。专业教育通过建立审查机关、执业者协会和专业学校协会等提升了共同标准。但是,专业教育最惊人和划时代的推动力还是来自于卡耐基教学促进基金会(the Carnegie Foundation for the Advancement of Teaching)。亚伯拉罕·弗莱克斯纳(Abraham Flexner)的医学教育研究于1910年发表,引起了医学教育的真正转型①。《弗莱克斯纳报告》(the Flexner Report)明确了医学教育属于学士后教育范围。紧跟医学教育的脚步,法学院和神学院也相应地提高了入学标准。在20世纪初,宗教教育仍然占据本科阶段教育的主体。

其他新兴专业的教育训练,如工程学、教育学、商学、农业、新闻学和建筑学等,都经历了神学、法学和医学等传统专业大致相同的发展阶段。这些传统和新兴专业在由学徒制向大学专业学院形式的教育转变过程中提升了教育质量。在大学中,专业学院与文理研究生院并行,丰富了大学教学组织的结构和单元。尽管当时对专业教育的实践和理论倾向有不同

① Abraham Flexner. Medical Education in the United States[M]. New York: Carnegie Foundation for the Advancement of Teaching, Bulletin No.4, 1910.

的争论,但历史已经证明,专业学院和文理研究生院是互补和相互促进的。专业学院从博雅学院那里得到理论的启发,而专业学院则为学术理论的检验提供了广阔的背景。大学专业教育的发展对美国自由教育传统的影响是双重的。一方面,在四年制学院教育中,一些大学在高年级阶段安排和设置了专业课程,这在一定程度上挤压和缩减了传统自由教育课程的空间。另一方面,埃利奥特对哈佛专业学院的改革将专业教育提升到研究生教育层次,提升了专业教育的入学门槛,后来哈佛这种专业教育模式被广泛效仿,这就对更长时间的专业准备性质的自由教育提出了要求,从而为自由教育的进一步发展赢得了空间。另外,因为社会对于专业人士的需求量是一定的,当专业教育达到临界点而趋于饱和时,学院和大学的招生人数的增长将停止,这时,如果学院和大学招生人数继续增加,则只能被吸收进自由教育领域,自由教育依然可以扩张。所以,从某种程度上,自由教育是唯一可以无限扩充的教育类型。另外,随着美国经济社会的发展和社会财富的增加,越来越多的人有进入学院和大学接受高等教育的需求,如果社会财富和个人闲暇时间继续增加,具有文化价值取向的自由教育的需求也将大幅提升。①

第二节　博雅学院面临的挑战

美国博雅学院主要承袭英国牛津、剑桥的古典教育模式,有着悠久的自由教育传统。在 19 世纪之前,博雅学院的教育目标、课程和教学方法基本没什么变化。到 19 世纪初期,随着美国社会经济的发展和实用观念的盛行,美国高等教育也在发生着显著的变化,这对有着悠久自由教育传统的博雅学院形成了一定的挑战。

一、地方学院与《耶鲁报告》

博雅学院面临的第一次挑战在 19 世纪 20 年代达到顶峰。事实上,

① Archie M. Palmer. The Liberal Arts College Movement[M]. New York: J. J. Little and Ives Company, 1930:92.

美国高等教育从一开始在献身于自由教育传统时就融进了一股强烈的实用主义倾向。不久之后，这种经常与早期自由教育传统相冲突的实用主义开始浮出水面。国王学院（哥伦比亚大学前身）在创建时宣布了雄心勃勃的课程目标：开设测量学、航行学、地理学、历史和自然哲学等真正的"一切有益于生活舒适、便利和优雅的知识"①。尽管在1767年国王学院没有引入医学系，但它的雄心超越了当时美国社会的现实条件。费城学院（宾夕法尼亚大学前身）在宣布它的古典、数学、物理、植物学、现代文学和历史的课程计划时，其雄心一点也不比国王学院小。尽管费城学院在1756年引入了医学课程，但是它在早期一直保持着低招生率，并且提供的课程也十分有限。19世纪前半期，美国创建了数百个地方学院。这种机构提供的是一种应用性的教育，而不是大学那种严格的学术准备性质的教育。随着人口的增长和西进运动的开展，人们认为使移民先锋地区不久后发展成为大城市的一种重要方式就是"尽可能快地提供所有大都会标志性的事物，这不仅仅指报纸、酒店，还包括高等教育机构"②。当时，几乎所有的社区都有自己的学院——一种以服务于社区利益为导向的机构。迫于社区压力，地方学院提供的也都是被认为对社区发展非常重要的课程。这一时期的博雅学院也发生了一些变化，最主要的变化在于为了回应国王学院19世纪提出的骄傲的课程计划，一些博雅学院通过增加应用性课程拓展了学院课程的范围。这一时期，新型学院仍在不断创建中。1802年为了训练军队的工程师创建了西点军校。安多弗神学院在学院结构中提供神学教育。19世纪前10年，训练教师的师范学院也在创建中。总体来看，19世纪早期美国创建了成千上万个地方学院。尽管这些学院常常被认为是公立高中的前身，但它们常常与当地的博雅学院平行。地方学院课程的重点在于教授应用技能，正如一所地方学院宣称的，它们的教育目标是使学生认识生活和处理实际事务③。地方学

① Richard Hofstadter, Wilson Smith. American Higher Education: A Documentary History (Vol. I)[M]. Chicago: The University of Chicago Press, 1968:110.

② D. J. Boorstin. The Americans: The National Experience[M]. New York: Vintage Books, 1965:153.

③ T. R. Sizer. The Age of the Academies[M]. New York: Bureau of Publications, Teachers College, 1964:5.

院通常是私立性质的,但与当地社区和州政府联系紧密。地方学院的课程设置灵活且偏向于应用,它们的招生年龄段与博雅学院相同,因而地方学院成了博雅学院强大的竞争对手。

地方学院的兴起对于追随德国教育体制的美国高等教育是第一次冲击。乔治・蒂克纳(George Ticknor)、爱德华・尹佛略特(Edward Everett)、约瑟夫・克斯威(Joseph Cogswell)和乔治・班克罗夫特(George Bancroft)1815 年至 1820 年间都在哥廷根学习。此时的德国,准备性的自由教育课程已经被降格到了中学,讲座和研究正成为大学的主要活动。受德国大学经验的激励,美国教授试图将这些德国大学的经验引入自己的大学。特别是蒂克纳,他试图对哈佛教学进行改革。尽管他在自己的学院成就甚小,但是他为重新评估美国高等教育提供了动力,从而搅动了整个美国大学圈。这一时期美国传统学院的功能开始变得混淆和模糊起来。耶鲁授权耶鲁委员会对耶鲁学院的课程进行评估,这就有了 1828 年《耶鲁报告》的出台。《耶鲁报告》成功捍卫了古典课程和自由教育的价值,被认为是美国独立战争至内战期间美国高等教育史上最有影响力的文件①。这份报告备受称赞的同时也饱受指责,它同时也被视为是最反动和保守的文件。不少人认为正是这份报告阻止了 19 世纪早期美国高等教育一些最令人兴奋的改革可能。的确如此,19 世纪早期传统学院的课程改革实践被成功击败,以至于几乎长达半个世纪,美国学院虽然被认为是必要的,但也是不被美国民众同情和理解的。停滞而非活力成为这一时期的美国高等教育的主要情景。② 这一时期的美国正面临技术革命,1791 年伊莱・惠特尼(Eli Whitney)发明了轧棉机,在 1812 年的战争中,惠特尼还摸索出大规模生产步枪的方法,装配生产线的理念开始引入,萨缪尔・斯莱特(Samuel Slater)为新英格兰的纺织业打下了基础。边疆正在开拓,阿莱干尼山脉(Allegheny)不再是西进运动的障碍和阻隔。1828 年,安德鲁・杰克逊当选扩大了平等权。时代的发展和变化需要学院阐明其教育的本质以及它在美国社会中的地位。《耶鲁报告》肯定了

---

① J. S. Brubacker, W. Rudy. Higher Education in Transition[M]. New York: Harper and Row, 1968:103.

② F. Rudolph. The American College and University: A History[M]. New York: Knopf, 1962:130.

博雅学院在美国社会中的地位和作用，认同了博雅学院的自由教育和学院课程的设置。《耶鲁报告》强调博雅学院的自由教育是为更高层次的学习准备而设计的，博雅学院的教育目标在于为高层次学习打下基础。博雅学院不开设专业课程，其目标不是传授某一特定专业的知识，而是要为所有高层次学习打下共同的基础①。耶鲁试图呼吁所有学术共同体重新回到旧时代。虽然这一时期的欧洲大学已经开始为中学教育指定课程，但是《耶鲁报告》坚持认为准备性工作仍然是博雅学院的主要任务。后来，美国高等教育领域经常出现关于博雅学院的自由教育及古典课程价值的辩论②。耶鲁在19世纪20年代的辩论中成为捍卫自由教育和古典课程的强有力的机构和堡垒，博雅学院的倡导者们终于松了一口气。耶鲁非常直率地说出了其他机构想（或希望）说的。尽管在《耶鲁报告》的庇护下博雅学院成功抵御了第一次挑战，但是到了19世纪中后期，博雅学院的第二次挑战正在形成之中，新型的高等教育机构以及美国高等教育机构的多样化步伐并没有停止。后来，耶鲁和哈佛通过创建配套和并列机构——谢菲尔德科学学院和劳伦斯科学学院③的方式，扩大了它们的课程范围，将自然科学涵盖进了学院课程体系。耶鲁的谢菲尔德科学学院成为发展高层次教育的基础。1861年，通过谢菲尔德学院，耶鲁授予了第一个美国哲学博士学位（Ph. D.）。与此同时，在伊利诺伊州，乔纳森·B. 特纳（Jonathan B. Turner）正努力创建为“工业阶层”服务的教育机构。相对而言，博雅学院的教育主要是为“知识分子阶层”服务。特纳极力反对将这两种功能不同的教育结合在一起，他认为对于当时的美国高等教育机构而言，除了增加专业课程之外，需要做的还有很多。1862年《赠地学院法案》出台后，赠地学院开始大规模发展，赠地学院的功能是由联邦政策确定的，其实用的理念也融合进了美国高等教育领域。

---

① Richard Hofstadter, Wilson Smith. American Higher Education: A Documentary History (Vol. I)[M]. Chicago: The University of Chicago Press, 1968:278.

② 到了19世纪80年代，这种辩论的内容变成通识教育（general eduation）成为学院教育的一部分是否合适，或者在多大程度上合适。

③ 创建于1847年。

二、大学与学院的融合

博雅学院遭遇的第二次挑战始于《莫雷尔法案》颁布 38 个月之后。这一时期,康奈尔大学第一届董事会在纽约伊萨卡岛(Ithaca)成立。36 个月之后,康奈尔大学正式开学。康奈尔大学开学前一年,巴尔的摩 12 位市民应捐赠人约翰·霍普金斯的要求,创建了约翰·霍普金斯大学和约翰·霍普金斯医院。这所以约翰·霍普金斯的名字命名的大学直到 1876 年才正式开学,但是建成之后极大地提高了美国高等教育的科研和研究生教育水平。正如维赛(Veysey)说的,它的学术氛围是当时美国的其他大学难以匹敌的。① 1902 年,约翰·霍普金斯大学第一任校长吉尔曼(Daniel Coit Gilman)辞职,哈佛校长埃利奥特评价吉尔曼为美国研究生院的创建人。约翰·霍普金斯大学不仅自身实力强大且极具潜力,而且提升了美国大学博雅学院的水平。哈佛研究生院的发展始于 1870 年和 1871 年,一开始实力微弱,没有得到很好的发展。直到后来有了约翰·霍普金斯大学的榜样,哈佛被迫全力发展研究生教育②,美国高等教育的状况发生了改变。克拉克大学紧随霍普金斯大学,其他大学也在进行改革,哈佛、耶鲁、哥伦比亚结构都变复杂了,博雅学院通过发展专业学院和专业教育变成了大学。

虽然在国家的需要和知识扩充需求的呼唤下,美国大学的发展显得有些姗姗来迟,但是随着大学的发展,独立的博雅学院的功能开始变得越来越模糊不清。如果说博雅学院在 19 世纪早期的每个十年都面临挑战的话,它在 19 世纪末 20 世纪初的世纪之交期间面临的挑战则更为巨大。虽然在 1896 年,美国高等教育机构三分之二的学生都被招入学院(独立的博雅学院),学院依然是高等教育的标准模式③,但是一些教育家认为,随着美国研究型大学的发展,不久之后大部分四年制博雅学院将会消失。美国大学的结构不是自然发展起来的,过去关于大学的结构模式已

---

① L. Veysey. The Emergence of the American University[M]. Chicago: University of Chicago Press, 1965:164.

② F. Franklin. The Life of Daniel Coit Gilman[M]. New York: Dodd, Mead, 1919:389.

③ Allan O. Pfnister. The Role of the Liberal Arts College: A Historical Overview of the Debates [J]. Journal of Higher Education, 1984, 55(2): 154-155.

有过很多争论。有着德国留学经历的人倾向于专业和技术教育,其他人则希望保持传统自由教育的特点,尽管在形式上可能少于(或者不同于)已有两百多年历史的博雅学院的典型四年结构。然而,不论美国大学采取何种模式,不可避免地都要在美国学院的自由教育与欧洲大学的研究生和专业教育的关系问题上做出抉择。如果德国大学获胜,博雅学院将作为预备性质的机构予以保留,大学则专注于研究和职业准备,学院将变为高级中学。最后的事实是一种折中的观点获胜,大学将自由教育准备性课程的某些方面和欧洲大学的高层次学习结合在了一起。1900 年在美国大学联合会(the Association of American Universities, AAU)年会上,对此问题有过很多争论。这个协会形成于 1900 年 2 月全国教育协会(the National Education Association)的管理部门会议期间,在会议上 14 所大学共同讨论如何制订使美国大学的研究生教育为欧洲大学认可的一些标准。一些大学的公报表示美国的大学还不能提供高层次学习的法定学位以及保护博士学位的尊严。在美国大学联合会第五次会议上,代表们讨论了学院与大学研究生院和专业学院的关系。斯坦福的乔丹和哈佛的埃利奥特校长认为,大学基本工作的专业教育和自由教育应该作为一所大学的两个阶段结合在一起,自由教育不能单独存在,专业学习使得学院学习富有意义。其他人则主张在学院和大学之间划清界限,保持大学只进行专业和高深学习以及学院只提供准备性学习的性质。乔丹和埃利奥特反对在学院和研究生院之间做严格区分,他们的观点占上风,美国大学发展成了结合传统学院自由教育和高层次专业训练的机构。但是这样做的结果,实际上也就表明独立的博雅学院不再成为需要了。自由教育包含在了大学教育中,由大学第一阶段的课程学习来提供①。但是,此时的耶鲁校长诺亚·波特(Noah Porter)坚决反对这种折中和通融。他坚持耶鲁委员会半个世纪之前《耶鲁报告》的观点,即学院教育的目的是为高层次学习打下基础,学院教育和高层次教育不能混合在一起。在 1878 年的一篇文章中,他提到亥姆霍兹(Helmholtz)在柏林大学的一次演讲,亥姆霍兹指出,没有德国学生在传统的高级中学的准备,德国大学不能保持研究

① J. Herbst. The German Historical School in American Scholarship[M]. New York: Cornell University Press, 1965:43.

和学习的自由。借鉴亥姆霍兹的观点,波特认为给予教授和学生教和学的自由越多,对学生进行思维训练、培养他们的洞察力和判断力以及通过宽广的自由教育拓展学生的视野就越迫切①。他的结论是,大学与学院结合的形式对于学院和大学来说都是灾难性的。从博雅学院的角度来讲,波特是正确的。在波特看来,将德国大学与美国博雅学院结合在一起,这既不是大学,也不是学院。正像波特所观察到的那样,在德国,高级中学对应的是美国学院。这种结合的理念就好比省略德国高级中学二或三年级提供的教学,学生可以立即开始专业和科学学习②,这种提议如果在德国是会被嘲笑的。波特极力反对美国大学创建者中的这种折中倾向,然而,对于当时的美国高等教育而言,这已经不是方向正确与否的问题,在某种程度上,是一种新的机构正在形成和成长的问题。在这一过程中,博雅学院的传统日益受到挑战。这一时期的高等教育文献也充斥着重建整个高等教育体系的声音和建议。尼古拉·默里·巴特勒(Nicholas Murray Butler)在1893年表示,美国大学的最大优势是它建立在学院的基础之上,即使它在培养能力、拓宽兴趣和激发思想上的影响一直被低估,但是在这些方面,任何德国高级中学(Gymnasium)、法国公立中学或英国公立学校一时都难以与之匹敌。③ 尽管如此,他同样也认为学院需要重建。1902年在斯沃斯莫尔学院的一次演讲上,巴特勒在谈到传统学院过去四年中所做的事情,现在分别被新的学院或中学承担时④,他提倡将人文课程减至两到三年。巴特勒这种结论的依据是学生进入学院时有了更多的准备,学院的准备性质的任务相应的也应该在更短的时间内完成。如果传统学院继续提供四年的通识教育,巴特勒确信它们不久将会消失。

尽管对于博雅学院而言,它们可以在目标、课程和教学等方面做出调整,但很多人仍然质疑博雅学院是否能够继续存在。斯坦福的大卫·斯

① N. Porter. The American Colleges and the American Public [M]. New York: Charles Scribner, 1878:386.

② N. Porter. The American Colleges and the American Public [M]. New York: Charles Scribner, 1878:107-108.

③ N. M. Butler. Editorial[J]. Educational Review, 1898, April 15, pp.411.

④ N. M. Bulter. The American College[J]. Educational Review, 1903, January 25, pp.11-20. An Address Delivered at Swarthmore College, Swarthmore, Pennsylvania, November 11, 1902.

塔尔·乔丹(David Starr Jordan)在1903年曾表示,每一所成功的学院都在向大学前进,并且尽可能努力地成为大学。在他看来,传统学院就像一所小型大学,“它是古老的,陈旧的,束缚人的,像病人一样奄奄一息……随着时间的推移,学院实际上将会消失”①,最好的学院将会变成大学,其他的则回到它们中学的位置上去。约翰·伯吉斯(John Burgess)以强调的口吻指出,“我承认我不能确定那些不能变成大学和中学的学院最终的定位,但我也看不到它们继续存在的理由。维持它们将是资金的巨大浪费,关注它们则是浪费时间”②。在1900年全国教育协会(the National Educational Association)的一次演讲上,芝加哥大学校长威廉·瑞尼·哈珀(William Rainey Harper)③指出,小学院的未来是20世纪前25年美国高等教育面临的最重要的两个问题之一。他认为现代中学挡住了小学院的退路,现代中学的功能不断增强,正在朝着变成“人民的学院”的方向发展,以至于以前许多属于博雅学院的工作,现在都由高中代替了。他甚至发现很多中学在课程的广度和内容的深度上,都优于三四十年前较好的博雅学院。据此,他预测四分之一的博雅学院正努力成为更强大的机构,其他四分之一将变成大学,其他的博雅学院要么成为初级学院,要么变成高级中学④。

三、博雅学院对挑战的回应

虽然大学的兴起使得博雅学院的发展受到挑战,但是美国的博雅学院并不准备立刻给大学让路⑤。很少有独立的博雅学院准备放弃它们的自由教育领域,或者接受少于四年的课程。尽管人们普遍认识到美国高等教育的结构正发生显著的变化,博雅学院坚持认为它们的回应不应该

① L. B. Richard. A Study of the Liberal College[M]. Hanover, N. H.: Dartmouth College, 1924:15.

② Richard Hofstadter, Wilson Smith. American Higher Education: A Documentary History (Vol. II)[M]. Chicago and London: The University of Chicago Press, 1968:654.

③ 早期曾支持初级学院运动(the junior college movement)。

④ W. R. Harper. Journal of the Proceedings and Addresses of the Thirty-ninth Annual Meeting [C]. Chicago: NEA. 1900:74.

⑤ Richard Hofstadter, Wilson Smith. American Higher Education: A Documentary History (Vol. II)[M]. Chicago and London: The University of Chicago Press, 1968:476.

是退却,而是应该在这个不断变化的系统中找到学院的位置,坚守过去自由教育的遗产。正如鲍登学院的海德校长(Hyde)在这一问题上所指出的,虽然现在我们有了 8 至 10 所大学,博雅学院必须准备在我们的教育系统中占据第二位。在他看来,变成大学对于博雅学院而言是"荒唐和自我毁灭"的行为,博雅学院应该采取的恰当措施是带着谦虚和自尊接受属于它的新位置,失去自给自足的独立的旧生活,找回作为高度分化教育系统成员之一的新生活。这一时期美国教育系统的最底端是幼儿园,大学在最高点。① 布林莫尔学院(Bryn Mawr College)的托马斯校长不如前两者受关注,他相信博雅学院将会继续发展,不论是在数量还是实力上,而且会越多越好。他提倡博雅学院之间展开合作,认为博雅学院应该联合起来。如果博雅学院之间能够建立联盟,托马斯相信不可能还会有任何人敢于再次在错误的事实基础上进行学院课程的根本转型。② 托马斯的学院联合建议提出 10 年后,独立的博雅学院真的组成了一个协会。在 1915 年 1 月芝加哥的教会理事会(the Council of Church Boards)会议上,形成了美国学院联合会(the Association of American Colleges)。联合会的主要任务是思考各种形式的高等教育的提升问题,其中包括独立博雅学院和教派学院。③ 同年,在庆祝阿勒格尼学院(Allegheny College)建校 100 周年庆典时,博雅学院举行了一次主题为"美国学院的未来"的会议,发表了一些关于博雅学院的课程、成就、现状和可能的将来的文章。据威廉·斯洛克姆(William Slocum)的分析,这次会议的主旨是,尽管很多人预言博雅学院的死亡,相信在中学和大学的压力下博雅学院将会消失,认为博雅学院是一种不必要的奢侈和浪费,因为不久后它们将关门并且解散教师,然而现实情况正好相反,博雅学院运动的领导者站了出来,以独立、自尊、坚定、勇敢和满怀希望的口吻宣布,博雅学院正在履行其最伟大的使命和开展最重要的工作。④ 美国学院联合会的创建,实际上表明独立的博雅学院并不准备消失,它们准备保持它们的传统,期望成为处于变

① W. D. Hyde. The Policy of the Small College[J]. Educational Review, 1891,(2): 313.
② H. C. Thomas. The College[J]. Educational Review, 1905,(29): 80.
③ Minutes of the Association[A]. Proceedings of the First Annual Meeting of the Association of American Colleges[C], 1915,(January): 7.
④ W. H. Crawford. The American College[M]. New York: Henry Holt, 1975:136 - 37.

化中的美国高等教育体系中一个重要组成部分。在大学联合会的第二届年会上,联合会主席报告联合会成员总数中学院达到 190 所。在描述博雅学院的机构特征时,协会表示,尽管遭受了来自中学和大学的残酷攻击,但是对于博雅学院而言,面对这一处境的有效方式不是防守。相反,博雅学院的传统需要继承和保持,联合会应该强调博雅学院所代表的理想,列举支持这些理想的事实和理念。① 毋庸置疑,在随后的几年里,学院联合会的确为博雅学院提供了一种认同感。如果阅读一下第一个《美国学院联合会十年公报》(*the Bulletin of the Association of American Colleges*),人们会对该机构在达成它的任务上所表现出来的活力留下深刻印象。

很多美国高等教育历史学家将 19 世纪末期之后的时期称为"大学时代",以此暗指博雅学院的作用已经黯然失色,此后美国高等教育领域所发生的一切大事更多的是关于大学的,或者由大学引发的。但是,博雅学院拒绝消失,博雅学院的新发展似乎增强了这类学院重申其历史角色和功能的决心。然而,19 世纪末和 20 世纪初所发生的一切对博雅学院形成的打击是沉重的,正如尤根·赫伯斯特(Jurgen Herbst)所指出的,博雅学院被迫去思考它们自己的改革问题②。但是,本质上,它们发现自己一再重申与过去的联系。正如人们所看到的,尽管少数大学提供了高等教育中的研究和专业教育方面的内容,然而绝大多数院校仍为博雅学院,并且博雅学院正在对社会和教育转型做出自己独特的回应。③ 与此同时,博雅学院也在开展合作研究。在学院联合会第 10 次年会上,学院课程委员会发布了 1913 年至 1923 年间包含 204 所不同机构的 11 项研究报告。报告的总体结论是,尽管博雅学院在入学和毕业要求上变得更为自由,学院学生实际所选择的课程结构依然相当保守,而且即便学院提供主修、副修、组合、替代和选修课程,学生仍然继续选择那些"传统上被认为是标准

① R. L. Kelley. The Sphere and Possibilities of the Association[A]. Proceedings of the Second Annual Meeting of the Association of American Colleges[C], 1916,(January): 27.

② J. Herbst. The German Historical School in American Scholarship[M]. New York: Cornell University Press, 1965:49.

③ W. B. Leslie. The Re-emergence of the American College: A Multiple-Case Study, 1870 - 1920[J]. Liberal Education, 1976,(62): 507.

和根本的课程”①。在这次会议上，往年年会的一项建议，即将独立的博雅学院合并进大学得到了采纳。在某种意义上，这一行动是一个信号，独立的博雅学院已经获得了进入大学的足够的认同和自信。而在10年前，大学一直被认为对博雅学院构成威胁。他们还认识到，大学中的学院目标和问题是和独立的博雅学院相联系的。自由教育的理念必须融合进大学的专业教育中，独立的博雅学院必须通过大学的关系帮助那些陷于危险境地的博雅学院。由此可见，自由教育传统，无论在哪都可以找到同盟。从表象上看，不像20世纪初人们所预测的博雅学院会消失那样，独立博雅学院在数量和招生上继续增长。世纪之交的危机已经过去，博雅学院正在中学后的教育中为自己寻找位置。美国高等教育结构变得日益复杂和多样化，不再有某种占主导地位的高等教育机构类型存在。作为少数成员，博雅学院算是存活下来了。但是，如果阅读这一时期有关博雅学院的报告和文章，很容易感觉到，世纪之交开始出现的问题事实上并没有真正停止②。这一时期的四年制博雅学院与25年前相比，已经进行了一些课程改革和实验，改革的地方主要表现在对学生的关心和引导、课程与教学、组织与管理，引入了对学生的新服务，增加了新课程，如高层次学习课程。从管理者的角度来看，博雅学院已经不仅是传统的继承者，也是日益具备社会进步性质的机构。但是需要明确的是，新课程的引入并非没有代价，因为博雅学院与其他类型的高等教育机构存在冲突，并且在博雅学院内部也不断出现需要“不同寻常的智慧和技巧”才能有效地解决新问题③。例如，在博雅学院的新课程引入以及向社会进步机构发展迈进问题上，诺曼·福斯特(Norman Foerster)有不同的看法。他指出博雅

① The Commission of the Association of American Colleges. Report of the Commission on the College Curriculum[C]. Association of American College Bulletin, 1924,(10):205.

② 博雅学院正在定义和重新定义它们的角色，很多高等教育领导者参与了关于其目标和内容的争论。托马斯将20世纪20年代描绘为“在齐心协力评论自由教育的理念和采取建设性措施重建长期被忽视的课程的完整性和知识的广博性方面，是美国高等教育史上最重要的时期”。见 R. Thomas. The Search for a Common Learning: General Education 1800－1960[M]. New York: McGraw-Hill, 1962:69.

③ K. McHale. Changes and Experiments in Liberal Arts Education[M]. Public School Publishing Co., 1932:234.

学院濒临消失,除非它重申其“永恒的独特使命”①。10 年后,斯图尔特·科尔(Stewart Cole)的著作《民主社会的自由教育》(*Liberal Education in a Democarcy*)回应了弗尔斯特所关心的问题。尽管他认为美国博雅学院的教育质量令人满意,但博雅学院的根本弱点在于没有一个清晰而具权威性的目标来统率它的政策、课程和领导。科尔认为,如果美国博雅学院想要恢复它在学术界的地位,除了重新定义和调整其教育目标之外,没有什么可以为其铺平道路②。和其他人一样,科尔也明确地感受到了这一时期美国高等教育多元化发展对博雅学院的威胁。

总体而言,博雅学院遭受了外部环境变化带来的种种压力。从自身来看,博雅学院遭受最多质疑和需要着手改革的首先是传统的“心智训练”(mind training)和培养“完人”(whole man)目标内涵的不确定性和内容的单一性,其次则是课程的改进和更新。美国博雅学院沿袭英国古典教育传统,提供的主要是古典课程的教学,目的在于心智训练和培养“完人”。博雅学院遭受危机的是一种带有预感性质的危机,因为从实质情况来看,这一时期博雅学院接收的学生依然暂时占美国高等教育中的主体部分。然而,在中学和大学的双重挤压下,博雅学院的地位日益尴尬,其存在的空间日益狭小,在办学经费上也越来越不能与私立研究型大学、州立大学和赠地学院相提并论,这种危机又是现实的而且不可避免的。

① N. Foerster. The Future of the Liberal Arts College[M]. New York: D. Appleton Century, 1938:5.

② S. Cole. Liberal Education in a Democracy: A Charter for the American College[M]. New York: Harper and Brothers, 1940:285.

第三节 美国中产阶级的“文化梦”

一、学院教育与商业成功

19 世纪晚期至 20 世纪初期,随着美国社会经济的发展,美国中产阶级作为新兴阶层,在具备了一定的财富和时间条件的情况下,开始为自己的子女寻求文化晋升之路,这为遭遇挑战中的美国博雅学院的发展提供了契机。正如 C. 赖特·米尔斯在《白领——美国的中产阶级》中所指出的那样,这一时期,“大众教育成为新兴中产阶级兴起的一个主要社会条件……学院是高级和半高级职业的摇篮,同时也是获得更高职位所必需的地位标志”①。

在早前,对于传统的依靠白手起家成就自我的美国人而言,学院教育是不适合男人的②。很早以前,传统的白手起家的男人仍然拥有崇高的社会地位。1920 年美国《星期六晚间邮报》(*The Saturday Evening Post*)的一篇文章《还有机会吗》提出一个疑问:与 20 年前相比,美国社会为何会表现出更浓厚的对学院教育的兴趣? 在这篇文章中,作者艾伯特·W. 阿特伍德(Albert W. Atwood)大力宣扬这样一个事实,传统的白手起家的男人和实现社会地位晋升的阶层,是那些已经渗透到这个国家的现代工业之中的人。美国社会的发展并没有扼杀机会,它们只是轻微地改变了男人社会地位晋升的条件。美国社会机会的民主阶梯保持得比以往任何时候都牢固。但是,现实证明的是这些完成社会地位晋升的人都不是父辈中那种白手起家式的男人。在上升成为管理人员的职员中,学院毕业生和企业主的儿子在自我实现(self-made)的例子中大量存在。在崇尚民主的美国,尽管每个人都有机会谋求自己的职位,然而更明显的是,在企业的商业管理层,大多数人都有着大学教育背景。在过去,企业培训经理

① C. 赖特·米尔斯. 白人——美国中产阶级[M]. 杨小东,等,译. 杭州:浙江人民出版社,1987:302-303.

② Bird S. Coler. The Man Who Can't Go to College[N]. Saturday Evening Post, 1901, June 29, pp. 8.

人的方式是从一些部门的不体面的工作职位上提拔。但是,到了19世纪晚期,企业大部分的新人招募自大学校园,而不像原来那样从它们的职员和工人中提拔①。白手起家的神话已经不再适用于这一时期的年轻人,它的重塑需要回到社会逐渐认可的教育体制轨道上来。20世纪20年代,企业开始在大学校园系统、大规模地招募员工,并为大学毕业生设计了具体的管理培训课程。企业之间为招募大学毕业生展开激烈的竞争,大公司为大学毕业生建立管理培训课程也越来越得到认可。人们认为学院毕业生比没有学院经历的人需要更多的挑战和激励②,学院毕业生就像有天赋的孩子,如果没有智力挑战将会枯萎。

研究美国高等教育史和美国文化的学者很早就认识到世纪之交这一关键时期,美国人开始真正将高等教育纳入他们的"文化梦"③。这一时期,进入大学的学生如雨后春笋,伴随着宏伟的体育馆建筑,大学体育运动时代也随之到来,大学联谊会和女生联谊会主导了青年文化的发酵,并为美国其他青年树立了榜样④。是什么使得大学毕业生如此珍贵? A. H. 多伊特(A. H. Deute)的文章《当大学高年级生变成新商人》(*When the College Senior Becomes a Business Freshman*)说出了这些变化的原因。他指出,学院人的价值并不来自于他作为新成员带来的直接技能,这些他依然需要从实践中去学习,但是在35岁成为高级管理人员,却得益于他在学院所受的自由教育。他所受的智力训练使他在刚开始时只是"机器中的高效齿轮",但依靠他的想象力、良好的判断能力和清晰的思考能力,有一天他终将走到一个更高的位置。⑤ 不断扩张的美国商业每年急需大量大

① Albert H. Atwood. Do Opportunity Still Exist[N]. Saturday Evening Post, 1920, July 3, pp. 29, 90,92, 97.

② Atwood. Impatient Youth in the Business World[N]. Saturday Evening Post, 1926, April 10, pp. 10 – 11, 205 – 206, 209 – 220, 213.

③ David O. Levine. The American College and the Culture of Aspiration, 1915 – 1940[M]. New York: Cornel University Press, 1986:14.

④ Daniel A. Clark. Creating the College Man: American Mass Magazine and Middle-Class Manhood, 1890 – 1915[M]. Madison, Wisconsin: The University of Wisconsin Press,2010:183.

⑤ Daniel A. Clark. Creating the College Man: American Mass Magazines and Middle-Class Manhood, 1890 – 1915[M]. Madison, Wisconsin: The University of Wisconsin Press, 2010:182.

学毕业生服务于低层和中层管理职位。与此同时，一些大众媒体在塑造美国学院经历的期望和理想的学院人的形象上起了重要作用。阅读这一时间的大众杂志，常常可以看到有关学院主题的话题，大众杂志在紧跟学院人或学院生活中表现出明显的迷恋，人们可以在杂志的每个部分看到对理想的学院人的描述。随着大众杂志对于商业中学院经历和学院教育的全神贯注的投入，美国中产阶级开始渴望拥抱学院教育。到了 20 世纪 20 年代，接受学院教育的理念已经深深植进了美国文化。这种变化引发了学术界和全国范围的关于学院招生名额和学院课程目的的讨论。越来越多的美国人认识到了美国中产阶级的文化渴望，“美国梦”也越来越成为美国文化抱负的一个核心点。美国中产阶级对学院的期望是什么呢？在大卫·O. 莱文（David O. Levine）看来，美国中产阶级“更多地将学院视为获得社会机会而不是知识经验的场所”。在丽塔·S. 哈利（Rita S. Halle）的《哪所学院》（*Which College*）①中，有一段话这样写道，在过去的 10 年中，高等教育在美国成为一种迷信，以致这个国家所有的年轻人，不论贫穷或富裕，不论城市或农村，适合或不适合，都在寻求进入大学的通道。对于他们，或者对于他们的父母而言，大学学位成为具有社会优势的标签，每个人都认为它是获得幸福、成功和财富的神奇钥匙②。大众杂志还将学院教育与商业成功的观念和理想的企业高级管理人联系在了一起，事实上这一期望在 20 年代涌入大学校园的美国中产阶级中表现得非常明显。随着大学教育日益受欢迎，大学与成功的概念也突然并且紧密地联系在了一起。

二、学院教育与男子气质

引发学院教育热潮的另一个重要因素是对于理想学院人形象的塑造和期望。学院学生，包括他们的父母，期望通过大学生产出企业的成功。美国学院和大学也开始设立新的商学院和开设商业课程来满足学生的需要③。全国的学生报纸记录了大多数学生的意愿，学院学生增加大学课

① 1928 年的一本针对有文化抱负的父母的指导手册。

② Rita S. Halle. Which College［M］. New York：Macmillan，1928：3.

③ Frederick Rudolph. Curriculum：A History of the American Undergraduate Course of Study Since 1636［M］. San Francisco：Jossey-Bass Publishers，1977.

程以外事务的参与度,以此为将来获取商业成功作准备。通过学院课程,商业被提升到专业教育地位,学生们为此而欢呼、鼓掌,怀揣着“每个人成为工业管理人员的梦想”①。此外,20 年代兴起大学同辈文化,成功组建了大学生社团和协会,深化了学生之间的同一性和适应性的认同,在引导学生的人格理想和对于维多利亚时代经典男子形象的塑造上起了重要作用。学院人爱好流行时尚,关注风格,认可自己作为消费潮流的引领者的角色,将其视为现代美国男子气质的关键要素②。当然,学院教育对于中产阶级的吸引力实际上并不是前 10 年累积和酝酿的结果,而是美国生活中更早之前就已经开始的将文化期望转向大学的结果,因为这一时期上大学的想法与企业成功或男子气质,以及中产阶级身份紧密联系在了一起。丽塔 · S. 哈利的指南手册《哪所学院》曾经风靡美国。而在此之前,很多成功指南在提及大学教育时视之为浪费时间。此时,在塑造美国观念上一种新的和更为重要的行动是重新定义学院经历(college experience),使之成为中产阶级男性的一个准备。在 1900 年前后,美国大众杂志作为全国文化中心论坛和第一个真正全国性媒体出现时,对将学院文化重建和中产阶级男子气质串联在一起起到了先锋作用。③ 20 世纪 20 年代,美国人并不是因为《星期六晚间邮报》说他们应该上大学而选择去上大学的,而是因为他们在学院经历上投射的希望和愿景——希望自己的孩子通过学院教育而实现的生活。学院在美国人文化中地位转变的关键是,大学变成了一项有意义的投资。了解清楚什么样的文化期望导致了大学的受欢迎,可以深化对美国社会根本转型的理解。学院的文化重建触及了新兴企业性质的美国男子气质、男性力量和权威观念的

---

① Paula Fass. The Damned and the Beautiful: American Youth in the 1920s[M]. New York: Oxford University Press,1977:254 - 256.

② Paula Fass. The Damned and the Beautiful: American Youth in the 1920s[M]. New York: Oxford University Press,1977:126 - 127, 233.

③ Daniel A. Clark. Creating the College Man: American Mass Magazine and Middle-Class Manhood, 1890 - 1915[M]. Madison, Wisconsin: The University of Wisconsin Press, 2010: 184.

转型，而且“美国大众杂志充当了引导这一文化转型的重要管道”①。

自19世纪末开始，学院被视为培养新型企业的中产阶级领袖的理想场所，学院教育被证明是一种理想的锻炼人的经历。学院教育或学院生活的各个方面被时髦化为可以满足各种不断变化的男性渴望与期望。人们将大学与文化和学术传统的理想联系在一起，“上大学被赋予高贵的标签”②。学院的文化和智力训练也构成了个性品质培养的关键要素。维多利亚时代的理想所包含的许多高贵品质被认为对于个体成功是必要的。此外，绝大多数人承认，与以前白手起家的成功男子相比，企业经理人需要掌握的东西要多得多，因此自由教育所培养的宽广视野比以往任何时候都更为重要。新兴的中产阶级还将学院教育和传统职业的准备联系起来，认为企业在具有学院教育经历的商务人士的指导下，会更倾向于服务于公众利益。

与此同时，伴随着科学课程进入大学校园，对于中产阶级商务人士的职业理想而言，学院教育被认为是一种完美的教育。此时，遭受挑战的博雅学院也在考虑自我调整，围绕着如何培养理想的企业管理者，进行了课程改进和调整，接纳了新兴的自然学科和一些职业性质的课程。就在大众对学院教育的看法转变过程中，一些大众媒体将学院塑造成培养理想的男子气质的地方，而学院也用事实证明它们是容纳相互冲突的男子气质的理想场所。例如，通过学院的体育运动（主要是足球运动），人们可以想象学院经历在训练自我实现的品格、勇气和韧性，培养维多利亚时代的男子气概。此外，学院的体育运动不仅有利于培养团队观念，养成适合于工商界所需要的团体合作精神，还保留了实现个人荣耀的机会。透过杂志上介绍的大学校园活动，人们容易将大学设想成粗犷的男性团体和无忧无虑的同伴友谊的理想场所。这为重新思考美国人生活中的大学，提供了解读学院经历的多种方式，也提供了个人想象和呈现自己的多种

① Daniel A. Clark. Creating the College Man: American Mass Magazine and Middle-Class Manhood, 1890－1915[M]. Madison, Wisconsin: The University of Wisconsin Press, 2010: 184.

② Daniel A. Clark. Creating the College Man: American Mass Magazine and Middle-Class Manhood, 1890－1915[M]. Madison, Wisconsin: The University of Wisconsin Press, 2010: 185.

方式。

此外,小说和商业广告更全面地阐述和描述了学院经历怎样塑造理想的中产阶级或企业管理者。小说作者在将有学院教育经历的角色塑造成英雄时,经常利用学院男子身份。他们经常描绘大量的学院足球英雄后来成功进入商业机构,晋升至重要职位。在小说故事中,受过学院教育的商人从过去被嘲讽的对象变成了企业领导者和很自然地上升至管理岗位的人。校园恶作剧的故事和兄弟情谊有望持续一生,其他故事和信息则促使读者将大学校园想象为神圣的文化场所,一个非常与众不同的地方。杂志广告不仅强化了人们的大学观念,而且强化了学院人与理想的美国男子气质之间的联系,它们"怂恿所有男人,特别是中产阶级商人尽情享受学院身份,去成为精力充沛的运动员、有文化和懂人情世故的学院人和时尚风格的典范"①。这种广告昭告的对象似乎是所有男人,而实际上,这种看似有着一定开放性和可得性的学院教育中同时存在着细微而强大的文化排斥。构建这种文化排斥也是养成和塑造新的学院人和中产阶级企业管理者权威形象的一个重要组成部分。学院教育并不是适合所有男人或者女人的。这种不断发展的美国男子气质观念形成于 1900 年左右,然而本土出生的美国男人心中依然存在一定的渴望和恐惧,新移民和"新女性"的威胁以及社会达尔文主义(Social Darwinism)加剧了这种内在担忧和恐惧。为了适应工作和社会环境的转变,重新塑造这种男子气质成为一种需要②。

三、学院教育与中产精英

美国中产阶级,尤其是本土出生的白人中产阶级,一直将自己视为白人盎格鲁—撒克逊新教徒(WASP,至少认同这种想象的历史传统),有着一定的社会优越感。在一些描写学院经历或学院人成功的小说或文章中,作者通常会避免拿少数族裔或新移民作为学院学生的例子。当然,确

① Daniel A. Clark. Creating the College Man: American Mass Magazine and Middle-Class Manhood, 1890 - 1915[M]. Madison, Wisconsin: The University of Wisconsin Press, 2010: 186.

② Gail Bederman. Manliness and Civilization: A Cultural History of Gender and Race in the United States, 1880 - 1917[M]. Chicago: University of Chicago Press, 1996.

实也有少数虚构的学院或学院教育的角色是少数族裔或移民,但这种比例非常小。在小说或现实生活中,人们看到的更多的是本土出生的白人学院毕业生晋升至超越工人阶级(劳工阶层)的领导职位。在这样一个自我实现、理想转型的重要时期,学院经历在定义卓越的领袖气质时强化了这种主导性的种族优越假设。在性别上,也同样如此,学院女性常常被人们忽略。虽然学院女性偶尔也出现在一些大众媒体的视野中,但是人们通常认为她们更应该以妻子或母亲的形象去支持男性的事业,很少有故事只关注学院女性,或者说到学院时不提及男性。尽管有这些微妙的阶层和性别排斥,通过整合和重塑学院经历和学院人的形象,人们逐渐认同了有着学院教育经历的商人成为美国人成功的形象。这也预告了20世纪20年代后美国人对学院教育兴趣的剧增。学院在文化重建中,不仅重新定义了学院经历,而且促进了整个社会男子气质和男性权威观念的转型。美国人开始将学院看成理想男子气质的培养场所,在这里男人可以是文雅而不失硬朗和粗犷的,有文化但不失男子汉气概的,有礼貌而且受过专业训练的。学院男子是有文化和朴实无华的理想领导者,比任何移民都优秀,准备为一个新的美国领航。① 在破晓的企业时代,透过学院男子形象,中产阶级男子气质有了全新的叙述表达方式,学院也被证明是培养这种男子气质的理想场所,学院经历对于个人成长是珍贵而独特的,可以发展男子气质的不同方面。在这一时期,社会并没有培养这种男子气质的独特模式可以效仿,也没有特定的组织(包括学院、商界和企业界在内)在全国范围内制订统一标准来引导这种理想的男子气质的产生和培养,大众杂志成为将学院教育塑造成文化资本的重要平台。②

1920年前,大众杂志中的学院人和学院经历的总体形象所形成的潮流还没有成为美国主流文化的一部分。事实上,在现实生活中,只有很少一部分人(包括中产阶级男子)真的有机会进入大学接受教育,而且当时

---

① Daniel A. Clark. Creating the College Man: American Mass Magazine and Middle-Class Manhood, 1890－1915[M]. Madison, Wisconsin: The University of Wisconsin Press, 2010: 187.

② Daniel A. Clark. Creating the College Man: American Mass Magazine and Middle-Class Manhood, 1890－1915[M]. Madison, Wisconsin: The University of Wisconsin Press, 2010: 188.

的美国高等教育也并不是纯粹由本土盎格鲁—撒克逊文化主导。20 世纪前 10 年,正如一些私立博雅学院为非裔美国人服务一样,大量的城市和天主教组织,如德保罗大学(DePaul University)招收移民和非盎格鲁—撒克逊新教徒。杂志实际上做的是比反映现实更重要的事情,它们积极地为美国中产阶级呈现一种理想的和新的标准。① 它们改变了传统的白人中产阶级美国人的主流观念,将全新的学院观念重塑成男性权威形象的重要内容。在大众媒体的推波助澜下,上大学的观念变得流行起来。媒体也影响了 20 世纪民众对学院的期望。大众媒体将学院塑造成一种文化速成的渠道,降低了理想的中产阶级男子气质培养中最为重要的内容,如品格、文化和坚韧的地位,掩饰了这些理想品格是如何形成的,而只是聚焦于如何有效传达一个引人注目的学院人形象。形象成了标志和符号,而培养理想品格的艰苦工作融进了人们对于富于吸引力的学院经历结果的想象中。对比大众媒体,媒体广告走得更远,它们将理想的学院人与某种风格的生活方式联系在一起,将大学像橱窗的新衣服一样进行商品化。②

总体来看,19 世纪末 20 世纪初,随着美国中产阶级的兴起,美国人不仅将学院教育视为将来获得商业成功和社会晋升的手段,同时还将其与诱人的生活方式联系在一起,为自由教育的发展提供了机遇。在大众杂志的引导下,美国人对大学的憧憬依托的依然是珍贵的传统价值、有礼貌的文化教养和粗犷的男子气质。但是,大众杂志所激发的这种憧憬,到后来更多的与个性培养而不是品格养成联系在一起。透过大众媒体有关学院教育的小说和文章,人们可以想象理想的学院人形象。在学院培养品格的传统观念基础之上,大学被塑造成培养未来工商业领袖理想品质的最佳场所,接受大学教育也因此成为美国中产阶级实现文化梦的重要途径。对于处于社会转型期的美国而言,中产阶级寻求文化的理想保留了下来,尽管这种文化理想更多带有实用和功利目的,而不是纯粹以人的培养为目标。学院理想的其他部分也保留在了美国中产阶级文化中,包

① Daniel A. Clark. Creating the College Man: American Mass Magazine and Middle-Class Manhood, 1890 - 1915[M]. Madison, Wisconsin: The University of Wisconsin Press, 2010: 188.

② 同①。

括对学问的敬畏。学院绝不能完全被商品化,作为一种培养人的内在品格的地方,学院的本质和核心理想继续存在。这种全新的自我实现的神话故事,包括理想学院人形象的塑造,强化了不断发展变化的中产阶级权威观念,赋予传统的白人盎格鲁—撒克逊族中产阶级以特权。事实上,很少有工人阶级,特别是美国移民有钱上大学,大学也很难满足不断发展变化的社会晋升阶梯的要求。女性,包括那些受过学院教育的女性毕业生,很少出现在权利和权威文化的故事中。学院成为只有少数中产阶级精英可以进入的通道。作为中产阶级文化构建的一部分,学院在一段时间内成了缩小民主机会的凭证,从中人们可以看到民主的理想是如何构建新的大学理想之中的。学院作为男性在社会中获得成功的重要轨道和途径,激励后来更多的人进入大学接受教育。

第二章 博雅学院的目标调整

19 世纪末至 20 世纪前期,美国博雅学院主导高等教育的格局已经打破。与此同时,很多专业学校和大学也开始提供一定程度的自由教育,对专注于自由教育的博雅学院形成了巨大冲击。博雅学院的传统目标也开始遭受质疑,自由教育的遗产正在从根本上遭受挑战,博雅学院的持续生存能力受到严重威胁。在 19 世纪之前,基于宗教的关系,美国博雅学院自身存在一定的"内在完整性(inner unity)"①,这种内在完整性延续至 19 世纪末 20 世纪初,逐渐被日趋激烈的市场竞争和社会环境变化打破。有着悠久历史传统的博雅学院要在全新的美国高等教育系统中证明自己的独特地位,绝不是动动肩膀、抖落历史的灰尘就能够实现的,它需要回应外界对其目标内涵模糊的诟病,重申其传统使命的价值,重新调整和定义其目标,为目标赋予清晰明确的内涵,同时注入富于时代气息的内容。总之,它必须重塑与 20 世纪生活的协调性②,以适应现代社会生活和高等教育需求的变化。

第一节　自由教育目标的历史演变

美国博雅学院倡导和专注于自由教育,而"自由教育"③这一概念本

① George P. Schmidt. The Liberal Arts College: A Chapter in American Cultural History[M]. New Jersey: Rutgers University Press, 1957:88.

② 同①。

③ 英语 liberal education 或 liberal arts.

身具有悠久的历史,其内涵本身也一直存在争议,没有十分明确的定义。从历史渊源来看,自由教育的传统最早可以追溯到古希腊,之后经历漫长的历史演变过程,其内容和范围一直处于不断的变化中。因此,自由教育的真正目标就需要从这一教育传统自身的历史演变中来把握。

一、文艺复兴之前的自由教育

在整个古希腊时期,教育工作称为 Paideia,是指美德(希腊文为 arete,英文为 excellence)的传授与获得。在最早的时候,美德一般指优秀的运动员或战士。但随着时间的推移,它包含了所有的优秀品质,包括知识和道德。起先,美德的传播是依靠复述荷马史诗的故事以及后来索福克勒斯(Sophocles)的诗歌进行的。其潜在理论原则是领袖和优秀男子的美德首先是继承的,随后通过对榜样的模仿而得到发展。这是一个适应大多数贵族政府的教育假设。一旦民主形式的政府取代了贵族统治,而且不能保障领袖的血统里是否继承了美德时,提供政治领袖的教育成为一种必需。智者派(Sophists)进入历史舞台,这些希腊人的导师,如高尔吉亚(Gorgias)、希庇亚斯(Hippias)和安提丰(Antiphom),在公元前 5 世纪时携着他们的智慧在不同城邦中游历和教学。智者派不再依靠叙述榜样的故事来进行教育了,他们传授辩论的技巧,即演讲术——语言和结构的起源,这是担任群体领袖所必需的一种技能。维尔纳 · 耶格(Werner Jaeger)在他的伟大著作《教育》(*Paideia*)中称这些人为"知识文化和教育艺术的发明者"。换句话说,智者派是自由教育的发明者①。在大多数时候,这些早期的智者派都习惯性地回避人的道德问题,因为他们提供的是一种非常实用的教育,与现实生活中政治和物质上的成功紧密相联。事实上,这种教育就是预科性质的专业教育,尽管此时它的内容牢牢地落在人文学科(humanities)领域。阿里斯托芬(Aristophanes)在《云》(*Clouds*)中将智者派的思想与以传授美德为目标的更古老形式的教育进行比较,促成了一场关于修辞学、语法和相关教育主题的辩论。阿里斯托芬作为辩论的正方代表一种更古老的教育思想(智者派以前的教育),这种专注

① Werner Jaeger. Paideia: The Ideals of Greek Culture, Trans, Gilbert Highet[M]. New York: Oxford UP, 1944:293.

于音乐和诗歌的教育,灌输的是对传统宗教和政府的尊重。辩论的反方则完全抛弃了传统的教育内容以及道德和公民教育功能,认为学生应该学会辩论的技能,使他们利用传统的观念和标准来赢得现实生活的成功。通过这场争论,一个关键问题出现了:教育的使命究竟是灌输美德和传统价值,还是传授价值中立的技能,通过这些技能人们可以操纵观点和争论为自己的现实目标服务,而不用考虑它们的美德?

出生于公元前 485 年的普罗塔哥拉(Protagoras)是一位尝试将两者结合在一起的智者。他宣称他不仅教授智者的技巧,同时也传授良好公民所必需的道德品质。在柏拉图的《普罗塔哥拉》中,普罗塔哥拉讲述普罗米修斯带给人类火种以及各种技能的故事,他还补充说,这些原始人类分散居住,结果野兽攻击他们。这时宙斯开始拯救人类,他派赫耳墨斯(Hermes)①给予他们群居生活所必需的品质——尊重他人和正义感。普罗塔哥拉解释说,尽管这些上帝所赐的品质是天生的,但它们必须通过父母、学校以及法律或国家的教育才能发展。普罗塔哥拉最后吹嘘说,他比其他任何人都能够更好地帮助人们获得良好而高尚的品德和成为好公民。他是道德和政治的双重导师。在宣称教育的道德功能时,普罗塔哥拉和辩论的正方有相似之处,而他与辩论的反方相似的地方,不仅在于传授演讲的技巧,还因为他是一个道德相对主义者。“人是万物的尺度”(Man is the measures of all things)起初似乎是一种人文理想,其实质是一种认为所有知识或观点对每个特定人而言都是相对的学说。此外,普罗塔哥拉还是一个对于宗教和科学的普遍有效性持怀疑态度的彻底的怀疑派。

柏拉图的教育目标,部分的发展自他对流传极广的怀疑主义和相对主义思想的回应。柏拉图在经历了雅典民主制度的崩塌混乱之后,已经失去了对法律的力量和道德权威的信心。因此,在《理想国》和《法律篇》中,他的教育是为通过教育有用而公正的公民来创建和维持国家而设计。士兵(军人)和统治者的教育,是从学习诗歌和音乐开始,接下来是体育训练、数学、雄辩术(在追求真理中对逻辑辩论的运用)。精英的哲学王

① (希腊神话)赫耳墨斯(宙斯与迈亚之子,众神的使者,商人、小偷与辩才之神,被描绘成一位整装待发的使者,戴宽边帽,穿翼鞋,拿一根有翼棒;相当于罗马神话中的墨丘利)。

完成这种教育过程后，就能掌握德行或最终实现正义，成为一个正义的统治者。从柏拉图对于诗歌的看法中，最能明显地看到教育目标的重要性。尽管柏拉图所拥护的道德价值很大程度上与希腊教育中的前智者派相似，但他攻击作为传播这些价值的媒介的诗歌。数世纪以来，诗歌一直是所有知识和文化的容器。在诗歌中，人们可以找到属于自己的历史、上帝和英雄。但是，柏拉图在为他的国家建立最高的道德标准时，对诗人和戏剧家进行审查。在他看来，如果上帝和善的最终实现是完美和永恒不变的，人们不会希望在学生听到的故事中，上帝有缺点和不断变化，那是世界上欺骗和罪恶的来源。如果知识的目标是寻找善，人们会希望学生学习那些引导对真正的善的理解的学科。柏拉图不希望人们花费时间听诗歌或观看戏剧，因为这些仅仅是人类现实不完美的副本。他的观点不仅说明了他的教育体系的政治意图，也提供了相关课程中对于经典名著作用的争论的一个早期例子。在柏拉图的著作中，自由教育的最终目标是为国家培养政治领袖。教育和真实世界的联系①是他的自由学科。古希腊另一位伟大的教育理论家亚里士多德同样将所有事物置于国家之下。但是，他有自己的特别强调，他界定了自由的艺术(art)和不自由的艺术之间的区别。在他看来，自由和不自由的艺术并非必然是相互对立的，自由或不自由需要根据它们的目的来判断。如果一个人学习或做一件事，是为了他自己或为了朋友的目的，或是为了追求卓越，它是自由的，但是如果是为了其他目的，这一行为则是卑贱和具有奴役性质的②。换句话说，如果你演奏音乐，是为了享受音乐，这是自由的，但是如果你演奏是为了赚钱，则不是自由的。因此，他在《政治学》中指出，“战争与政治都是高尚”的行为，但当它们沦为自身之外其他目的的手段时，则不如人类为了自身目的进行思考的理性行为了③。然而，自由教育的“为艺术而艺术”的观点对于今天的学生对教育的期望而言，基本没有什么吸引力了。

到了后来，西塞罗(Cicero)的作品对后世的影响力巨大，他也十分关心政治领袖的教育问题。像普罗塔哥拉和柏拉图一样，他没有将技能与

---

① 如果他的理想国可以称为“真实世界”。

② 亚里士多德. 政治学[M]. 吴寿彭，译. 北京：商务印书馆，2011：414－415.

③ 亚里士多德. 政治学[M]. 吴寿彭，译. 北京：商务印书馆，2011：15－17.

美德的学习分开。在《论演说家》(*De Oratore*)中,他概括了自由教育的课程内容,包括音乐、文学、诗歌、自然科学、伦理学和政治科学的学习。尽管他赋予修辞学崇高的地位,但他十分清楚一个演说家必须具备良好的教育背景,否则,演讲只是空洞的冗词赘句①。J. R. 伍德豪斯(J. R. Woodhouse)描述西塞罗的修辞学教育旨在培养结合了一流的公仆、大学学者和军队指挥官的品质的人②。

古代思想家们有一个坚定的共同理念,那就是自由教育有着道德和政治的双重目标。到了12和13世纪,随着欧洲许多著名大学的创建,人们发现自由教育至少发生了两个重要变化。第一个变化是课程。虽然年轻人依然学习"三艺"(*trivium*,语法、修辞和辩证法)和"四艺"(*quadrivium*,算术、天文、数学和音乐),但是在当时一些著名导师,如托马斯·阿奎那(Thomas Aquinas)的学术倾向引导下,逻辑学和数学脱颖而出,代替了柏拉图的辩证法和西塞罗的修辞学。此外,神学取代伦理学、哲学和艺术,承担起越来越重要的角色,并最终盖过了其他所有学科。第二是地位的变化。自由学科自身不再是一个完整的课程体系,仅仅是高层次学习,如医学、神学和法律学习的准备性课程。正如唐纳德·卡根(Donald Kagan)所指出的,中世纪的自由教育因为它的实际回报而高于一切。逻辑学、辩证法、修辞学和数学的学习是进入公职人员、律师和牧师阶层的良好训练。③ 自由学科降级至今天所说的中学,这种状况在欧洲一直保持着。随着文艺复兴和昆体良、西塞罗及其他人的作品的重新被发现,出现了更多的带有人文思想的西塞罗式的学习。这时的课程不再专门为培养牧师和律师而设计,而是扩展到自然科学、希伯来语和古代史。教学文本在大力颂扬人文学科价值的同时,也极力颂扬神学(studia divinitatis)的价值。例如,来自维罗纳(Verona)的瓜里诺(Guarino Guarini,1374—1460)告诉学生和他们的父母,如果他们沉浸于人文学科

① Cicero. De Orator, ed. and Trans. Harris Rackham[M]. Cambridge, MA: Harvard UP, 1942, 1.1:12.

② J. R. Woodhouse. Baldesar Castiglione: A reassessment of The Courtier[M]. Edinburgh, UK: Edinburgh UP, 1978:40.

③ Elizabeth F. Genovese, Elizabeth Lasch Quinn. What is A liberal Education[M]. New York and London, 1999: 214-225.

的学习,他们将会成为社会上品德高尚的、雄辩的、博学且成功的领袖①。尽管牢记罗伯特·布莱克(Robert Black)的箴言是重要的,但对大多数人而言,这时的古典教育仅仅是学习拉丁语,自由学科是为了培养领袖精英而设计,同时也是人们以公民、外交官或商人身份积极参与社会生活的必要准备②。

二、英国学院的效仿与移植

美国博雅学院继承的是英国学院传统。很长一段时期以来,英国大学的教育目标和欧洲大陆相似,为培养牧师和律师做准备,培养的不是世俗的政治领袖。弗朗西斯·培根(Francis Bacon)在《论学术的进展》(*The Advancement of Learning*)中为此悲叹道:"在欧洲那么多伟大的学院中,我很奇怪地发现他们都致力于专业教育,没有人追求艺术与科学。"③宗教改革之后,教会法不再是学习的科目,民法的传授是在律师学校而不是在大学进行的。此时大学教育的目标不再仅仅是培养牧师和公职人员,地主阶层和富裕的资产阶级的绅士们也开始进入大学。然而,这一改变并没有使牛津和剑桥成为欧洲学术的中心。相反,此时的牛津、剑桥正充斥着酗酒、赌博和一些可耻的行径。爱德华·吉本(Edward Gibbon)于1752年进入牛津莫德林学院(the Magdalen College),他表示,在这里的14个月是他人生中"最空闲和无收获"的时期。为了使学生忙碌、防止学生扰乱社会秩序,英国大学进行了一场伟大的改革。1800年,牛津开始推行严格的公开考试,古典课程达到发展的顶峰。为回应人们对其课程因循守旧的攻击,牛津人很快从道德和知识那里找到了正当理由。作为回应,他们通过强调古典自由教育的价值和提升个体精神的重要性反驳今天的人

① Paul F. Grendler. Schooling in Renaissance Italy: Learning and Literacy, 1300 - 1600[M]. Baltimore, MD: The Johns Hopkins UP, 1989:119.

② Robert Black. Humanism and Education in Medieval Italy: Tradition and Innovation in Latin Schools from the Twelfth to the Fifteenth Century[M]. Cambridge, UK: Cambridge UP, 2001:27, 1 - 33.

③ Francis Bacon. Of the proficience and Advancement of Learning[M]. London: Pickering, 1825:109 - 110.

们常常听到的商业化和专业化弊端。①

美国博雅学院早期的教育目标与英国学院不尽相同。尽管哈佛是牛津和剑桥的毕业生于1636年创建的,然而早期的美国学院是一个非常严肃的地方,有着非常庄严而重大的使命。正如弗雷德里克·鲁道夫(Frederick Rudolph)所指出的,如果来到马萨诸塞的清教徒们想要发扬他们的牛津、剑桥传统和实现最初创建大学的目标的话,他们需要有学问的牧师和有文化的人来担任领袖。1670年,在哈佛的一次大学毕业典礼上,有位演讲者将这一目标叙述得更为生动。他指出,如果我们的父辈没有建立大学的话,统治阶级将要服从机械工、补鞋匠和裁缝,法律也不会是由议会制定,我们没有权利、荣誉或权威可以保留,只有平民立法能够迎合群众的感情和革命激情②。美国博雅学院这种强烈的公民和道德责任感也存在于其他早期建立的学院中。为了实现这一目标,美国博雅学院早期设定的课程是:拉丁语、希腊语和希伯来语;逻辑学和修辞学;自然、精神和道德哲学;地理和数学;神学。总体来看,除了希伯来语和神学,这基本上是一个西塞罗式的教育——以"培养领袖和塑造品格"为目标的古典人文课程设置。西塞罗可能会特别赞赏18世纪前半期一门最高级别的课程,即由学院校长主讲的道德哲学。这一被广泛采纳的自由教育课程体系,继承了浓厚的西方文明和文化遗产,确定了绅士和学者为美国受教育阶层的成员,他们的未来是成为牧师、教师、医生和律师。

然而,这一源自英国的课程体系在与美国崇尚实用和民主的社会文化背景相融合的过程中存在着严重的水土不服。美国博雅学院在努力使源自英国的古典课程与美国社会文化背景相适应的过程中,不断有改革和骚动上演。为了回应学生骚乱和康涅狄格州立法机构的批评,在耶鲁杰里迈亚·戴(Jeremiah Day)校长和詹姆士·L.金斯利(James L. Kingley)教授的推动下,耶鲁委员会发布了《耶鲁报告》(分为1828年和1829年两部分),试图为当时的高等教育设立合适的目标,同时捍卫传统的古典课程体系。戴坚称学院教育的目标在于"为高层次教育奠定基

① W. B. Carnochan, The Battleground of the Curriculum: Liberal Education and the American Experience[M]. Stanford, CA: Stanford UP, 1933:27-31.

② Frederick Rudolph. The American College and University: A History[M]. New York: Knopf, 1962:5-7.

础”,本科阶段是一个代替父母监管年轻人的时期,知识文化的两个要点是心智训练和知识的增长:增进力量和存储知识。① 戴进一步表示,耶鲁的教育致力于维持文学和科学的合适比例,使学生的品格形成恰当的平衡②。和西塞罗一样,他认为如果一个人没有传播知识的能力,高深学习没有什么意义,同样,修辞技巧对于没有什么可以交流的人也是毫无意义的。他强调最优秀的品格需要严格的教育,反对过于快速和肤浅的教育。在某些人看来,戴为很多人提供了社会和经济流动的必要工具,似乎更民主些。金斯利教授为僵死的古典语言的学习作了热情洋溢的辩护,他指出在特定行业中,仅仅以牧师、律师或医生身份而出名的人,与那些早年接受更自由性质的教育的人相比,成功的机会要小些。古典语言的学习,本身就是对心智最有效的训练。《耶鲁报告》影响巨大,但并没有终止教育是应该传播美德还是技能的争论。1869 年,埃利奥特就任哈佛校长,成为学院转型的主要倡导者,开始全面采用和推行自由选修制。改革之前的哈佛,学生选修学院规定的课程。埃利奥特改革后,对于一年级新生的唯一要求只是英语、一门第二外语以及一系列从入门到高年级的课程。

传统主义者不想对埃利奥特的改革保持沉默。1885 年,在曼哈顿的一所房子里,普林斯顿大学校长詹姆斯·麦考什(James McCosh)就自由教育的合理结构与埃利奥特展开了一场辩论。这一事件在当时被新闻媒体广泛报道,争论的核心是广泛的核心课程和自由选修的优点。和阿里斯托芬在《云》(*Clouds*)中所遭遇的情形一样,辩论的根本问题是,教育应该传授传统知识还是一系列专业技能,学生是应该学习累积人类智慧的文集,还是利用旧知识和发现新知识的方法。③ 麦考什认为既定的自由教育课程有着一致性和相对性,要求学生学习语言、文学、科学和哲学,这

① 关于这场争论和《耶鲁报告》,见 Frederick Rudolph. Curriculum: A History of the American Undergraduate Courses of Study since 1636[M]. San Francisco: Jossey-Bass Pubishers, 1978:65-75.

② Committee of the Corporation and the Academical Faculty. Reports on the Course of Instruction in Yale College[M]. New Heaven: Hezekiah Howe, 1828: 7-8.

③ Frederick Rudolph. Curriculum: A History of the American Undergraduate Course of Study since 1636[M]. San Francisco: Jossey-Bass Publishers, 1978:194.

些课程是申请攻读学位的人都不应该被允许回避的①。他认为学院是一个全面传授古代最美的语言、最伟大的文学和最高贵的思想的地方。对于古典语言的学习,他认为会有更好的教学方法。他希望采纳新的教学内容,但也认为应该保留过去有益的东西。当他发现其他学院允许、鼓励和诱使年轻人选择更容易的科目时,他表示很失望和伤心,认为这不利扩充和完善心智或培养学者,也不利于将数量众多的学生培养成有教养的绅士。② 埃利奥特则相反,他认为进行文理科教育的大学应该提供学生三样东西:第一,学生选择的自由;第二,在单门学科中追求卓越的机会;第三,每个人形成自己的习惯和指导自己行为的责任。③ 正如他在就职演说中所说的,大学必须尽快适应人的性格已经存在的显著变化,高等教育机构是一面忠实反映民族历史和性格的镜子。④ 埃利奥特的观点反映了美国教育强调选择、竞争、个人主义和自力更生的特点。从此,自由教育不再被定义为一系列学科,而是一种知识探索的精神。在这场辩论中,埃利奥特在很大程度上取得了胜利。他的观点在本质上是现代专业化的思想,其形式是主修和专业预备性质的教育,这种思想不仅被注入大学,而且也进入美国博雅学院。在学习的深度和学科的专业精神的名义下,美国的学院教育不得不在本科阶段也开始进行专业训练。麦考什的广泛的自由教育已经退居为最小范围的通识教育或狭义的核心课程。美国博雅学院基本上放弃了其传统的自由教育的目标。事实上,人们也开始质疑品格塑造的合理性和正当性。20 世纪高等教育中事实与价值的分离,其源头在几百年前的智者派和阿里斯托芬那里,正如朱莉·罗宾(Julie Reuben)在《现代大学的形成》一书中所指出的,这是埃利奥特哈佛改革

---

① James McCosh. The New Departure in College Education, Being a Reply to President Eliot's Defense of It in New York, Feb. 24, 1885. [M]. New York: Charles Scribner's Sons, 1885:18.

② James McCosh. The New Departure in College Education, Being a Reply to President Eliot's Defense of It in New York, Feb. 24, 1885. [M]. New York: Charles Scribner's Sons, 1885:4.

③ Charles William Eliot. Liberty in Education, Educational Reform: Essays and Address[M]. New York: Century, 1898:125.

④ Frederick Rudolph. Curriculum: A History of the American Undergraduate Course of Study Since 1636[M]. San Francisco: Jossey-Bass Publisher, 1978:7.

意想不到的后果①。

回顾自由教育使命的历史起源和演变的价值在于,它不仅揭示了有关自由教育与专业教育争论的永恒要素,而且可以帮助博雅学院直面那些它们惯于回避的问题——自由教育内在的伦理和政治使命。就像红衣主教纽曼1852年在《大学的理想》中所做的一样,站在自身的立场,博雅学院希望简单断言自由知识是独立于结果的,不需要任何补充,拒绝被告知的任何目标。② 但是,社会环境的变化已经不允许做这样简单的判断和描述,现代的学生及其家长已经不认为这是支撑自由教育足够充分的理由。博雅学院也不应该将美国民族和文化的多样性、知识爆炸、每个领域盛行的消费文化、自由学科自身被现实世界边缘化等,作为回避阐明自由学科的道德和公民培养功能的理由,应当让现代的学生及其家长明白,自由教育正在为今天的时代准备更好的人、更优秀的公民和领袖。

第二节 博雅学院的传统目标

随着大学的兴起和美国高等教育结构的转型,在1828年《耶鲁报告》捍卫自由教育的基础之上,由于教育环境变化以及社会文化环境日益复杂化,同时也为回应外界对于其教育目标不清晰的质疑③,博雅学院开始重申和重新定义它们的目标,赋予宗教目标、心智训练和培养完人以更明确的内涵,重申其传统目标的价值。

---

① Julie Reuben. The Making of the Modern University: Intellectual Transformation and the Marginalization of Morality[M]. Chicago: Chicago UP, 1996:4.

② 约翰·亨利·纽曼. 大学的理想(节本)[M]. 徐辉,顾建新,何曙荣,译. 杭州:浙江教育出版社:2001:31.

③ 在19世纪上半期以前,博雅学院有着非常清晰的目标。正如1829年阿姆赫斯特一个教师委员会报告所写的,“我们的学院是为年轻人提供全面广博的教育,古典的、文学的和科学的,是为所有职业做准备的教育”。见 Steven Koblik, Stephen R. Graubard. Distinctively American, The Residential Liberal Arts College[M]. New Brunswick and London: Transaction Publishers, 1999:36.

一、宗教、普遍知识和能力

美国博雅学院都有一定的宗教背景,很多是由教会直接创办的,除了少数非教派学院之外。教会创办这些学院的最初动机也是出于宗教目的和培养牧师考虑。从表面上来看,殖民地学院的创建者目标十分明确,他们并没有在所谓的"自由训练"(liberal training)空想上浪费时间。他们的教堂需要牧师,所以创建学院培养这些牧师。他们所建立的学院在本质上都是神学院,培养有志于从事牧师职业的年轻人。美国创建的第一所学院——哈佛学院设计的目标是健全人格、增进知识以及为教会和国家培养受过良好教育的领导人。哈佛章程明确规定学院的目标是"促进所有好的文学、艺术和科学……以及其他有助于这个国家的年轻人在知识和虔敬方面的教育"①,"学生生活和学习的主要目的是认识上帝和耶稣基督的永生"②。学院章程制订是在近三百年前,现在哈佛依然根据这一章程运行。哈佛章程宣布的这些目标,不仅仅是哈佛的,后来证明也是大部分美国早期殖民地学院的目标。另一所早期学院国王学院的目标是为年轻人提供文理科教育,在万能的上帝保佑下能够胜任教会和政府的公共职位。在创建宣言中,其第一任校长提到将"上帝的知识、高尚的德行习惯和有用的知识"③作为学院的主要目标,"使学生为其家庭、朋友和国家获得荣耀,并且有益于提升公共福祉"。两百年后,哥伦比亚大学的一位校长对此进行了重新阐释,认为学院的目标在于"培养最完美的学者、公民、男子汉和基督教绅士"④。

---

① Archie M. Palmer. The Liberal Arts College Movement[M]. New York: J. J. Little and Ives Company, 1930:68.

② George P. Schmidt. The Liberal Arts College: A Chapter in American Cultural History[M]. New Jersey: Rutgers University Press, 1957:44.

③ 同①。

④ Louis F. Snow. The College Curriculum in the United States[M]. New York: Teachers College Press, 1907:23.

阿姆赫斯特学院①的建校目标是“为虔诚、勤奋和想要成为基督教牧师的年轻人提供古典教育”②。奥柏林学院(Oberlin College)手册定义的学院目标是“荣耀上帝和使之永恒快乐”(to glorify God and enjoy him forever)③,意即通过考虑如何使人提升至新的高度来解放人的灵魂。在奥柏林学院的手册中还提到了其他四个主要目标以及六个小目标,包括为年轻男女生毕业后的进一步学习或职业做准备④,但是学院手册从未提及职业目标。⑤ 另外,在奥柏林学院的手册中还有一个附加目标,那就是最好地利用闲暇,尽管这一目标隐含在鼓励通过生活继续学习的目标之中。亚里士多德在《政治学》中也论述过闲暇的重要性,他指出,实质上,这是教育的主要目标,但是这一目标针对的只是少数人,因为在过去,大多数人根本没有闲暇。现代社会的情形则不同了,几乎所有人都有闲暇——强迫的闲暇和不断增加的闲暇。即使最卑微的劳动者,在工作和睡眠之外,每周也有60个小时的闲暇时间。

因为殖民地学院创建的直接动机是服务于宗教目标,其章程也常常提及宗教目标,所以有不少人误认为殖民地学院是专业学校,目的是培养牧师。但是,真实的情况远非如此。除了宗教目标之外,殖民地学院还内在包含许多其他目标,包括增进知识和发展人的普遍能力等。这些更远

---

① 阿姆赫斯特学院创建于1821年,非教派学院,1825年得到办校许可,是美国一所著名的私立博雅学院。位于马萨诸塞州的先锋谷(Pioneer Valley),占地964亩。与汉普夏艾学院(Hampshire College)、史密斯学院(Smith College)和曼荷莲学院(Mount Holyoke college)距离很近。19世纪30年代中期发展成为美国第二大学院,仅次于耶鲁。阿姆赫斯特是一所男子学院,直到1975年才实行男女合校。尽管为非教派学院,但早期的阿姆赫斯特学院被认为是宗教保守机构,与加尔文教派有密切联系。阿姆赫斯特的宗教保守主义传统一直保持到19世纪末,这时才开始向世俗主义转型,以1949年学院大教堂的拆除达到顶峰。参见:Stanley King. The Consecrated Eminence: The Story of the Campus and Buildings of Amherst College[M]. Mass: Amherst College, 1951.

② William S. Tyler. A Histroy of Amherst College, during the Administraction of Its Firse Five Presidents, from 1821 to 1891[M]. New York: Frederick H. Hitchcock, 1895:6.

③ Archie M. Palmer. The Liberal Arts College Movement[M]. New York: J. J. Little and Ives Company, 1930:44.

④ Archie M. Palmer. The Liberal Arts College Movement[M]. New York: J. J. Little and Ives Company, 1930:46.

⑤ Archie M. Palmer. The Liberal Arts College Movement[M]. New York: J. J. Little and Ives Company, 1930:45.

期的目标，其实也可以在这些学院的章程中找到依据。1650 年哈佛学院章程定义的目标是“促进所有好的文学、艺术和科学”。1780 年一篇文章在评价哈佛学院的成就时指出，在这所大学中，很多杰出人士在上帝的祝福下，接受文理学科教育，最后任职于教会和政府机构。[①] 耶鲁大学的章程描述耶鲁是这样一所学校：在这里，年轻人学习文学和科学（arts and sciences），能够胜任教会和政府机构的公共职务。宾夕法尼亚的中学（academy）和慈善学校也赞同这一目标，希望中学可以培养智慧与美德，可以为生活中的不同职业培养有能力的人才。国王学院的章程强调为年轻人提供语言、文学和自然科学教育。章程还指出，这所学院的长远目标是提供有关生活的严肃、美德和勤奋的课程，在语言学习和精确的推理、正确的写作和流利的表达等方面为年轻人提供指导，使之完善。此外，章程还列出了包括数学与计量、测量与航行、地理与历史、农业、商业、政界；有关自然的所有知识，空气、水和陆地以及各种流量、石头、矿产、植物和动物，有利于生活舒适、便捷和优雅的一切知识的课程。最后的目标是引导学生从学习自然知识到探索人类自己的知识，自然之神，他们对神、对自己和对他人的责任。总而言之，学院应该教授有助于现在和未来的真正幸福的一切知识。很显然，对于神学院而言，这是一个奇特的课程设置。最有代表性的例子是布朗大学。布朗大学的创建目标是“建立一个服务于浸信会管理的神学院”。毫无疑问，他们的计划是培养自己教会的牧师。但是，这并不意味着他们只打算在学院提供专业的神学教育。因为在计划中，他们特别指出招收所有教派的年轻人，明确表示在公共教育和古典教育中不能有任何宗派偏见。在这所自由的天主教机构中，不承认任何宗教原则，这里所有的人都能享受到完全、绝对和持续的道德自由。1770 年，罗德岛学院的董事会表决同意学院接受犹太教徒的孩子，他们将享受自己宗教信仰的自由，不会受到任何限制。他们这样做当然不是为自己教会培养神职人员，也不是希望通过保护学生信仰犹太教的自由最终使他们走向浸信会的神坛。唯一的解释就是殖民地学院虽然有着自己的宗教目标，但并非神学专业学校，其目标包含宗教、普遍知识和

---

① Alexander Meiklejohn. The Liberal Arts College［M］. Boston：Marshall Jones Company，1920：18.

能力等广泛的内容。

总体来看,在学院教育的目标问题上,学院章程是更具有信服力的。从这些早期殖民地学院的章程中,可以看出殖民地学院创建者们的目的。博雅学院的章程表明,学院创建的目的是提供文学、艺术和科学的教育,期望这种教育对于教会、政府和年轻人可能选择的不同职业都是有价值的。另外,殖民地学院的毕业生最终的职业去向也可以说明这一点。以哈佛为例,哈佛大学校长埃利奥特在他的一本关于教育改革的书中指出,1761 年至 1770 年间,哈佛神学专业毕业生从事神学的比例是 29%,耶鲁 32%,普林斯顿 45%。布朗大学最早的 39 级毕业生中,只有 25% 的学生选择了牧师职业。哈佛剩余的 71%,耶鲁的 68%,普林斯顿的 55% 和布朗的 75%①,都没有选择牧师职业,他们可能打算做律师、医生、教师和商人,那他们为什么选择进入神学院呢?难道他们认为为牧师职业做准备就等于为一切职业做准备吗?这种说法可能是真的,但是几乎没有相关性。真正的原因在一些殖民地学院的章程中已经表达出来了,即学院教育被认为是对任何职业都有价值的。如果说当时他们没有别的学校可以选择的话,他们可以要求传统学院改革或创建新的学院。但是,从学院毕业生的态度记录来看,并没有出现这种抗议。由此可见,传统殖民地学院的真正目标是在培养牧师的同时,用同样的方式也培养律师、教师、医生和商人。如果说传统学院是神学院的话,那么它们也是法律、医学、教育学和商业学院。传统学院培养牧师的同时,也在培养其他专业的人才,但是它并未给这些不同的群体以不同的教育。它们教授的是共同的东西,所以,它们为所有人提供同样的教育,即自由教育的文化。

再来看现代博雅学院的目标,虽然传统学院与现代学院在知识内容上有着巨大的差异,但是两者对于知识的价值和对人类生活指引的信念是一致的,它们相信知识中的某些要素对于所有人,不论何种职业或行业,有着普遍和共同的价值。后来随着教育范围的扩大,越来越多的年轻人,不论将来从事何种职业,都要接受自由教育。现在,只有很少一部分学院毕业生成为牧师,一半多的毕业生选择从商。但是,不论他们选择当

---

① Alexander Meiklejohn. The Liberal Arts College[M]. Boston: Marshall Jones Company, 1920:20.

牧师或经商，都要为他们提供同样的自由教育。自由教育有两个基本原则，第一个是自由教育和技术教育共有的，第二个只适用于自由教育。这两个原则是：第一，由思想指导的行动总体上比没有思想引导的行动更成功；第二，所有人由思想指导的共同行动与不同的群体分开进行的行动同等重要。第一个原则适用于所有高等教育。人类的行为主要通过两种方式完成。第一种是通过习惯、惯例、传统和规则，第二种是通过学习、调查、思想和原理，人们试图发现和形成新知识。现在，所有的高等教育，包括自由教育或专业教育，都依赖同一个信念，即总体上，已经理解和掌握的行为总是比未理解的行为要成功些，知识是有回报的，知识就是力量。

专业学校提供的是某一专业领域的教育，而博雅学院则相反，考虑的是所有人的共同行为，这在过去是博雅学院独有的职能。学院教育寻求的是实现人类共同的启迪和洞察力。博雅学院传授一个人的道德体验、人类共同的语言、人类的社会关系、政治制度、宗教信仰、自然界、人类在知识和审美上所做出的努力和进一步的渴望，所有这些人类共同的东西，都是博雅学院教育的内容。博雅学院试图让人们理解和相信，如果这些共同的东西为人们所理解和掌握的话，他们将比单纯根据传统和盲目的习俗生活会更好。博雅学院宣称忠诚于传统学院的创建者们的目标，他们有着共同的知识信仰，相信了解人类生活是有价值的。现代的年轻人为了生活得更美好，更应该去认识他们自己，了解他们的同伴，应该学习人类生活中普遍的东西。阿姆赫斯特学院校长亚历山大·米克尔约翰（Alexander Meiklejohn）指出，阿姆赫斯特学院的目标是将学生送上自由教育之路。自由教育有两个方面的内容：一是总体掌握某一种族的文化；二是通过心智已经取得的文化和正在增进的知识，感受心智成长过程。博雅学院的主要功能是唤起知识的兴趣①，这是所有博雅学院的目标②。博雅学院是追求知识的人的共同体，任何人如果停止这一追求，无论他在

① Steven Koblik, Stephen R. Graubard. Distinctively American, The Residential Liberal Arts College[M]. New Brunswick and London: Transaction Publishers, 1999:9.

② Alexander Meiklejohn. The Liberal Arts College[M]. Boston: Marshall Jones Company, 1920:150.

其他方面如何成功,他都不是属于学院的。① 美国圣经学者欧内斯特·德威特·伯顿(Ernest Dewitt Burton)②也表示,学院作为一个地方,其发展的不是思想,不是人类谋生的工具,而是能够广泛参与生活和为生活做出巨大贡献的个性品格③。

从现实来看,接受博雅学院四年广博自由教育的学院毕业生们,已经开始运用他们在学院中获得发展的普遍知识和能力,在现代生活中证明他们的独特优势和价值。进入 20 世纪后,美国最大和最先进的工商业和金融机构纷纷开始在学院门口安营扎寨,这些企业的代表们被派往学院招聘毕业生,每位雇主都在寻找会思考的人④。一名企业高管与在企业和银行工作的学院毕业生经过多年接触后表示,学院毕业生给他留下深刻印象,受过良好学院教育的毕业生与接受同等训练但没有广博的自由教育经历的人员相比,掌握和处理复杂情况更迅速。⑤ 在一家大型保险公司的总部,其全国范围内的销售人员达到 12000 人,公司高层管理人员透露,这家公司超过一半以上的主管人员都是学院毕业生,而且这家公司的总裁本身也是一位学院教授,同时还在从事教育事业。低层管理岗位中受过学院教育训练的员工比例也相对很高。他表示,公司未来的趋势是越来越倾向于聘用那些具有博雅学院文化背景的人员。除此之外,有一些简单的方法可以客观地解释学院毕业生的高生产力。虽然《美国名人录》(*Who's Who in America*)的教育统计方法非常笨拙,但它从一个侧面反映了对学院教育的高度评价和学院毕业生的贡献,从中也可以看到博雅学院对美国民族生活的贡献。该刊物的编辑收集了 1922—1923 年间列在这份刊物上的 22075 人的教育背景统计数据(这一年总共列出了

---

① Alexander Meiklejohn. The Liberal Arts College[M]. Boston: Marshall Jones Company, 1920:70.

② 欧内斯特·德威特·伯顿(1856—1925),美国圣经学者,出生在俄亥俄州,1876 年毕业于丹尼森大学,1882 年从罗切斯特神学院毕业,之后在德国莱比锡和柏林大学学习,1897 年担任《美国神学杂志》(*the American Journal of Theology*)主编,1923—1925 年任芝加哥大学第三任校长。

③ Archie M. Palmer. The Liberal Arts College Movement[M]. New York: J. J. Little and Ives Company, 1930:68.

④ Archie M. Palmer. The Liberal Arts College Movement[M]. New York: J. J. Little and Ives Company, 1930:66.

⑤ 同④。

24278 位名人,其中 2203 人的数据不够充分)。值得注意的是,其中 13511 人(或 61.2%)都是学院和大学毕业生,且都获得文学、科学或哲学学士学位。再加上处于同类的美国海军和军事院校毕业生 544 人,总数增至 14055 人,比例增至 63.67%。进入学院但未毕业的人数为 3022,比例为 13.69%。如果不考虑是否正常毕业,有着学院教育背景的杰出美国人的总数增至 17077 人,比例增至 77.36%。即便假设数据不充分的 2203 人都没有学院教育背景,依然可以保守估计,有学院训练背景的人数是没有这一背景的人数的两倍。

二、心智训练

“心智训练”(mind training 或 mental training)是西方一个古老的教育假设,也是教育领域的共同教育信条。这一概念最早出现于古希腊,贯穿了整个西方古典教育传统。直到今天,它仍为许多大学和学院校长提倡,同时,也被一些自称反对它的人不自觉地在实行。这是一项令人骄傲而且十分神圣的传统,对西方文明的进步和教育科学的进步起了重要促进作用。然而,这一古老的教育信条自出现以来一直备受争议。一些热衷于教育改革的人士希望运用新的教育原则来打破这一古老的教条。尤其到了 19 世纪末至 20 世纪初,由于人类知识领域的不断拓展和新兴学科的不断出现,当教育领域之外的人士对这一教育信条不加鉴别地进行攻击和质疑时,博雅学院的支持者们,尤其是一些大学和博雅学院的校长表示出担忧,认为迫切需要为这一古老教育理论正名,重申它的价值。

从内涵的角度讲,要对心智训练下一个明确的技术性定义似乎不那么简单,因为心智本身是看不见摸不着的,只存在于人的大脑和思维活动中。要考察这一概念的来源,需要回到处理观念意识的实证科学即逻辑学那里。心智训练学说最早来自于逻辑学,心智训练一词说明了它的来源,表明这一理论最先形成自逻辑学①。从逻辑学的角度,心智训练是对心智活动进行某种可以察觉的形式训练。心智训练学说最早提出的概念后来被数个世纪的思想家们重新论述。心智训练是指通过某种形式或方

① Alexander Meiklejohn. The Liberal Arts College [M]. Boston: Marshall Jones Company, 1920:122.

式的思考而对心智进行的训练。这种活动很早在“矛盾律”(the law of contradiction)中就表现出来了,现在人们通常用系统性和条理性来表示。在现实生活中,一个人们可以观察的事实是,心智,无论它在何处和以何种方式思考,总是在争取秩序,寻求内容的系统化。就好比在日常生活中,人们的想法众多,彼此是互相矛盾的,因此必须做出调整,使之可以在相同的思想体系中共处。它表达的一个原则是人们的各种判断和世界的各种描述,都是相互关联的,以至于没有什么可以被认定是终极正确的,直到它被证明与其他所有的判断相一致。从这个角度来看,心智活动的一个基本形式,所有心智过程的“共同要素”是做出彼此一致的判断,构建一个系统的判断体系,在其中每个部分都能找到合适的位置。总而言之,它就是消除不一致,建立秩序。如果用一个词语总结心智训练,就是方法,这是一种心智可以被训练成功,需遵循一定的方法和程序,从而做好各种工作的理论。这也是心理学领域的桑代克(Thorndike)教授在总结他的实验结果时所思考的问题。根据今天的教育理论,学生的主要任务是形成归纳学习的习惯和学习统计数据的逻辑①。从类比的角度来看,心智训练理论是一种心智的体育训练的理论。就好比手臂,通过锻炼发展其力量可以用于很多目的,例如,扔球、挥舞画笔、掌犁等,同样的,心智以及它的不同机能也可以通过适当的训练,使其力量得到增强,适应不同的要求。例如,通过无意义音乐或拉丁语诗歌锻炼记忆力,一个人可以提高总体的记忆力。通过在实验室中训练观察能力,一个人在其他领域的感知和观察能力会更加敏锐和准确。简言之,因为心智有不同的结构,每一部分有它自身的功能,每一部分都可以通过锻炼增强其力量,通过适当的课程学习,它们所有的部分都可以得到发展。学生如果拥有了得到良好训练的心智,就能够胜任任何他想从事的工作。

到了20世纪,随着心理学的发展,一些心智训练学说的反对者也开始用心理学的理论来质疑心智训练的可能性。总体来看,质疑的路线有两条。第一条是理论性的,有关心智训练的定义问题;第二条是实践性的,有关事实。有关心智训练定义的争论,主要挑战了心智训练理论中关

① Alexander Meiklejohn. The Liberal Arts College[M]. Boston: Marshall Jones Company, 1920:130.

于心智的描述。有些人反对将心智划分成不同机能,并且认为这种划分是十分荒谬的。根据这一观点,没有更进一步的问题了,也没有必要再探讨心智训练的概念。这一观点也挑战了隐含在锻炼、练习、训练概念中的心智和身体的类比,并且提出了一个疑问,即心智是否真的可以进行训练和练习。在实践方面,威廉·詹姆斯(William James)在反对心智训练这一传统教育信条中起着领导作用。通过记忆过程的实验,他似乎发现训练并没有使记忆力提高,所以他提出一个根本性问题:心智活动中的训练能够提升心智在实践中的能力的真实性有多大?关于实践的方面,在争论期间,很多心理学实验室和学校开展了大量有价值的实验。这里有一个核心问题是,心智活动在多大程度上可以被其他活动影响。答案可能是在正式训练和心理原子论两个极端观点之间摇摆。根据前者,心智通过接受一定的一般能力的训练,可以直接和完整地掌握许多具体功能。根据后者,心智的每一个活动都是分开和独立的,只有对每一部分进行训练,它的整体能力才能得到提升。正确的答案可能介于这两种观点之间。安吉尔(Angell)、皮尔斯伯里(Pillsbury)和贾德(Judd)教授的实验结果表明:心智的不同方面有着多种多样的相互联系和相互依赖。有时,一个方面的训练有助于其他方面的积极发展;有时,一个功能干扰了其他功能。所有的相关实验都支持这样一个事实,即每一次新的经验都会改变个体与新经验有关的能力。如果这些实验结论是正确的话,人们应该可以肯定心智训练的理论是正确的。著名心理学家桑代克的实验也证明了心智训练的可能性。根据实验,他指出心智的某一功能的变化会影响改变其他功能,但只在这两种功能有相同要素的情况下才会发生①。至于这些"相同"或"共同的要素"具体是什么,目前还没有确切的答案。桑代克认为,通过心智过程中的相同要素,大脑中会有相同的细胞活动,就好像这些要素在物理上相互关联一样。这些共同要素,可能包括方法、关注的习惯、理想、意志力等等,关联的具体情形如何还有待进一步证明。总体来看,虽然心智训练不是教育的全部内容,但在某种程度上有着一定的科学性,在心智活动中,人们也可以明确体验到这种训练的作用和实际效果。

---

① Alexander Meiklejohn. The Liberal Arts College[M]. Boston: Marshall Jones Company, 1920:121.

因此,从现实来看,它对教育有着非常重要的价值和意义。

博雅学院在定义自己的教育目标时,最常扬起的一面旗帜是“心智训练”,这主要源于1828年的《耶鲁报告》。《耶鲁报告》在捍卫古典课程的地位时,一个核心观点就是认为“古典课程”有利于学生的心智训练和培养。这一报告以其雄辩的论述和严密的逻辑成功捍卫了古典课程的价值,奠定了自由教育的基础,成为美国高等教育史上的经典文献,也是此后自由教育的倡导者们在捍卫古典课程和自由教育时最常使用的武器。《耶鲁报告》的核心主旨是心智训练理论,认为学院教育的主要目标是“心智训练和培养”,其中训练相对更为重要,因为心智能够运用到任何领域①。学院教育的目标是训练心智而不积累事实。《耶鲁报告》的心智训练内涵包含两个方面内容:一是心智能力的训练,主要是指思考、分析和判断等思维能力的提升;二是心智的充实,主要指知识的增长和存储。然而,由于心智(mind)一词含义的不确切性,导致心智训练的具体内容也有些模糊,对于该词的含义阐述也不尽相同。

心智训练是一个符合时代潮流的词汇,当研究型大学、州立大学和赠地学院们谈及自己的目标时,总是不自觉将培养训练律师、医生和工程师等特定职业的特定人群联系在一起。而对于专注于自由教育的博雅学院而言,因为不针对特定职业特定人群,没有律师、医生和工程师这样一些特定的“最终产品”,只好退而求其次,强调自己训练的是“心智”。在本质上,博雅学院也必须是知识的所在,是一个忘记其他一切东西致力于学习的地方。学院首先是一个“心智的所在”,是交朋友的好地方,它提供了人与人相处的最好的经验。学院也是年轻人首次离开家庭学习的一个相对安全的地方。作为一个学习俱乐部,学院有着得天独厚的优势,它可以整体上提高学生的社交能力。学院教育使年轻人了解崇高的理想人格,宣扬社会服务的原则,增强公民的美德和责任。在四年的学院生活中,年轻人开始思考人类自身。

在奥柏林学院手册列出的学院目标中,第一个就是“训练学生的思维方法和运用思维工具”(To train students in the methods of thinking and in

① A Committee of the Corporation and the Academical Faculty. Reports on the Course of Instruction in Yale College[R]. New Heaven: Hezekiah Howe, 1828:7.

the use of the main tools of thought)①。阿姆赫斯特学院校长亚历山大·米克尔约翰在谈到阿姆赫斯特学院的教育目标时指出，学院在本质上是一个心智的场所，一段思考的时期和一个增进知识的机会②，学院学生需要做的是学习学科知识，掌握正确的方法，使心智得到良好的训练以应对外部世界正在等着的繁重任务③。他同时又指出，应当承认在谈到心智训练时，我们所赋予心智这个词的含义是非常宽泛的。在三四年的学院生活中，学习课程不仅包括身体的训练，还包括音乐、戏剧和文学的学习，目的在于激发感情和学会表达。学院训练有助于个性品格的养成和塑造。在学院中，与同学和教师生活在一起，这赋予"心智训练"这个词汇更多自由的含义④。一种反对心智训练的观点认为"训练"一词不适用于心智，他们认为心智不需要训练，它们自己会成长。对此，亚历山大·米克尔约翰的回答是，或许心智不是训练的，就好比它们也可能是建构的，但是它们是经过训练才成长的，而且只有通过训练（通过恰当的培养），心智才能正确地成长。

博雅学院提倡将专业训练留给专业学院，致力于自由教育性质的心智训练。不论这种心智训练的具体含义是什么，学院必须忠诚于这一使命。自由教育意味着对知识和生活意义的理解，因此，在心智训练的过程中，博雅学院应该教授哲学、历史和人类思想的发展历程。相对来说，心智发展比积累事实要重要得多。现代实用教育认为将事实灌入稚嫩的脑袋就好像将谷物倒入料斗一样，就是培养心智的方式，这其实是非常错误的。教育一个人清晰而正确地思考，那个人才被认为是可以进行自我教育的。事实本身是无用的，它们仅仅是关于事实的知识，没有对这些事实含义的统一的理解，就不是文化或对生活的有价值的准备。文化的本质是理解事物的真正价值，因此，博雅学院的目标是通过学习哲学、社会科

---

① Archie M. Palmer. The Liberal Arts College Movement[M]. New York: J. J. Little and Ives Company, 1930:44.

② Alexander Meiklejohn. The Liberal Arts College[M]. Boston: Marshall Jones Company, 1920:33.

③ Alexander Meiklejohn. The Liberal Arts College[M]. Boston: Marshall Jones Company, 1920:70.

④ Alexander Meiklejohn. The Liberal Arts College[M]. Boston: Marshall Jones Company, 1920:7.

学、宗教、历史、物理,建立起批判性思维。有了这种批判性思维,人们就不会因为一个破坏当前情形的明亮词汇或肤浅、小聪明的摇摆而被人牵着鼻子走,也不会毫不质疑地无条件接受任何既定的情形和信条。所有事情都必须经过冷静的思考和推理,检验证据,所有结论都必须建立在可证的事实和逻辑分析的基础之上。博雅学院应该教会学生如何去思考,激发他们对真理的热情,鼓励学生勇敢地追求真理,即便这会使他们的生活变得孤寂。①

三、培养"完人"

培养"完人"(whole man 或 whole person)是博雅学院常常强调的目标之一,这也是贯穿西方自由教育传统的重要目标之一。"完人"概念最早可以追溯到古希腊,人们可以从艺术作品中古希腊人文雅、理性、和谐的经典形象中捕捉到它的身影。文艺复兴高扬人的价值,使得这一概念更为深入人心。不同时代对于"完人"的理解有所不同,但大都包含了"健康的身心""敏锐的头脑""开放的心智""文化教养"这样一些内容,借用现代词汇来概括就是指"全面发展的人"。美国博雅学院在继承英国学院传统的基础之上,将这一源自古希腊的教育目标也自然地继承过来了,并且在 19 世纪末开始重申要将"培养完人,敏锐的、有教养和心智开放的公民"②作为学院教育的重要目标之一。

同其他学院和大学一样,美国博雅学院有着自己的传统哲学根源,这一根源始于 300 年前的英国。1636 年的哈佛学院是美国第一所为教育享有特权的白人男子而创建的学院,其教育对象都是受过严格的盎格鲁—撒克逊人教育传统③训练的年轻人。在这种教育传统影响下,美国博雅学院的一个重要目标就是发展人的品格和智力以及培养"完人"。普林斯顿大学校长伍德罗·威尔逊(Woodrow Wilson)早年谈及"在学院

① Archie M. Palmer. The Liberal Arts College Movement[M]. New York: J. J. Little and Ives Company, 1930:99.

② George P. Schmidt. The Liberal Arts College: A Chapter in American Cultural History[M]. New Jersey: Rutgers University Press, 1957:229.

③ 即专为盎格鲁—撒克逊人提供的教育,这也表明美国博雅学院教育有着精英传统。

的哲学生活和政治生活之间建立和谐一致"[①]时强调过这一传统。在目标阐述和实际行动中,博雅学院也都或多或少地认同这一目标,即强调完人的发展,强调人的综合和概括技能的培养,而不是为个体进入特定职业做准备。博雅学院的倡导者坚信一个接受四年制学院自由教育,或者说一个受过广博教育的人比那些很早就接受特定学科狭隘训练的人,同样甚至更能适应职业和公共生活的特殊要求。自 19 世纪末期以来,博雅学院在目标阐述时越来越重视"完人"培养,这主要是为了对抗 19 世纪末至 20 世纪上半叶美国高等教育领域的专业化倾向。

在本质上,培养"完人"的目标涉及的是自由教育与专业教育的对立问题。"完人"培养强调的是身心的全面发展,要求培养具有健全的体魄、卓越的思考能力和开放心智的人。专业教育强调的是特定专业领域的教育和训练,着眼于培养从事某一特定职业的人。简而言之,"完人"培养要求的是个体身心的全面发展,强调教育的广博度,而专业教育则只培养与某一具体职业相关的能力。这是教育领域一直存在且长期争论不休的问题。尽管不同历史时期的特定历史条件不同,每个时代的具体社会需求也不相同。但总体来看,柏拉图与亚里士多德、埃利奥特与麦考什、杜波依斯(Du Bois)和华盛顿(Washington)之间的争论,都涉及了一个根本性问题:教育的广博度与专业化、道德理想与实际结果,个体为有意义的生活的美学、哲学思考与个体为在社会中承担特定角色、功能所需技能的强调。虽然博雅学院一直致力于注重广博度的自由教育,但是当大学也开始做出进行自由教育的承诺时,博雅学院有了一种危机感。

在外界人士看来,培养"完人"和心智训练目标是相对立的。对此,阿姆赫斯特学院校长亚历山大·米克尔约翰表示,教育应该是实用的,年轻人应该为未来做准备,其含义不是读一本书或者建立一套理论,而是增强体质,建立友谊,习得礼仪,净化心灵,丰富和引导感情,增强和激发意志,人体的各种力量、心智和灵魂需要训练和建立关联,如此一个人才可以成为他应当成为的人[②]。不论是强调"完人而非心智"(Not Minds but

---

① Steven Koblik, Stephen R. Graubard. Distinctively American: The Residential Liberal Arts College[M]. New Brunswick and London: Transaction Publishers, 1999:134.

② Alexander Meiklejohn. The Liberal Arts College[M]. Boston: Marshall Jones Company, 1920:3.

Men),还是强调“心智而非完人”(Not Men but Minds),都是不对的。博雅学院不提倡将心智训练和“完人培养”对立起来,也不认同“心智训练”是“完人培养”的一部分。事实上,在说到“心智训练”时,博雅学院强调的是指“完人的心智训练”。因此,任何将两者对立起来各执一端的观点都是错误的,这是一种将目标与手段相混淆的谬论。对于“完人”培养的目标,还有一种情感主义者的谬误就是,人们只说目标和结果,却忽略了如何实现这种目标和结果。例如,认为只要告诉一个男孩努力成为一个男人,就可以使之成为男人,或者说以为“成为一个男人的愿望”是学习和训练过程中一个人所需的一切。外界认为博雅学院将心智训练与完人培养对立起来,这其实是一种错觉,或者一种误解。为此,博雅学院首先应该让人们了解心智训练的局限性。生命的所有价值,生活中所有有价值的事物都能在一个人的思想感情中找到,而实现这些价值的方式在于意志和行动。心智本身是有价值的和可以创造价值的,心智是感情的传达者和行动的指导者,心智的引导使得感情细腻而真实,行动准确而成功。虽然心智不是生命的全部,但正是在心智的引导下,人们才能达成目标。这就是当人们说知识就是力量时,虽然它不是行动,但可以使行动成功。

此外,对于“完人”培养而言,四年的心智训练时间仅仅是人类教育过程中很小的一段,人类的所有能力和能力的不同方面都必须得到训练和发展。家庭、教堂、学校等也都在培养人,学院的特殊训练仅是很小的一部分。在数量上,学院课程也不是教育内容的全部。阿姆赫斯特学院校长亚历山大·米克尔约翰认为,“完人”的培养首先应该重视学院教育的广博性。学院教育经历是一个人漫长人生的一个小插曲,具有独特价值,它承接过去的经历并且引导后来的生活。四年学习完成后,学院必须将年轻人送回社会,送回他们来之前的地方,而此时的学生已经不再是来之前的样子了,他们已经为进入社会接受了最好的心智训练。其次,在四年的学习时间里,必须保持学生的个人生活和社区的社会生活,保持学院生活的活力和高品质。学院必须是生活的好地方,同时也是学习的好地方。为此,博雅学院应该有自己的教堂,有联谊会和宿舍,有体育运动和其他学生活动,有学生之间、教师之间以及不同群体之间的联系和友谊。为了培养“完人”,学院应该给予学生一切。

道德哲学过去曾是博雅学院课程的顶点,这门课程代表学院整体的目标:"完人"的培养。学生在学院学习指引其整个人生所必需的行为准则和规范。博雅学院重申要将"完人"培养视为其职责①,在知识和德行等方面的教育内容之外,非常重视学生体质的训练和体育运动,认为这是"完人"培养的一部分。博雅学院还十分重视学生的课外生活,认为这是学生组建社团、发展同伴友谊和培养领导能力的重要机会。亨利·丘吉尔·金(Henry Churchill King)曾表示,博雅学院的目标是"完人"的教育,包括身体、心智、审美、道德和宗教等全面的内容。这是一种为国家和社会提供卓越人才的教育,是学院独有的不容置疑的责任和义务②。这或许是对于"完人"培养最好的定义。

第三节 "负责任的公民"融入学院目标

培养公民自古希腊以来一直是自由教育目标的重要内容,在西方贤哲的教育思想中多有论述。在美国,早期殖民地学院的章程在谈到建校目标时,也明确表达了学院培养公民的职责。但是,随着时代发展和社会环境的变化,到了19世纪后期,博雅学院不再将培养学生的公民责任视为一项统一的准则,这一方面是由于博雅学院古典课程与社会现实生活联系不够紧密,在课程中很难去落实超越校园环境的公民责任的部分,另一方面也与博雅学院相对封闭的机构特点有关。这使得过去一直被认为是博雅学院传统使命和社会需要的公民培养责任在博雅学院中处于被忽略的状态。现在,对于博雅学院而言,在本科教育阶段重新承担这一职责是独特且适宜的③。为此,博雅学院开始重申自己的公民培养责任,考虑将培养"负责任的公民"重新纳入学院的目标体系,使之作为新元素帮助

① American Council of Learned Societies. Liberal Arts Colleges in American Higher Education: Challenges and Opportunities[M]. ACLS Occasional Paper, 2005:23.

② Archie M. Palmer. The Liberal Arts College Movement[M]. New York: J.J. Little and Ives Company, 1930:71.

③ Steven Koblik, Stephen R. Graubard. Distinctively American: The Residential Liberal Arts College[M]. New Brunswick and London: Transaction Publishers, 1999:116.

重新定义博雅学院的目标①。在某种意义上,这也是博雅学院调整自己定位,密切和协调与现代生活之间关系的一项重要途径。

一、一直被忽视的目标

在过去150年里,博雅学院与培养公民的责任渐行渐远。19世纪末期,美国不断膨胀的人口和不断发展的工农业经济产生了新的教育需求,为了满足这些需求,美国成立了很多不同类型的高等教育机构,包括赠地学院、包含科学和工程学科的职业学院、研究型大学、研究生院和专业学院。然而,当高等教育对于美国人的生活而言,变得更完整而不可或缺时,博雅学院依然坚定不移地专注于古典课程的教学,并且变得越来越脱离社会现实生活,博雅学院实际上变成了学术孤岛,它们习惯性地认为应用性学习是地位低下的。20世纪初期,博雅学院的改革者们已经开始考虑改变态度和改革课程,鼓励在课程设置上关注社会问题和社会变化,与现实生活建立更显著的联系。事实上,这一时期的博雅学院生活里充满了对社会问题的关注和讨论,偶尔也有一些随机的志愿服务倡议。这一时期,差异化、多元文化、贫穷、言论自由、女性权利、环境问题、人口与经济的变化、性别和机会平等问题已经渗透进了博雅学院的人文和社会科学课程。学生参与社会事务所表现出来的负责任的公民的品质也得到赞许。但是,很少有博雅学院主动参与这些事务,并且有目的地培养学生去认识、理解和回应作为公民的积极角色。柏拉图的社会哲学和关于培养负责任的公民的论述被确认是自由教育准则的基石,几乎所有的博雅学院的目标和使命阐述也都证明了这一点,然而在自称效忠这一准则的同时,博雅学院在开展自由教育时并没有明确设计去培养负责任的公民的品质,即传授对社会问题做出成熟思考和道德判断的知识、理解和能力,鼓励学生建设性地参与民主社会的动机和道德责任。博雅学院似乎满足于假定传统的自由教育自身已经在学生心里注入了公民的特殊品质,最后随着毕业生分布进入社会并以各种方式呈现。

博雅学院对于培养公民这一目标的有限回应可能部分地反映了学院

---

① Steven Koblik, Stephen R. Graubard. Distinctively American: The Residential Liberal Arts College[M]. New Brunswick and London: Transaction Publishers, 1999:117.

成员,包括管理者、教师、学生、董事会和校友对于社会问题和“流行术语”的混乱理解。它可能也反映了在评价这些社会问题与自由教育之间的关系,或者他们要求关注的优先权上的道德不确定和实质分歧。此外,它可能还反映出博雅学院陷入这一位置的恐慌心理,担心如果响应行动可能会打开一个产生更严重问题和引发更多争议的潘多拉魔盒。正如乔治·S. 普林斯(George S. Prince)所说的,“教育公民责任就是教育变化,这一任务会造成紧张、反抗甚至愤怒”①。最后,学院可能不得不求助于自由教育极简主义的理念,即“学习为了自身利益”,不需要学校课程以外的逻辑依据。但是,不论怎么解释或有什么理由,学院教育与社会现实问题的脱离没有反映出当时大多数学生准备发起或参与触动他们的理想主义、思想感情或正义感的社会事务的热情。亚瑟·莱文(Arthur Levine)指出,有大量学院学生参与了某种形式的社会服务活动。② 然而,因为缺乏一个必要的机构,这些活动大多是随机的校外课余活动,在没有充分理解他们所表达的问题以及解决问题的条件之下,这些活动对于学术课程而言是次要的。他们没有明确定义的目标、评估的标准、持续的机制以及完成使命的责任感。公民和社会责任感问题影响了所有的学院和大学,包括它们的管理、预算、人员配置、内部关系和学术生活,激起了教师、管理者、学生、董事会和校友的不同观点和利益的冲突。它们大都希望采取某种措施或通过它们的机构特征、课程目标以及市场定位来规避这种影响。一般情况下,科学、研究或专业和职业训练上沉重的学术课程可以冲淡社会关注和转移活动积极分子的注意力。相比之下,独立的寄宿的博雅学院在这些冲突中是最脆弱的,在资源少且有限的情况下,当它们尝试去接纳和适应外界所坚持的差异化、经费资助、非传统的生活方式、新技术、社区联系和提供学生服务的要求时,总会面临坚持传统的自由教育的困境。对于这些鲜活的社会问题以及其他直接触及公民和社会责任的问题,强求一致的回应无济于事,甚至可能使问题进一步加剧。在有社会责任心的公民问题之外,博雅学院还存在在竞争激烈的环境里保

---

① Koblik S. , Graubard S. R. Distinctively American: The Residential Liberal Arts Colleges [M]. New Brunswick and London: Transaction Publishers, 2000:136.

② 同①。

持其传统的学术特征的问题。一方面,它们已经失去了自由教育的专利①,另一方面,越来越多进入博雅学院的学生要求在本科教育中包含职业训练的内容②。正是这些威胁博雅学院未来发展的因素,使得在民主文化和领袖特质的培养上,自由教育的优越性比以往更为突出。事实上,进入20世纪以后,随着专业和服务成为美国经济的主要增长点,文科学位已经开始被认为是未来管理者重要而且必不可少的就业资格证书。

然而,毕竟社会环境已经发生了巨变,为了适应这种变化,博雅学院也必须定期更新它们的目标和使命,在公民培养的责任问题上,最直接有效的方式是通过调整课程内容和结构来回应已经发生重大转变的美国民主社会的需求变化。从历史的角度来看,不断更新目标对于博雅学院而言并不稀奇,因为自19世纪末期以来,改革的压力已经成为博雅学院生活中的一个历史常识③。外部环境的变化和学院招生的需要,迫使博雅学院以不同方式做出回应。这一时期,博雅学院中过去存在的精英主义倾向和歧视行为越来越受到限制,校园里种族多样性也成为一种必需。权利与性别的考虑开始得到广泛尊重和实质接纳。课程的丰富性理念已经进入了自由教育的词典——“自由选修”、“分配要求”、“核心”、“主修”、“双修”、“辅修”、“实习”、“荣誉”、“跨学科”活动等。博雅学院的课程已经开始以美国的实用主义哲学传统淡化欧洲的柏拉图理想主义传统,因此,它们现在提供更多的现代语言,如英语(常常不包括拉丁语和希腊语),有着更多的文化多样性,更新和修正阅读书目,进行更多的科学和专业研究。消极的方面是,随着不断增长的运行成本以及在日益激烈的竞争中招收足够学生的紧迫性,很多博雅学院,特别是那些资助经费预算极为有限的学院,必须面临节约教学成本,降低入学标准和学业成绩的问题。和很多大学一样,博雅学院也不得不应对迅速发展的外部力量。最新和极具挑战性的知识前沿,引人注目的新型学习工具,全球化的考虑,

---

① 其他高等教育机构,如研究型大学、州立大学和赠地学院也提供部分与自由教育有关的课程。

② 这并不意味着自由学科的价值已经衰落或下降。

③ 很多著名教育家改革,如查尔斯·埃利奥特(Charles Eliot)、约翰·杜威(John Dewey)、弗兰克·艾德洛特(Frank Aydelotte)、亚历山大·米克尔约翰(Alexander Meiklejohn)和亚瑟·摩根(Arthur Morgan),都对博雅学院改革产生过影响。

不断差异化的学生群体和他们日益增长的服务需求,对这些因素做出深思熟虑的回应很难是无争议的。回应必须克服学术过程的障碍和特权、与同类学院的敏感关系、成本和经费、资源分配的内部冲突、强烈的个人偏见和与传统的黏合度。博雅学院同时还有强烈的内部压力,因为没有比教师更强大和更坚持的力量存在。亚当·亚尔莫林斯基(Adam Yarmolinsky)将教师描述为任何学院的立法者是正确的。没有他们的一致同意,学院不能提供任何教学计划,没有学生可以毕业,没有教师能够被解雇。教师的权利和对学科、任期、保持质量以及内部的资源竞争的倡议在每一门课程和大学政策决策上都是非常重要的。

博雅学院以其教师持续献身于本科生教学和传统的自由学科环境的价值而引以为荣。正如瓦尔坦·格利高里(Vartan Gregorian)所说的,自由教育的核心在于教学行为。① 但是,步入20世纪后,很多优秀的教师被专业化的学术和金钱回报所吸引,越来越专注于自己学科的狭窄空间,将科研摆在优先地位,只将部分时间用于教学。由于专注于自己的学科领域,越来越多的教师将责任局限在教室和实验室,根据研究需要招收所需的学生,并且极少关心或引导学生的非学术生活。弗兰克·翁(Frank Wong)对这种适应"功利心和学历文凭"的专业化表示了关切,认为它在进一步窄化和占据统治地位时,将会与人的价值、社会需要和学生的个人发展失去联系②。不仅仅教师,博雅学院的管理者和董事会也发现了自己的内倾化,对学生的公民与社会责任心的培养常被优先考虑学院的运行和预算问题所取代,他们认为这是可以理解的。通常,在博雅学院的目标使命和年度报告中也会提到公民培养问题,但是,这些语言常常只是代表一种义正辞严的仪式,而不是自由教育的实质功能。这些修辞语暗示着在对学生的学术生活进行组织和管理之外,学院并不认可培养负责任的公民这一责任。

① 瓦尔坦·格利高里1989年布朗大学就职演说。

② Koblik S., Graubard S. R. Distinctively American: The Residential Liberal Arts Colleges[M]. New Brunswick and London: Transaction Publishers, 2000:139.

二、重新纳入目标体系

在不断变化的环境面前,博雅学院要维护它在美国高等教育中的显著作用,必须用现代词汇重新定义它们的目标,有效地将其与培养负责任的公民的目标联系起来,重申它们在价值观形成中的责任,认识到它们有培养负责任的公民和个体的目标①。对于博雅学院而言,为了实现自由教育旨在将学生培养成"完人"的目标,课堂和校园不应该将学院的责任局限于智力发展和学术研究。自由教育的哲学是民主社会的哲学,在这中间,公民、社会责任和社会是不可分割的。一位受过良好教育的公民是促进负责任的社会行动和提升社会福祉的重要工具。他的特点是努力培养对社会问题的关注,做出充满人文关怀和成熟的判断以及根据这些判断采取适当行动的能力。这些问题可以通过他们对人类权利和福祉、他们与社会的关系、他们所处的环境、他们所遵循的规则、他们所要求的平等的重要影响识别出来。生活在20世纪民主国家的博雅学院学生必须具备对生活其中的社会制度的清晰认识和理解,这也是博雅学院引入人文社会科学课程的重要原因之一。两次世界大战、经济危机和战后重建等20世纪前半期的重大社会问题也增强了博雅学院对于培养负责任的公民目标的认识。博雅学院需要培养的是具备智慧、勇敢和正义的爱国主义,而不是耀武扬威的无知的沙文爱国主义,高喊着荒谬的口号,如"我们的国家是对的或错的"②,博雅学院应该在培养这种明智的爱国主义中发挥作用和影响。

19世纪,法国学者亚里西斯·德·托克维尔(Alexis de Tocqueville)在评论美国公民的特点时指出,和其他国家不一样,个体的美国人在对邻人和社会的福祉上承担了特别积极的责任。后来,美国因领土扩张和不同种族移民的增加所带来的人口、文化和经济的巨大变化,再加上新技术和全球化的影响,逐渐削弱了这一特征。现在,很多人倾向于忽视或拒绝参与那些他们认为不会直接影响到他们生活的社会问题。民众对政治、

① Steven Koblik, Stephen R. Graubard. Distinctively American: The Residential Liberal Arts College[M]. New Brunswick and London: Transaction Publishers, 1999:116.

② Archie M. Palmer. The Liberal Arts College Movement[M]. New York: J. J. Little and Ives Company, 1930:99.

政治决策和政治领袖的品格越来越不抱幻想。多元文化与美国大熔炉传统的结合已经被多元文化分离主义磨损，他们往往对共同的价值视而不见。今天，激发强烈的民众反应的原因往往是轻率而不考虑后果的，狭隘地表现为"我们对他们"，最显著的是文化偏见、漠视或缺乏社会群体之间的了解。这些情况也反映了美国教育对剧烈转型的社会需要回应上的重大不足。美国的公共教育系统已经解体，特别是小学和中学阶段的教育没有满足年轻人的需要。这一时期，几乎有一半的学生在开始他们的学习生涯时就不对学院教育寄予期望。然而，同时代80%的新工作都要求至少两年的学院教育。中小学教育的这种状况极大地限制了满足高等教育入学要求的学生数量。对于博雅学院来说，这一影响尤为严重。本科阶段是人生中受益最丰的阶段，对于大多数学生而言，这也是滋养理想、扩大社会视野和知识面，为最终步入社会做准备的最后阶段。不论何种机构或课程，课堂内外的本科教育过程都应该设计通过灌输民主价值，尊重民主制度、伦理道德、公民义务和社会责任来丰富学生的学习体验。在将培养负责任的公民作为一个重要组成部分列入教育目标上，博雅学院可以起到领导作用。

新兴课程的发展和高等教育需求的多元化对高等教育而言是一个普遍而具有开放性的挑战。尽管培养公民的目标能够密切学院与社会的联系，但大多数学院和大学也从中看到了挑战和威胁。对于一些博雅学院而言很难实施，财力上也不堪支付或超出了它们的教育章程。很少有学院愿意主动改革它们的课程计划，去满足这一可能引起争议和远离当前学术工作的社会目标。一些人可能坚持认为现在的教育已经对社会问题有了足够的关注和处理。但是，博雅学院不能回避这种威胁，一方面，这样做可能会被认为拒绝承担道德责任和否认它们在高等教育中的传统角色和功能；另一方面，在这些挑战中包含了博雅学院在任何情况下都必须面对的一些重大社会问题。博雅学院是履行其一直承诺的社会服务目标的天然实验室。它们是相对均衡的机构，没有大学运行和政策决策中的复杂性特征和地方责任。在它们自己权力范围的小共同体里，博雅学院为发展和试验课程组成以及使培养负责任的公民成为本科经历一个富于意义的部分提供了适宜的环境。博雅学院的自由教育天性倾向于去响应将这一学术承诺与人文情怀联系在一起，这是一种能够推动社会行动的结合。在思考和实施重大政策决策和承诺时,它们在与内外支持者商量和合作上是熟练的。正如迈克尔·桑德尔(Michael Sandel)所指出的,这是个体协调个人与社会责任、公民责任与个人自由、机构的程序与目标和课程的内容方面的能力。① 考虑到它们的未来,博雅学院可以以此作为恢复它们在高等教育中的历史角色和功能以及在市场竞争中展示独特性的一个特殊机会。对于博雅学院来说,与其通过在目标上妥协和调整它们的特点去迎合商业标准来赢得生存,不如将培养负责任的公民作为本科教育一个独立特征,从中找到新的活力和吸引力。这不是一个过时的目标,随着时间的推移,从最初的计划、方案和学院与社区支持者的合作,博雅学院的影响力可以逐渐得到发展。在某种意义上,这是从"确保每一个孩子接受高质量的教育的机会"服务出发,这个国家为博雅学院振兴提供的最后机会。

培养负责任的公民的方式有很多,包括课堂教学和实践经验两大类。作为培养负责任的公民的起点,政治学家本杰明·巴伯(Benjamin Barber)为本科教育的实质内容提供了一个理想公民品质的广阔蓝图:参与公共事务的意愿(这源于自尊);对差异的同情与尊重;非暴力和解决冲突的承诺;分析信息、证据和论点的能力。② 约翰·杜威也指定了三大要素:吸收周围社区的学生;专注于解决问题而不是学科知识;师生合作。③ 据此,博雅学院可以安排相应的课程,协同经验丰富的指导教师,为学生提供有关其理想主义和社会改革的建设性意见的表达机会。这种方案可以推动社区合作以及体现在社区的志愿服务中。正如阿尔弗雷德·布鲁姆(Alfred H. Bloom)所指出的,培养负责任的公民的课程方案应该教给学生我们这个时代所需的伦理智慧、社会转型的价值策略以及学生对社会问题的关注和正确回应。

---

① Michael J. Sandel. Democracy's Discontent: America in Search of a Public Philosophy[M]. Cambridge, Mass.: Belknap Press of Harvard University Press, 1996.

② Benjamin R. Barber, Richard Battistoni. Education for Democracy: A Sourcebook[M]. Dubuque, Iowa: Kendall-Hunt Publishers, 1998.

③ John Dewey. Democracy and Eudcation[M]. New York: Macmillan, 1916.

三、培养负责任的公民的课程设计

从课程实践的角度来看，对于博雅学院而言，培养负责任的公民的本科学习可以体现在课堂、校园和社区三种情境中。在课堂上，开设公民课程传授与公民培养有关的哲学和实践意义，这种课程可以培养和促进对多元化社会根本意义的理解——充分理解多元文化的共同价值观和尊重它们的差异。学生能够为他们参与公共事务的能力而自豪，相信他们可以做出改变，并且认识到经验学习的重要性。教师可以将现有学科课程中的有关要素与公共事务联系起来，供学生思考，鼓励学生问敏感尖锐的问题，并且使学生学会带着个体和群体敏感性的理解与尊重进行有效的沟通和交流。20 世纪后博雅学院引入人文社会科学课程①，也与其培养负责任公民的目标密不可分。在校园中，公民和社会责任将与校园的群体生活联系在一起。学院生活相关的问题可以成为学院课堂内外公共讨论和决议的主题。他们可以思考建立校园活动组织、扩展校园活动范围和那些能够激发学生原创性的问题，这可以促进不同学生群体之间的互动。校园出版物、专业研究以及参与冲突解决可以促进校园中对有关差异化、多元文化、种族主义、种族歧视、社会行为和学业成绩等有意义问题的关注和对话。在社区中，当地社区能够为学院提供课程相关方案的广泛选择和富有想象力首创行动的机会。活动方案可以作为长期或短期的任务与课程学习结合在一起。超出校园范围的区域，不论在当地还是远离校园，也可以思考有关教育、环境、保健、经济发展、文化事业和社会服务问题。课程方案可以是实习或邀请学院参与的社区活动。博雅学院可以与公共和私立的教育和社会服务部门搭建网络，或者参与这些部门的创建。课程方案必须有合理定义的范围、有力的监管以及能够完成的绩效责任。此外，方案不能是课外“感觉良好”的练习，这不仅收效甚微，并且有可能被认为是肤浅和傲慢的。

为了使方案有效，学院从一开始就需要在三种情境——课堂、校园和社区之间建立合作。这些合作需要合作者在课程的计划、组织和管理以及处理相关问题和政策时贡献有用的经验和判断。合作者必须充分理解

---

① 如阿姆赫斯特学院在 20 世纪 20 和 30 年代的课程改革中引入人文社会科学课程。

课程,认识到这些目标的意义,知晓对它们的期望,显示参与的热情。使整个学院社区参与进来的前期合作是重要的,学院的管理者、教师、学生、董事会和校友,都应该以自己的方式,作为个体或代表一方,为课程及其相关方案的某些方面做出建设性贡献。这样不仅可以提升校园和社区的精神,更为重要的是,博雅学院做出的培养负责任的公民目标的承诺也得到了确认。在校园之外,课程的组成部分要求当地社区参与合作①。这些合作可以就有关教育、环境、健康、经济发展和贫困等特定的社会关注问题做出回应。群体合作应该反映社区之间的差异性,照顾彼此之间的互动。合作服务还可以为学院领导、负责任的公民和社区关系提供富于灵感的问题解决模型。博雅学院之间的合作,可以在学院现有的一些协会的主导下进行,这对于课程的发展和成效极为重要。单个学院课程的结构和细节依据当地环境会有所不同,但是他们可以交换经验和信息,对提到的问题和决策进行有效的讨论。随着时间的推移,可以促进负责任的公民理念的统一,使其发展成为自由教育课程中的一个最富活力的部分。

博雅学院还有一些非常重要的共同目标,根据这些目标的性质,学院之间可以展开合作寻求共同关注。博雅学院的学生团体很多都参与了不同的校园和社区服务项目。在不妨碍他们个体方案完整性的前提下,这种服务项目可以和将学生培养成负责任的公民的课程有益地结合起来。在博雅学院共同关注的问题中,最为紧迫的是扩大想要接受学院教育并且符合学院入学要求的学生的数量,为学院争取符合条件的生源。20世纪30年代,为了解决当时博雅学院的一些共同问题,如招生、学术标准、多样性和经费资助等,博雅学院启动了一场旨在加强博雅学院之间合作的"博雅学院运动",为这些问题的解决寻求共同方案。为此,博雅学院不断地向社区寻求帮助。在本质上,过去的博雅学院开放性不够。除了一些不可避免的冲突和碰撞,博雅学院通常倾向于避免主动或不必要地卷入可能引起争议的社会问题。但是,培养负责任的公民的目标使得博雅学院提高了开放性和增强了与社会的互动,对一些社会问题表达关注,

① 要求企业、公立和私立的社会服务机构、教堂、民间团体、学校和社区学院以及个人志愿者都参与进来。

这是承担培养负责任公民的责任和角色不可回避的。社区服务项目是用行动表达这种关注的一个很好的方式和渠道,通过学院管理者、教师和学生的协同努力,学院还可以动员当地的经济、公私立机构、教堂、民间组织共同参与进来。

对于博雅学院自身而言,其教育一直带有浓厚的精英色彩。早期博雅学院的毕业生大部分在宗教、政治、经济、法律、医学和社会服务等领域发挥着领导的作用。然而,培养负责任的普通公民对于博雅学院而言,同样能够为其赢得声誉和尊重。某博雅学院校友杂志的编辑在谈及他们两位忠诚的校友时表示:"以世俗的眼光来看,这两人都不能算突出。然而,正因为如此,我们才认为他们对我们意味着更多。因为他们是有教养的公民的良好典范,他们在自己所选择从事的职业中过着有意义的生活,他们因为其个人能力和良好的公民形象而被人尊重。他们树立了学院人的标准,这是一种为学院带来荣誉的标准。他们的学院记忆是值得他们的子女和朋友尊重和珍惜的珍贵遗产。正是这些默默无闻的学院毕业生,支撑起了不同职业,担当着美国文化神经中枢的作用。他们和那些位居最高级别的毕业生一样,其贡献如同博雅学院对于民族生活的贡献一样真实和意义深远。"①

亨利·纽曼很好地概括了自由教育在培养公民方面的价值,他指出:"为社会培养良好的公民。它的艺术是社会生活的艺术,其目的是适应这个世界。他一方面不会将自己的视野局限于特定的专业,另一方面也不会造就英雄或激励天才……它不承诺能够产生亚里士多德、牛顿、拿破仑、华盛顿、拉斐尔、莎士比亚,尽管之前这种天生奇才的培养现在也包含在它的范围之内……但是,这是通向寻常而伟大目标的最寻常而伟大的方式。它的真正目标是培育社会的知识风气,培养公众的心智,纯化民族的品位和格调,为大众的热情提供真正的规范准则,为大众的抱负提供固定的目标,为时代的理想赋予广博度和庄严感,促进政治权利的行使,深化私人生活中的人际交往。"②总体来看,培养负责任的公民是博雅学院

① Archie M. Palmer. The Liberal Arts College Movement[M]. New York: J. J. Little and Ives Company, 1930:78.

② Archie M. Palmer. The Liberal Arts College Movement[M]. New York: J. J. Little and Ives Company, 1930:101.

教育目标中一个极富活力的部分,也是密切博雅学院与现实生活关系的一个重要途径和方法,有利于在不断变化的社会环境和日渐多元化的教育需求面前,增强博雅学院的开放性和同现代社会生活的适应能力。随着时间的推移,这一目标对于博雅学院的未来发展也是非常重要的。在本质上,这也是博雅学院对自由教育传统中公民培养目标的一种复活,是对过去教育传统目标的一种回归。

第三章　博雅学院的课程变革

19 世纪末至 20 世纪上半期，博雅学院为了适应内外环境的变化，更主要的是出于密切与现代生活联系的需要，在调整和重新定义教育目标的基础上，也积极地对课程进行改革。基于自由教育的传统，博雅学院一方面重申传统古典课程的独特价值，另一方面也开始接纳选修制和新兴学科。同时，随着成功商人和中产阶级家庭的子弟开始代替过去农场主和牧师的孩子成为博雅学院学生的主力①，为了适应学生人群的变化，这一时期的博雅学院也适当增加了职业或半职业性质的课程，以满足部分学生的职业准备需求。

第一节　自由教育课程的历史演进

自由教育课程始于罗马帝国时期的“七艺”，至今已有很长时间的历史。“七艺”始于一个偶然的组合，在中世纪时被亚里士多德的“三哲学”理念加以丰富。15 至 16 世纪时，又加入了希腊语，从此成为一个固定的教育科目。17 世纪加入了数学，18 世纪加入了第一个正式的科学性质的课程。此后，自由教育的课程设置继续演变，随着时代的发展和人类知识领域的拓展，不断增添反映时代要求的新内容。

① “小学院开始受爱担忧的美国父母青睐，学院关于学生品行的规定比大学来得严格，这对于学生是好事。”参见：Steven Koblik，Stephen R. Graubard. Distinctively American：The Residential Liberal Arts College[M]. New Brunswick and London：Transaction Publishers，1999：11.

一、早期博雅学院的课程设置

最早的自由课程的形式和组织要追溯到公元前4至5世纪的希腊辉煌时代的天才们。其中最突出的是古希腊三哲之一的亚里士多德，这位巨人的知识分类对后世影响深远。我们今天思考的内容和方式都归功于他，学院手册上的学科分类，大部分源于他的阐述。从亚里士多德到邓斯特(Reverend Henry Dunster)①的剑桥新世纪(the New World Cambridge)和布莱尔(Blair)的威廉斯堡(Williamsburg)，道路十分曲折但清晰可辨。亚里士多德学派的知识和思维方式被罗马人和穆斯林修改后，在罗马文明解体之后数个世纪的野蛮时代里在西方世界消失了，直到13世纪时，在一些聚集起来创建巴黎大学的学者的讲座上，它们才得以重现，也是在这时它们开始被冲淡和碎片化。现在已知的"七艺"和亚里士多德的"三哲学"(the three philosophies)与罗马教会的神学主张调和，成为中世纪大学的标准课程，被称为"通识学科"(studium generale)②，并且成为学习神学、法律和医学的前提条件。这一标准课程从巴黎大学传到了牛津大学，然后又从牛津大学到了剑桥大学。到了16世纪时，它已经丧失了一些自由学科的特质，堕落为逻辑分析的僵化形式，成为神学的预科课程。后来，意大利文艺复兴赋予了它新的生命和活力，并增加了文学课程。这意味着古典拉丁语，特别是古希腊的诗学和哲学著作，被认为是适应新兴阶层的英国绅士和公仆的文化需求的。同这些后来附加的课程一起，标准的大学课程在1570年剑桥的《伊丽莎白章程》和1636年牛津的《劳狄安法典》中被合法化了③。1642年，这一标准课程被邓斯特移植到了哈佛，之后被詹姆斯·布莱尔(James Blair)移植到了威廉玛丽学院④。

在哈佛，邓斯特用十一个拉丁语单词就把课程交代完毕：第一年教修辞学，第二年和第三年教雄辩术，第四年加上哲学(Primus annus

① 邓斯特(1609—1659)，被认为是哈佛首任校长，任期1640—1654年。

② "通识"的拉丁语。

③ George P. Schmidt. The Liberal Arts College: A Chapter in American Cultural History[M]. New Jersey: Rutgers University Press, 1957:44.

④ Samuel E. Morison. The Founding of Harvard College[M]. Cambridge: Harvard University Press, 1963: 247-248.

Rhetoricam docebit, secundus et tertius Dialecticam, quartus adjungat philosophian)。这是哈佛第一个学习课程表。修辞学是指拉丁语和希腊语;辩证法或逻辑学最先是从拉丁文本开始的,然后是哲学或形而上学。1650 年的哈佛章程表达了所有课程的目标是“促进所有好的文学、艺术和科学”①,学生生活和学习的主要目的是认识上帝和耶稣基督的永生。邓斯特制订以古典语言文学和神学为核心的课程体系,既有对中世纪大学课程的沿袭,也有文艺复兴和宗教改革时代课程特征的痕迹,还包括了物理、植物学、算术、几何、天文等科目。1655 年,查尔斯·乔恩西(Charles Chauncy)②制订的课程方案基本延续了邓斯特的课程方案,正式确认延长一年本科课程的学习。18 至 19 世纪,哈佛学院得到发展,培养和吸引了很多著名学者,学院课程也随之扩展。1721 年,哈佛设立神学教授席位,1727 年设立数学与自然哲学教授席位,1782 年开始医学研究生教育,1816 年开始法学研究生教育,1817 年开始神学研究生教育。总体来看,哈佛学院前两百年的课程与教学基本一致,强调修辞原理、机械学习和不间断的训练。

邓斯特和布莱尔移植的课程从最开始的两所学院传至它们所有的后继者。在一段时间内,殖民地学院的课程在与旧世纪的科学和知识的进步和发展的接触和保持上还算成功。③ 但是,随着西进运动的开展,作为知识源泉的欧洲课程日渐暗淡成为背景,而且这些课程的学习日益依赖东部学院的校长、教授和已毕业学生的课堂讲义和笔记,有的甚至是副本的副本。这就可以解释为什么美国早期学院课程如此惊人地雷同,这种雷同不仅仅是课程,而且是学院生活的所有方面。这种状况一直持续到 19 世纪晚期才有少许变化。美国学院课程的这种统一性已经根深蒂固并且被确立为学院的模式。自从 1769 年达特茅斯学院建立至 1869 年查尔斯·埃利奥特(Charles Eliot)担任哈佛校长,其间几乎又过了一个世纪,埃利奥特才打破了这一模式。这个世纪也有一些学院展开了一些偏

---

① Samuel E. Morison. The Founding of Harvard College[M]. Cambridge: Harvard University Press, 1963: 248.

② 乔恩西(1592—1672),1654 年至 1672 年任哈佛校长。

③ George P. Schmidt. The Liberal Arts College: A Chapter in American Cultural History[M]. New Jersey: Rutgers University Press, 1957:44.

离传统课程的改革，但是这一时期的传统学院主宰了美国高等教育领域，没有受到严重的挑战。

修辞学、辩证法和逻辑学一直都是美国博雅学院的标准课程。在学院最繁荣的时期，它被扩展到下面这些内容。大一、大二学生花费大部分课堂时间翻译拉丁语和希腊语经典著作，学院希望通过这一过程实现心智训练和思想自由的目标。大学前两年的其他课程是由以下科目组成的：数学、修辞学、自然哲学（物理和化学讲座）的雏形。大学后两年，拉丁和希腊经典著作减少，逐渐增加逻辑学、形而上学、伦理学以及基督教证据的辩论讲座，所有课程通常都是由校长教授。再后来现代外语、历史、政治经济学、动物学（当时称自然历史）和地质学完善了原有的课程体系。这就是 19 世纪自由教育的版本，毫无灵活性且不能变更，所有申请文科学士学位的人必须达到要求。

曾有人指出，邓斯特的传统课程在引入时已经过时了①。这一观点对于 19 世纪而言无疑是正确的，但是如果在 18 世纪则有些不公平。在某种意义上，可以肯定地说，每一所学院的课程都是过时的，因为任何用于教育目的的知识的逻辑组织，都止于某一领域的最新知识发展，它滞后的程度取决于当时的学术环境和教师的敏锐性。在今天，如果现代史课程讲到滑铁卢战役就结束，会被认为是与现实脱节的。但是，殖民地学院的课程并非真的是如此过时和让人昏昏欲睡的。例如，那个时期科学和数学的惊人进步都在美国大学校园里有所传授。尽管受到狭窄的课程框架束缚，哈佛仍对科学表现出浓厚的兴趣。1715 年，耶鲁接受一些英国文化领袖包括贝克莱主教（Bishop Berkeley）捐赠的一个 800 册藏书的图书馆，在这中间就包括了很多当时自然科学和哲学的著作。在普林斯顿，科学也受到了相当的关注，哈雷彗星和里斯本大地震都被讨论过，望远镜、太阳系仪也为人知晓、使用。在牛津，科学一直处于低迷状态，但是，一些持不同学术思想的学者都对科学的进步十分关注。在剑桥及其他地方，作为自然哲学教授的艾萨克·牛顿（Isaac Newton），已经为科学带来

① Ernest Earnest. Academic Procession[M]. New York, 1953:19.

了光彩。这位18世纪的绅士从未远离他的学院教育[1]，正如100年后的美国人从未远离他们那个时代的传统学院。托马斯·杰斐逊（Thomas Jefferson）、詹姆斯·麦迪逊（James Madison）、本杰明·拉什（Benjamin Rush）、埃兹拉·斯泰尔斯（Ezra Stiles）、乔尔·巴洛（Joel Barlow），都是美国学院的产物。

美国早期学院还有一门由教学技能熟练的教师负责教授的与时代的思想和时事联系紧密的课程，这就是道德哲学，有时也被称为道德科学，或简称形而上学、伦理学。这门课程的形式和来源与亚里士多德有关，作为大学四年级的补充课程，有时也取代经典名著和数学。然而，虽然与时事相联系，道德哲学课并不值得兴奋，特别是如果由一位学究主持时，这门课程可能十分枯燥乏味。但是，如果由一位富于想象力的教师主讲的话，它就包含无限可能性，不仅可以包括狭义上的伦理学，还可以包括政治学、经济学、心理学，事实上是今天整个社会科学的萌芽和起源。因为它是面向大四学生开设的，也是大学四年课程学习的最高点，学院校长通常将这门课程视为自己的责任，与承担行政管理职能一道，担任起"道德导师"的职责。19世纪末期，苏格兰现实主义及其美国修正大为流行，出生于苏格兰的普林斯顿校长詹姆斯·麦考什（James McCosh）提议将其提高到美国哲学的高度，这种哲学思想从而达到顶峰时期。1893年麦考什在芝加哥世界博览会（the Chicago World's Fair）的一次演讲中指出，"迄今，美国不像古希腊、苏格兰和德国那样有自己独特的哲学。但是，现在有一种哲学，我们可以挪用并称之为我们自己的、超越洛克和苏格兰学派的美国哲学。这是与崇尚实用的美国人的性格完全相符的哲学"[2]。事实上，在100多年前美国就有和麦考什相似的呼声，康涅狄格州的乔尔·巴洛（Joel Barlow）曾表示，如果美国注定要成为一个伟大的国家，它就需要一部像《伊利亚特》（*Iliad*）或《神曲》（*the Divine Comedy*）一样伟大的史诗。但是麦考什的呼声来得太迟了。苏格兰现实主义在震惊世界的新科学理论和哲学的新精确性和攻击面前，已经摇摇欲坠了。它本应该有属

---

① Samuel E. Morison. Three Centuries of Harvard[M]. Cambridge: Harvard University Press, 1936:58.

② James McCosh. Philosophy of Reality[M]. New York: Scribner, 1894, Section I.

于它的时代,但它止步了。即使在它流行的顶峰时期,这种哲学的影响也仅仅局限于能够从富于才能和启发的教师那里听到它的那些足够幸运的学院学生,并不是所有人都有这么好的运气。但是,偶尔也有一些教授,收集了以前学生的零碎讲义和自传体回忆录,运用这一灵活课程作为跳板,和大四学生谈论任何他们想参与讨论的话题,这给学生们留下了不可磨灭的印象。通过学生课程笔记,可以潜入国王学院诺特(Nott)校长①的讲座室,听他评论最好的处理城市暴徒和骚乱的方式,鬼魂存在的证据,歌唱团与早婚之间的关系,以及卫理公会牧师英年早逝的原因。他们同样还可以听到警告醉酒的害处。这种课程和讲座对学生数年来背诵和翻译死去语言的枯燥做了弥补。然而,对于大部分本科生而言,古典语言的学习与道德课程相比,给他们留下了更为深刻且不愉快的印象。学生大部分时间和精力都花在古典语言(希腊语和拉丁语)的学习上。实际上,古典语言的学习在占据了大一、大二学生的大部分时间之后,作为学院课程的一部分几乎一直延续到大四毕业。古典语言与数学一起,成为学院的"核心课程"(core curriculum)。学院也教授其他科目,但只限于大四学生,哲学这时还只是边缘学科。

二、古典课程与《耶鲁报告》

1828 年《耶鲁报告》倡导的自由教育课程被认为在所有时代都是最好的。在这一被广泛认可的课程体系中,并没有包括经典名著(Great Books)的学习。因为学生在学习语法、规则和日常翻译之外,没有剩下多少时间了。这一时期,科学还属于新兴学科,在学院课程中处于边缘地位。另一方面,古典科目则是血统高贵的。在中世纪,当巴黎大学的学者们将亚里士多德的哲学和基督教神学混合成第一个大学课程时,通用的学术语言当然是拉丁语。这种状况一直保持到 17 世纪,随着地方语言掌握学术词汇,拉丁语才逐渐让位于地方语言。用拉丁语打印学院管理人员和学生名册的做法,在 18 世纪早期不存在了。人们现在已经看到了古典语言最后消失的遗迹:学士学位文凭上的拉丁文和毕业典礼上授予学位的拉丁仪式。希腊语的运用虽不如拉丁语广泛,但是自从文艺复兴以

① 一位极为活跃的道德学教授。

来,也成了高等教育的重要内容。这两种语言是向后人传递文化传统的媒介。拉丁语和希腊语知识是理解和掌握历史、科学、哲学和文学的关键,与基督教神学一起,构成了西方文明的实体。通过诗人、哲学家和政治家去认识古典时代,其实就是去认识生活的智慧和善。这是文艺复兴时期的理想,经过清教徒的责任和纪律观念的强化,成了美国高等教育领袖们的理想。这一信念在美国被植入得如此坚固,以至于哥伦比亚学院的约翰·M. 梅森(John M. Mason)院长可以毫不畏惧地表示,经验已经证明,学习还是忽略希腊语和拉丁语意味着知识的兴衰。梅森担任主席的教师委员会准备遣散那些因为"天生的愚蠢或不可救药的懒散"而不能全力学习古典语言的学生。

尽管古典课程传统依然继续,但1810年标志着它在哥伦比亚学院地位的下降。一个半世纪以前的哥伦比亚学院校长塞缪尔·约翰逊(Samuel Johnson)有着广阔的视野。他认为新学院的目标不仅是"用知识语言去教授和培养年轻人",而且还应包括正确推理、写作和流利地表达的艺术;数据和测量的艺术;测量和航行,地理和历史,农业、商业和管理,空气、水、泥土、各种各样的流星、石头、矿井和矿石、植物、动物,以及有利于生活、合适、方便、优雅的一切有用的事物。最后,引导他们从学习自然科学的知识人类自己的和神的知识,以及他们对上帝的、他们自己的、彼此之间的以及一切有助于他们的真正幸福的事物的知识。毋庸置疑,约翰逊的课程在当时仍然是一种冲天的理想,不止哥伦比亚,其他任何一所学院在那个时代都无法实现。①

古典课程从东部的堡垒传至西部和南部,与新学院的创建同步,标志着文化疆域的推进。边疆地区在选择适合自己需要的高等教育形式时未能表现出多少独立的判断。弗雷德里克·J. 特纳(Frederick J. Turner)的后继者们依旧在争论的一个观点是,无论当地的政治经济体制有何独特之处,在高等教育问题上,边疆地区都温顺地接受了东部学院的思想。在宾夕法尼亚州米德维尔(Meadville)的阿勒格尼学院(Allegheny College),一个700人的边陲小镇,一位当地市民用拉丁语发表演说,校长用拉丁语回应,毕业班级用拉丁语、希伯来语演说和对话。在肯塔基州(Kentucky)

① John B. Pine. Charters and Records[M]. New York: 1920:32.

有“西部的雅典”之称的列克辛敦(Lexington),年轻的特兰西瓦尼亚大学(Transylvania University)被《西部评论》(*Western Review*)一位作者警告说,拉丁语和希腊语被驱逐出我们的大学的时间到了,学习西塞罗、德摩斯梯尼(Demosthenes)、荷马和维吉尔的著作对于成为一名学者不是必要的,我们应该让人类尽快地沉入绝对的蛮荒之中去。1795 年创建的田纳西州布朗特学院(Blount College),在校长塞缪尔·卡里克(Samuel Carrick)牧师从繁忙的射杀印第安人事务中稍事喘息后就开学了。即便在这种环境里,这个边远地区的第一位毕业生也考了维吉尔、修辞学、贺瑞斯(Horace)、逻辑学、地理学、希腊文《圣经》、卢奇安(Lucian)、数学、伦理学、自然哲学。威斯康星州边境的比洛特学院(Beloit College)1849 年第一本学院手册中,骄傲地宣布该学院标准的古典课程正是根据耶鲁课程计划制订的①。

这一时期的耶鲁是美国最大且最具影响力的学院,也是保守主义力量的堡垒。普林斯顿作为美国长老会知识分子的总部,在影响力上仅次于耶鲁,也同样保守。在 19 世纪早期,古典传统和神学新正统在这两所学院中都有其最坚定的支持者。但是这种状况是通过斗争才得以维持的。美国社会毕竟处于急剧的发展变化中,这种完全继承而且不可变更的教育模式不仅在西部而且在大西洋沿岸地区遭到质疑。新学之风正在以温柔的方式不断涤荡传统的气息。当然也有一些例外,宾夕法尼亚大学从来没有接受这种教条。弗吉尼亚大学带着杰斐逊的威望,表现出惊人的创新精神。甚至连哈佛也开始怀疑正统的知识,事实上自哈佛创建以来,这种怀疑从未停止。在这种情况下,有必要重申古老传统的价值,这项任务落到了耶鲁身上。耶鲁发表的任何教育宣言都影响广泛、备受关注。因此,在委员会的要求下,耶鲁校长戴及教师发起了一场声势浩大的论战,以期一劳永逸地结束这种混乱,这就是 1828 年《耶鲁报告》的出台。这份报告成为捍卫古典教育的导火线,成功地确保了古典课程在 19

① George R. Grooks. The Life of Bishop Matthew Simpson[M]. New York:Harper and Brother, 1890:126.

世纪下半期的继续统治地位①。

《耶鲁报告》是一份有影响力的文献,逻辑严密,论述有力,发出了捍卫人文主义、自由教育或绅士传统的最强呼声。这份报告也大力捍卫了科学的文化价值。在今天,仍有许多科目毫无疑问地被接受为自由教育的有效成分,如英语文学。《耶鲁报告》的核心思想是心智训练(mental discipline)。报告将学院教育的主要目标定义为"心智训练和培养",其中训练相对更为重要。学院教育的目标是训练心智而不是积累事实。这与现代大学的批评者们提出的目标相去不远:心智能够运用到任何领域②。戴指出,耶鲁的教授们绝不是盲目在跑步机上行走,而是在不断地提高和丰富他们的产品,但是,他们无意向大众的呼声屈服。报告指出,经常听到一些建议说我们的学院必须重塑;它们不符合时代的精神和需要;它们不久将被遗忘,除非它们能更好地适应这个国家的商业特性③。然而,学院的目标不是职业和专业训练,或者屈从于大众想法去做肤浅的调整。只有那些能够训练心智的科目,即那些能够"聚集注意力、训练思维能力、处理记忆内容以及发展天才潜能"④的科目,才能够在学院的课程中占有一席之地。这些科目正是《耶鲁报告》中提出并且耶鲁学院正在教授的科目,任何一门都不可或缺,也不能增加新的科目。有了这样一份简单而紧凑的课程表,四年的本科的全部课程只需 1829—1830 年耶鲁的课程目录手册中的一页,耶鲁的学生就准备好了面对世界。在这些一般主张后面潜藏着某些推论,那就是所有课程都必须学习,不允许选修。例如现代语言,尽管它们成就很大,而且也有装饰价值,但不被列入要求。如果学

---

① Committee of the Corporation and Academic Faculty. Reports on the Course of Instruction in Yale College[M]. New Heaven: Hezekiah Hown, 1828.

② Abraham Flexner. Universities[M]. New York: Oxford University, 1930:177.

③ Committee of the Corporation and the Academical Faculty. Reports on the Course of Instruction in Yale College[R]. New Heaven: Hezekiah Howe, 1828:6.

④ Committee of the Corporation and the Academical Faculty. Reports on the Course of Instruction in Yale College[R]. New Heaven: Hezekiah Howe, 1828:7.

习,就应该从它们的古典根基学起。在阅读李维①或塔西陀②的作品之前阅读伏尔泰是"颠倒自然顺序"。背诵经典应该只选单一文本以提高准确度,广泛阅读很多著作只会导致混乱。这份报告逻辑严密,一个建立在权威基础之上的教育体系不容易引起分歧。总的结论是:耶鲁应继续坚持其当前的课程,耶鲁教授们精心建构的课程体系是适应所有环境和时间的,因为它建立在永恒的价值基础之上。

《耶鲁报告》影响十分深远。全国的保守主义者受其鼓舞都重新与改革者和世俗观点进行斗争。耶鲁已经发声了,这个问题已经解决了。1836 年在迈阿密大学(Miami University)的一次演讲中,莱曼·比彻(Lyman Beecher)这位中西部新英格兰生活方式的倡导者将之视为"为了上帝、国家和耶鲁"的指引。他坚称,国家的未来取决于学院人在哲学、逻辑学、希腊语、拉丁语和《圣经》方面所受的教育和训练。卫理公会的教育领导者斯蒂芬·奥林(Stephen Olin)、伦道夫·梅肯(Randolph Macon)校长、主教马修·辛普森(Matthew Simpson)、德波(DePauw)校长也做出了类似表达,标志着美国最大的教会支持耶鲁哲学。本杰明·黑尔(Benjamin Hale)在一所圣公会学院中也采用同样的课程③。在南部,《耶鲁报告》支持者必须面对来自当地备受尊敬的弗吉尼亚大学的挑战,但是即便在这儿,新英格兰观念依然昂然前进。《耶鲁报告》发布 25 年之后,耶鲁毕业生,阿拉巴马大学(Alabama University)教授弗雷德里克·A. P. 巴纳德(Frederick A. P. Barnard)领导一个教师委员会成功避开了弗吉尼亚的自由选修计划,保留了古典课程。委员会使其同事深信,抛弃后者,在其废墟上建立一个如此松散的教学和性质值得质疑的教育,如弗吉尼亚大学,将是一个巨大的错误。数年后,当巴纳德担任密西西比大学的校长时,依然持同样的观点。另一位耶鲁毕业生,佐治亚大学校长邱奇(Alonzo Church)保留了类似的古典课程。北方另一位古典课程的强烈支

① 李维(公元前 59—公元 17 年,罗马历史学家,拉丁名 Titus Livius,他所著的《罗马史》有 142 本,包括从罗马建立到他所处时期历史,现存 35 本(包括最早的汉尼拔战争史)。

② 塔西陀(约公元 56—120 年,罗马历史学家,全名帕布利乌斯或加伊乌斯·科尼利厄斯·塔西陀;他著的《编年史》和《历史》是关于罗马帝国史的主要著作,分别记述了公元 14—68 年和 69—96 年间的史实。

③ Stephen Olin. Works(II)[M]. New York: Harper and Brother,1852:271.

持者，约瑟夫·考德威尔（Joseph Caldwell）从普林斯顿来到北卡罗来纳大学担任第一位教授时，这里实行的是一个广泛且灵活的课程体系。他任校长之后逐渐代之以其母校的课程，直到1835年考德威尔退休，北卡罗来纳大学完全屈服于古典课程。几年后，詹姆斯·H.桑韦尔（James H. Thornwell）这位南卡罗来纳学院的校长和长老会领袖也在宣称他的政策：当其他大学迫于大众的压力都在引入损害自由教育本质的改革时，就让坚守传统成为我们的荣耀吧！

古典课程的胜利虽然规模广泛，但只是暂时的，而且《耶鲁报告》本身实际上是一个拖延行动。当然，必须承认其在捍卫古典课程上也是最成功的。因为直到19世纪末期，这一课程体系才最终崩塌。虽然到了19世纪中后期学院课程的理论与实践之间的鸿沟已非常巨大，但那时美国舆论还没准备好，美国的财富也还不足以支持一个广泛的高等教育体系并使之占据统治地位。这一时期，科学还只是停留在口头说说，实验教学很多人还未曾听过，但是，有一些大学的科学设备可能是那个时代最好的。有一些学院手册一直吹嘘他们的矿物收藏的种类丰富和价格昂贵以及他们的哲学陈列室，也有一些杰出的教师在教授自然科学。例如，耶鲁的本杰明·西利曼（Benjamin Silliman）、南卡罗来纳的托马斯·库珀（Thomas Cooper）、阿姆赫斯特的爱德华·希区柯克（Edward Hitchcock）以及普林斯顿的约瑟夫·亨利（Joseph Henry），他们本来可以在他们那个时代的科学界赢得尊重。但是，除了这些偶有的杰出学者之外，科学家依然是学术界的二等公民，而且他们的影响无足轻重。一方面，这时还没有培养科学家的方法。本杰明·西利曼接受的也是古典教育，当耶鲁的德怀特校长邀请他到耶鲁教授自然哲学时，他正在学习法律。他的第一步是参观宾夕法尼亚大学，当时它在自然科学上比其他学校有优势①。后来，他在伦敦和爱丁堡学习数月（可以称之为今天的访问学者）。带着这些准备，西利曼开始了他长期的教授化学、矿物学和地质学的生涯。后来，作为他所创立的《美国科学和艺术杂志》②的杰出编辑，其对科学感兴

① Edward P. Cheyney. History of the University of Pennsylvania[M]. Philadelphia: University of Pennsylvania Press, 1940:210.

② 这不是一本专业期刊，而是一本杂志。

趣的范围令人眼花缭乱。此时西利曼的杂志依然在传达 18 世纪受过广泛教育的绅士学者的思想。然而,并不是所有的学生都有幸成为西利曼的学生,大部分人似乎都记得他们学习自然科学时的凄惨状况。莱曼·比彻(Lyman Beecher)经常回忆他的耶鲁学生时代,西利曼在描述早前科学设备的悲惨境遇时似乎有些夸张,"至于仪器,我们有个大太阳仪,可以旋转,但是完全生锈了,没人用过它。有一架望远镜,也完全生锈了,没人能够看透它……"很多年后,在 1870 年布朗大学学生报纸上也出现过类似的抱怨(可能也是为了宣传目的)。两年后,布朗成立了科学学院①。

三、改革古典课程的努力

在固定自由教育的内容问题上,从长远来看《耶鲁报告》是失败的。现代语言、英语文学、历史都是经过激烈的反对才得以进入学院课程体系的,这些学科后来也成为改变现状的忠诚卫士。对古典课程持批评态度的人不少,反对古典课程的声音比《耶鲁报告》还要早,事实上和这个国家一样历史悠久。一些人引导了课程改革实验,尽管并不成功,然而在他们的时代是重要的。第一个打破成规的是本杰明·富兰克林创建的宾夕法尼亚大学。其实在它以费城学院(Philadelphia College)名字开学之前,威廉·史密斯(William Smith)牧师已经撰写过一份带有乌托邦色彩的教育体系章程,他称之为《米拉尼亚学院总体设想》(*A General Idea of the College of Mirania*②),在章程中他指出米拉尼亚学院不会顾忌拒绝学院里普遍教授的东西,增加新的内容……为了最好地适应他们的环境。我们不应该在追求真理和古代学者们的浩瀚著作中迷失自己。在古典课程占统治地位的时代,这是一个大胆的构思。换句话说,米拉尼亚学院不会强迫他们的年轻人接受传统的教育模式,而是要求教育符合他们的实际需要。然而,史密斯也不能完全放弃他的阶级偏见,他毕竟是一位英国绅士,在解释他的理论时,他要求提供两种类型的教育,一种针对那些注定要成为"机械职业"的大众,另一种则是管理阶层的小部分精英群体(一

① W. C. Bronson. The History of Brown University, 1764 - 1914[M]. Providence: Brown University Press, 1914:370.

② 带乌托邦色彩的学院计划。

种更好的教育)。但是,这种贵族思想,作为欧洲大部分教育体系的基础,在美国从来没有得到广泛的认可。Miranian 学院的课程时间为五年。没有取消希腊语和拉丁语,增加了纯文学、历史、实用学科,如农业科学。即便如此,因为缺乏资金和环境的变化,史密斯的思想在这里并未完全实现。宾夕法尼亚大学的诞生标志着美国高等教育的一个新起点①。

与富兰克林的宾夕法尼亚大学相比,托马斯·杰斐逊的弗吉尼亚大学则更加偏离传统规范。早在独立战争期间,1779 年杰斐逊已经向弗吉尼亚立法机关提出了一个完整的州立教育体系,最高点是大学。他起先期望由威廉玛丽学院来担任这个角色,但是其宗教性质使之不太适合,所以他督促建立一所新的州立大学。这一想法最终在 1825 年成为现实,这也是杰斐逊对于国家最后一个伟大贡献。在这里,他的教育思想得以全面完整实现,学生可以自由选择八个院系的任何课程,完成学院规定的课程要求后,可以随时毕业。学习时期可能是四年,也可能不是四年。课程选择的自由和对内容而不是形式的重视,使得杰斐逊的大学对古典课程和心智训练思想的倡导者形成了长期的挑战。直至南北战争暂时中断,弗吉尼亚大学成为美国第二大大学,超越它的只有耶鲁②。

另一个打破古典课程束缚,但在规模上相对小一些的是一所北部学院——国王学院。它是真正的社区运动的产物,从来没有完全接受新英格兰清教徒的领导。它的座右铭是"Sous les lois de Minerve nous devenons tous frères"(拉丁语)③,背叛了昔日效忠的法国启蒙运动。这和哈佛的"Christo et Ecclesiae"(拉丁语,"为基督·为教会")相离很远,更不用说耶鲁的"Urim and Thummim"(希伯来语,"乌陵与土明"④)。在伊利法莱特·诺特(Eliphalet Nott)校长的有力管理下,学院打破惯例,在《耶鲁报告》发布同一年,建立了平行课程体系,现代语言可以取代希腊语。诺特

---

① William Smith. Discourses on Public Occasions in American[M]. London, 1762, Appendix II.

② Philip A. Bruce. History of the University of Virginia(Vol. 1)[M]. New York: Macmillan, 1920:322.

③ "在智慧之神指引下我们皆为兄弟"(We all become brothers under the laws of Minerva).

④ 原意分别为"光"和"完全",引申为"启示和真理",是古代希伯来人在遇到问题或难处时用以显明上帝旨意的一种预言媒介。

的这个小设计被广泛效仿和扩充，以至到了 1850—1875 年间，很多学院都设立了语言平行课程和科学课程。平行课程在国王学院的引入如此明显地背离传统，以致诺特不敢向那些学习希腊课程较少的不合常规的学生授予文学士学位（A. B. degree），仅授予他们完成固定学习工作量的学历证明。即使如此，他还是因为蔑视传统而遭受了严厉谴责，国王学院也因为吸收不合格的学生和被其他学院解雇的学者而备受攻击。无论如何，国王学院高年级学生注册人数激增，以至比低年级人数都多，完全颠覆了其他学院的经验。

当国王学院奋力摆脱传统时，阿姆赫斯特学院的一群教授，以雅各布·阿博特（Jacob Abbott）①为首，劝说他的同事和董事会尝试一个包括现代语言、英语文学、历史、政治经济学、实用科学等在内的更为灵活的课程体系。他们认为在一个年轻、自由和不断进步的国家，如此顽固地坚守前几个世纪规定的课程内容和形式是十分荒谬的。更具革命性，但影响力稍小的是 1826 年在詹姆斯·马什（James Marsh）领导下的佛蒙特大学（University of Vermont）的重组。马什是第一位受德国思想和学术影响的美国教育家，他决定为每位学生提供一些有趣且重要的学习内容，学生致力于四门专业中的一至两门，包括英语文学、外语（古代语言和现代语言）、数学和科学。这样一来，僵化死板的古典课程地位下降了。和弗吉尼亚大学一样，佛蒙特的学位授予也是在学生完成规定的学习任务之后，无论学习时间多长。

在西部和南部，同样也有很多改革者。田纳西州纳什维尔的哥伦比亚学院，1825 年菲利普·林斯利（Philip Lindsley）当选为校长，他是位不同寻常的普林斯顿毕业生和教授。林斯利不认为自己是一名普林斯顿计划的忠实信徒，希望为田纳西州人民制订一个符合他们需要的合理课程体系。他的具体计划是设立六所学院，包括人文和职业课程，共同组建成一所大学。在这一计划中，古典课程虽然无论如何不能被淘汰，但不再处于课程的核心地位②。在埃利奥特之前，最著名的古典课程批评者是布朗大学校长弗朗西斯·韦兰（Francis Wayland）。在 1827 年至 1855 年任

① 后以撰写儿童书籍《罗洛书》（*The Rollo Books*）而著名。

② 1825 年菲利普·林斯利就职演说；1826 年毕业典礼演说。

职期间,韦兰一直面临两个问题,一个是知识,一个是财政经费,这两者是相互关联的。关于前者,学院毕业生和其他人不断抱怨古典课程并未达到其倡导和捍卫者们所声称的结果。古代的智慧应该保留在古希腊和古罗马作家们的伟大著作中,但是当它通过外语的中介来到学生面前时,成功被隐藏了。古典智慧和真理的核心被放置在语法规则的坚硬外壳之下,大部分学生从来没有打破这层壳。学院课程很少实际讨论古典作家们的思想,而只是深陷于语法形式和结构分析的初步状态①。

康奈尔大学校长安德鲁·迪克森·怀特(Andrew Dickson White)回忆自己在耶鲁的学生生涯时说,他承认耶鲁相对其他小学院要好些,但是在耶鲁的大部分学习都是在浪费时间②。课程学习包含了大量的死记硬背,大部分时间浪费在语言学习上。韦兰谈到当时布朗的现实情况时指出,布朗和大部分新英格兰学院一样,正在失去学生。他做出了自己独立的判断,拒绝将古典课程作为学院教学的唯一内容。后来在他得出美国整个学院体系是个错误的结论时,他说服布朗董事会允许他建立新的课程体系。韦兰认为使学院课程进行彻底转型是必要的,因为学院已经失去了前进的动力,一直在用先例和权威掩盖当前社会的需要。韦兰表示,"上帝让我们前进,当我们神化古代,臣服于某一观点时,不是因为它是明智或真实的,仅仅因为它是古代的,我们违背了它的旨意"③,因此,公众拒绝提供学生和资金并不奇怪。维吉尔、贺拉斯(Horace)、荷马(Homer)、狄摩西尼(Demosthenes)和这个国家无数资源的开发有什么关系呢?关于古典课程的心智训练的争论,韦兰直率地指出这是平庸教师的托辞。这个不断发展中的国家需要的是适合所有人的教育。当国家的教育体制能够将机械工和律师平等对待,将工人、商人和牧师同等对待,当每一位技工从非脑力劳动者成为一名实用哲学家,当基督教准则将博爱的精神灌输给所有人,那么,不用到那时,我们可以向国家证明国家和基督教机构的福祉。

为此,学院为了焕发活力开始增设新的学科和课程。但是,如果在不

① Dixon Ryan Fox. Union College, an Unfinished History[M]. Schenectady, N. Y., 1945:12.
② Andrew Dickson White. Autobiography of Andrew Dickson White(vol. 1)[M]. New York: Kessinger Publishing, 1905:27.
③ 19 世纪美国人的一句口号。

废除旧课程的前提下进行,结果将会是一片混乱,沦为一件肤浅和粗心的工作。学生将会养成“快速浏览书本,越来越少思考”的习惯,培养的是“被动接受的能力,而不是主动创造的能力”。这种状况已经发生了。为了走出这种困境,韦兰督促用选修制取代过去的必修制。每个学生在教师的指导下,都可以自由地选择所学课程。当他完成了规定的学习并通过了要求的相关考试之后,就可以被授予文学士学位(A. B. degree)。学习期限也不一定设为四年,如果学生学习刻苦,学习了足够的课程,他可以提前毕业。布朗大学为学生提供了足够丰富的课程选择,增加了现代语言、科学、历史、政治经济、农业、法律和教育学。布朗董事会采纳韦兰的建议,引入了新的学科,为非古典课程学习的学生设立了哲学学士学位。他们还使得在四年内取得艺术硕士学位成为可能。在此之前,它纯粹只是一个荣誉学位。当这些转型生效后,布朗比其他任何北部学院都离传统规范更远。

与韦兰的思想不同但同样背离传统的是亨利·菲利普·塔潘(Henry Philip Tappan),他试图引入密歇根大学的课程体系。塔潘在德国学习,在韦兰的报告后一年发表了《论大学教育》(*University Education*,1826),与后者形成了一个有趣的对比。塔潘的大学目标并不是为机械工、商人而是为知识精英设计的,这是美国人还未曾理解和认识的。塔潘认为,美国没有真正的大学,正如韦兰已经指出的,大学之路不能依靠复制学院到达,而要通过提升优秀的少数精英的学术标准和增强它们的力量来实现。换句话说,塔潘不打算扩大基础,而是想要提高大学的上层结构。和主持《耶鲁报告》的杰里迈亚·戴(Jeremiah Day)一样,他希望培养知识精英,但是不提倡将其限制在古典学科和数学之内。① 他对于戴的课程方案中学生的被动接受不满意,认为真正的大学应该位于严密监管和填鸭式的一般学院之上。学生应该已经掌握了必要的一般知识,养成了学习和研究的习惯,从而能够从教授的讲座中获益,运用图书馆,在文学和科学的不同领域独立开展研究。塔潘认为将学院力推给商业和农业阶层是一个错误,因为在美国,人们不需要学院来实现物质成功。通往财富的捷径有

---

① George P. Schmidt. The Liberal Arts College: A Chapter in American Cultural History[M]. New Jersey: Rutgers University Press, 1957:63.

很多,在某种程度上这造成了“对学习的厌恶和教育的敌意”①。因此,学院掉价用实用学科来装饰没有任何作用,现在可能还有大量学生涌入,但等新鲜感过了就没用了。唯一合适的动力是提供一种“满意和杰出的高贵教育”。带着这种贵族理想,塔潘来到了民主西部的密歇根②。

这些不同的教育课程方案的范围十分广泛,解决方法也各不相同。触及的一些问题与今天教育领域激烈讨论的并没有很大的不同。30 多年关于历史课程的批判讨论的最终结果非常惊人,大部分课程完全崩塌了,一名现代学生称这个时代为“虚假的黎明”。失败的原因很多。以塔潘为例,他的计划虽然没有远离地面,却试图将一个外国的体制加到不支持它的本国的基础之上,这明显是缺乏远见。塔潘自称主席,夸耀东部的氛围,密歇根因地方嫉妒和教派冲突引发的社会动荡,也不利于效仿欧洲的大学模式。塔潘的动机被误读了,他的理想遭到了嘲笑,他的提高学术标准的努力也因为不是美国的而受到质疑。他在密歇根州引起了强烈的反响,《底特律自由新闻》(*Detroit Free Press*)的记者警告说,他是在带着贵族主义挥舞拳头,他在军事化对待自由美国人,安娜堡(Ann Arbor)不是柏林。对塔潘的反对某种程度上是一种反智主义(anti-intellectualism)思想在作祟,这一思想影响范围波及全国而不限于密歇根。塔潘在密歇根向民族主义和反智主义屈服了。韦兰在布朗的实验因为相反的原因也失败了。韦兰试图根据最广泛的民主法则,使平等的教育机会成为现实,但是新英格兰的知识精英们反对。一些报纸杂志对于他的计划也表示了怀疑。像国王学院一样,布朗大学也被其他学院领导指责降低了教育的价值。布朗大学不用学习希腊语和拉丁语,不到四年取得的学位被认为是劣质和二流的。布朗的声誉受损,入学人数也大幅下降。韦兰退休时,他的继任者说服董事会全面取消廉价的文学士(A. B.)和文学硕士(A. M.)课程,重回过去的课程体系③。

在别的地方,教育实验也失去了动力。田纳西州的林斯利因为广泛

---

① George P. Schmidt. The Liberal Arts College: A Chapter in American Cultural History[M]. New Jersey: Rutgers University Press, 1957:63.

② M. Perry. Henry Philip Tappan[M]. Ann Arbor: University of Michigan Press, 1933:200.

③ W. C. Bronson. The History of Brown University, 1764 - 1914[M]. Providence: Brown University Press, 1914:321.

的冷漠和教会学院的竞争而放弃了他的目标。国王学院的平行课程虽然保留了,但是并没有吸引多少学生。阿姆赫斯特学院的课程改革计划,在经过三年的尝试之后,屈服于多数教师的反对。新学科的师资匮乏也是原因之一。即便在哈佛,乔治·蒂克纳(George Ticknor)这位第一个在德国大学学习的美国学者,带来了一些新知识的动力,昆西(Quincy)校长也引入了有限的选修制,这种自由在后一位校长上任时也再次遭到了限制。在所有不符合传统的大学中,只有弗吉尼亚大学繁荣起来。但是,它的受欢迎并不主要因为对它的自由教育课程的广泛赞同,更主要在于南部不断高涨的爱国主义浪潮。弗吉尼亚在教堂山(Chapel Hill)的分校几乎和弗吉尼亚大学一样大,但在这里全面实行的是古典课程体系。19世纪中期北卡罗来纳学院的手册显示,对比现代语言,古典语言习惯地居于垄断地位。在哥伦比亚另一所做了少许改革的学院,其董事会报告显示,设立于1830年的文学和科学课程"引起了公众的小小兴奋",但是只吸引了少数学生,在"虚弱存在"一段时间后,1843年被取消。从其董事会的一个决议中也可以看出科学当时受歧视的境况。1862年,该学院允许著名的自然科学教授托里(Torrey)开设一系列植物学讲座,时间却是设在"不会影响本科生日常学习的时候"①。

一些改革未能固定下来。平行课程导致一个学位证书或独立学位被广泛接受,1850年至1875年期间,大部分学院手册在标准的古典课程之外,增加了现代语言课程,导致了哲学学士(bachelor of philosophy, Ph.B.)学位的出现,自然科学课程导致了理学士(bachelor of Science, B.S.)的出现。但这些都是次要的。再晚至1880年,耶鲁的古典学科的学生偶尔可以不屑地说,谢菲尔德科学学院"不算"②。1854年,新当选的普林斯顿校长约翰·麦克莱恩(John McLean)在宣布普林斯顿的准则时,他表达的是他那个时代负责任的教育家们的主流观点,"我们不打算改革。这

① Glaude M. Fuess. Amherst, the Story of a New England College[M]. Boston: Little, Brown, and Company, 1935:99.

② Robert N. Corwin. The Plain Unpolished Tale of the Workaday Doings of Modest Folk[M]. New Heaven: 1948:76.

儿不允许任何奇怪的教育改革”①。他不想把普林斯顿变成一系列独立学院的集合体,或者允许他的学生自己决定哪些学科可以选择,哪些可以忽略。学院教育的目标在于心智训练,普林斯顿坚守古典课程体系,并要求所有学生学习。至于现代语言、政治经济学和自然科学,他表示学院会给予足够的重视。普林斯顿依然保守和安全。更为保守和安全的是普林斯顿神学院。正如当时著名的《圣经》学者和热情的反进化论者查尔斯·霍奇(Charles Hodge)教授所说的,他最满意的结果是他所在的50年间,没有任何新思想产生自普林斯顿。学术和正统神学携手并进②,古老的防卫依然还在起作用。三十年的鼓动显然是一场徒劳,成效很少。19世纪三分之二的时间过去了,传统学院依然还是它们创立时的样子。服务于不断变化的社会秩序、允许自由选择和鼓励研究的大学理念还没有实现。韦兰和塔潘没有多少支持者,埃利奥特和吉尔曼的时代还没有到来。

第二节　重申古典课程的价值

19世纪中后期,虽然在博雅学院的课程体系中,古典课程依然占据主导地位,然而,自然科学的发展和新兴学科的不断涌现,再加上美国高等教育中一直存在的对古典课程的不满情绪,对博雅学院构成了无形的压力。在对学院课程进行改革时,为了维持自由教育的传统,捍卫古典课程在学院课程体系中的地位,博雅学院从古典课程的知识和文化的角度重申古典课程的独特价值。

一、对生活和知识的整体理解

美国博雅学院的课程设置直接效仿英国学院,是一种源于欧洲的课程体系,被称为自由学科(liberal arts and sciences),也被称为古典传统课

① George P. Schmidt. The Liberal Arts College: A Chapter in American Cultural History[M]. New Jersey: Rutgers University Press, 1957:67.

② John McLean. History of the College of New Jersey (vol. 2) [M]. Philiadelphia: J. B. Lippincott & Co., 1877:421.

程。这一课程体系和西方文明自身一样古老。数个世纪以来，自由学科的内容经历了很多变化。不同领域的知识都曾在某个时期被包含进去，最后又被废弃或被新的学科取代。但是，在这些变化之中，一个永久的理念依然保存完好，即在所有时代，自由学科的追求都是，人类通过自由运用他们的能力，试图去发现自然和宇宙的含义、人类在宇宙的位置以及人类能够取得的最高价值。换种说法，自由学科是人们普遍感兴趣和具有广泛重要性的学科，被认为是一个受过教育的人不可缺少的知识装备①。人类作为一个整体，缺乏一种对宇宙的普遍理解，人类自身最大的希望就是认识自己以及自己所生活的世界。这也是美国博雅学院的一个总体教育原则②，这一原则是由博雅学院的目标和性质决定的。相比而言，技术学校的学生为特定工作做准备，大学专业学院学生关注的也是特定的专业。但是，博雅学院不同于这两者的地方在于，博雅学院的教育不受任何特殊利益主导，不局限于为某种单一工作做准备，而是将人类活动作为一个整体来考虑。博雅学院不希望从独立的角度，而是从彼此联系以及它们与人类生活的整体经验的角度出发去理解人类的教育。因此，博雅学院确定其主要功能在于使学生掌握人类的总体经验，掌握一般知识和发展人的一般能力。

博雅学院高举的是知识的旗帜，宣扬的是知识的福音，希望学生和大众理解和认同这一理念。不幸的是，古典课程的这种知识整体性的价值常常不为人了解。受 19 世纪后期高等教育世俗和功利化趋势的影响，人们开始更为关注知识的实用价值。由于古典课程与社会现实生活联系表现得不够紧密，而博雅学院的教师们在面对公众对课程实用性的质疑时，常常不能给出满意的答案，也不想过多谈论这一问题。在很多时候，这种态度的结果使美国人对于博雅学院的知识价值知之甚少。普通市民和顾客知道游戏和体育锻炼的价值，他们也很容易理解社会捐赠和学院民主的重要性。在为专业做准备的问题上，他们也能够意识到学习的价值，他们甚至相信受过四年学院心智训练的年轻人将变得更为敏锐，思考问题

① George P. Schmidt. The Liberal Arts College: A Chapter in American Cultural History[M]. New Jersey: Rutgers University Press, 1957:43.

② Alexander Meiklejohn. The Liberal Arts College[M]. Boston: Marshall Jones Company, 1920:38.

更系统、全面、准确,因此也比以前更有用。但是,对于学院课程的内容和知识的价值,他们却知之甚少。一个男孩学习希腊语或经济学、哲学或文学、历史或生物学可以获得什么,除了专业用途之外,大多数人都不清楚。当博雅学院的教师谈到知识对于学生品格和人生的影响时,人们认为这是一种偶然,与学院的真正目标或功能没有实质的联系。由此可见,在现实中,博雅学院的教育是割裂的,不是一个统一的整体。如果教育和生活没有必要的联系,那么教育就没有了存在的理由,也就根本没有博雅学院的教育原则。为了对抗这种犹豫和不确信,博雅学院应该用清晰无误的词语大声宣称,知识的价值在于其自身,即为知识而知识。

在回应知识的实用性问题上,博雅学院还可以将其与生活联系起来,知识有着对生活的普遍意义。学院的首要任务是告诉学生生活是什么样的,因为我们相信,有知识比没有知识的孩子,可以生活得更好①。此外,学院教师自身认识的谬误也是原因之一。他们认为所有知识都是好的,以至于所有知识都同等好。当学生问学院教师,如果想要掌握人生和智慧应该学习哪些科目时,他们会说,学习什么学科的知识没有差别。只要他去到人们处理知识问题的地方,只要他学会了如何处理这些问题,教育的目标就实现了,他已经进入了知识活动领域。这种观点与其他所谓的全面学习的教育学说无异。这等于宣告了在教育实践中,他们没有指导原则,在学习安排上没有选择原则,没有真正掌握知识与生活之间的联系。选修制的根本动机在于,在不得已的时候,教师允许学生自己选择课程,目的并不是为了知识或专业兴趣,而是因为他们自己没有他们认为可以强加给学生的选择。这样一种缺乏主导的教育政策也是一种知识态度的表达。总而言之,允许学生自由选择课程,是带有某种不可知论的典型表达,尽管选修制使得课程知识丰富,但传统的自由教育精神已经衰落了。

古典课程体系是由那些掌握了世界和人类生活规律的人建立的。他们将人类知识的全部连成一个有机的整体。也许与现代相比,在知识的数量上,早先的人比现代的人了解得要少一些。但是,他们将科学、哲学、

① Alexander Meiklejohn. The Liberal Arts College[M]. Boston: Marshall Jones Company, 1920:40.

历史与艺术等有机地联系在一起,在彼此之间建立联系,消除了矛盾和歧义,在他们所处的时代,对于人类生活的整体和整个世界他们给出了合理的解释。古典课程包含了人类经验的知识,过去的人依靠它们生活,并且将它们传授给所有参与人类活动的人。但是,随着科学研究方法的出现,人类知识领域的不断扩展,这些内容在一段时间内不被理解,不能与已知的知识联系起来,旧的学科体系不包括新学科,过去的解释不适用于新的事实,在本质上,其实知识并没有增长,它仅仅是被扩充了。新旧知识在面对彼此时,没有共同的理解背景。这便是欧洲早期现代思想家们的任务:重新建立统一知识,发现这些看似相互对立的学科之间的联系,带着这些新的见解和信息,去重新认识世界①。这就是莱布尼茨、斯宾诺莎、康德和黑格尔等人所做的工作。在某种程度上,这一任务已经完成,知识的秩序已经恢复。但是,当更新的科学发现再次涌现时,首先是生物学,之后便是人与人之间的关系学科,如人文社会科学,困难又出现了,而且难度大为增加。每一天都会有新的问题领域开辟,新的研究方法和新的知识体系确立。但是,这些独立的科学,这些独立的判断都是彼此断裂的,互相没有联系。这一时代的学者应该明白一点,人们不知道这些事实和原理的终极意义,人们所知道的是,如果遵循这些原理,就能发现这些事实之间的秩序,原理将变得简单而且一致。

自由选修制对于那些认为知识仅仅是一些独立学科的人而言是十分自然的。但是,当知识变成一个整体,当不同的学科体系之间的联系为人们所知晓时,选修的自由就应该被限制。有一些学科知识是如此重要,以至没有任何选修原则可以将它们排除出学院课程体系。总体来看,首先,一个学生应该熟知构成人类经验和将它们联系在一起的所有已知或未知的根本动机、目标和信念。他必须了解他们种族的道德和智力努力以及审美体验,并将它们紧密联系在一起,根据它们来确定自己的行为和宗教信仰。对这一领域进行研究,使之尽可能清晰,是哲学的任务,也是任何自由教育的基本要素。其次,博雅学院课程和教学必须进行合理设计和安排,使之与人的生活之间的联系即便对于一名在校本科生而言也是十

① Alexander Meiklejohn. The Liberal Arts College[M]. Boston: Marshall Jones Company, 1920:43.

分明显的。不论何种情况，学院课程必须统一，并且由单一兴趣和单一目标引导，即理解人类生活并且准备好去践行。知识的价值在于：不仅仅专业知识有助于达成现实目标，对于生活和知识的富于远见的整体理解也同样如此。博雅学院课程教学的主要任务是对学生的心智进行训练，使之适应他所生活的世界。

二、西方文化的基石

1880 年圣路易斯学校督学威廉·托雷（William Torrey）①已经认识到了一种重要的教育哲学，他不希望学院教育放弃拉丁语或希腊语。在全国教育协会（the National Education Association）的演说中，他指出拉丁语和希腊语不仅对于心智训练是重要的，对于现代自由教育也是十分重要的，这种重要作用体现在它们是现代文明的祖先②。对于人们了解自己的历史和认识自己，是绝对必要的学习内容。耶鲁校长诺亚·波特（Noah Porter）曾将自由教育定义为一种文化，与那些可以带来财富或技能或声誉或力量的教育相比，自由教育可以通过反思和自我认识、自我控制和自我表达来完善人的能力的多样性、协调性和高效性。③

学院与准备性机构和专业机构相区别的一个最重要的方面在于，学院所有的课程都不是准备性的、专业的和商业的，而是文化的。在这一时期，全国最重要的杂志和期刊都开始刊登有关古典课程文化价值主题的文章。在功利主义和实用主义盛行时期的美国，文化一词的真正含义对于很多教育者而言，很可能已经失去了重大意义。有位学者在获邀请发表一篇教育传统的演讲时选择了这样一个主题："美国学院课程中的文化元素"。不少人为这样的主题高兴，但是这位学者被告知同样的主题已经在目录上了，因为另一位演讲者已经选了同样的主题——"学院的有形文化"。还有一位非常有名的教育家也曾表示，任何科目如果教得好，都是文化的，哪怕是制鞋这样的课程。如果将文化排除出学院和实际生活，可

① 后来出任美国教育专员。

② Frederick Rudolph. Curriculum：A History of the American Undergraduate Course of Study since 1636[M]. San Francisco：Jossey-Bass Publishers，1978：182.

③ Frederick Rudolph. Curriculum：A History of the American Undergraduate Course of Study since 1636[M]. San Francisco：Jossey-Bass Publishers，1978：188.

能不会被人们理解,因为课程中的文化要素明显是独立的。但是在博雅学院,所有其他内容都必须无私地服务于文化理念。这种文化的实现并不意味着记住所有的希腊动词,也不是学会所有拉丁语时态序列的规则,不是说德语的能力,也不是哲学定义的广泛掌握,等等。如果是这样,一个学生可能在这样一个所谓的"文化生产药方"耗尽力气之后,还是没能成为一个有文化的人。对于课程而言,文化比规则、定理和教学能力的含义广泛得多。

查尔斯·埃利奥特·诺顿(Charles Eliot Norton)称文化是一种想象力,可以将一个人从贯穿他大部分时间的利己追求、琐碎思考、转瞬即逝的物质利益追求中提升至他高贵的本性,使其从一个社会的个体变成人类友谊中的一员,这是一种宽广的、永恒的精神利益。① 从这一定义出发,人们培养的将是智慧的人类,而不是文化和尚。尽管文化并不一定能够让一个人创造什么,但可以使一个人成就一些东西。人们不能将文化设想为纯粹的奢侈品,不仅一个国家的智力生活取决于文化,因为它赋予人类广泛的同情心,而且全部知识学科都与之相关。戈德文·史密斯(Goldwin Smith)指出,历史作为一个整体,在一个民族的道德整体统一性没有被彻底理解之前,是不能够被研究的。这些"高贵的精神利益""同质总和""种族的道德统一",不能将处于青春岁月中的年轻的高中生带回家,也不能成为商业专业课程中的一部分。

有些人将古典课程的文化要素称为"知识与同情结合的果实"②,认为它们是整个学院课程结构的基石。如果舍弃它,就等于从学院中撤除了它存在的真正理由,可能会危及博雅学院的存亡。博雅学院的消失将会是民主制度最独特的且不可弥补的损失。从这一时期的现实情况来看,在高中和专业学院双方面的侵蚀下,博雅学院的尴尬处境及其部分的消失,意味着拆除美国机会主义、功利主义、时间就是金钱洪流中最后一个平衡轮。必要的专业化和专业主义倾向以及对广博的、文化的学院课程的忽视,有时仅仅是反对任何形式的高层次智力训练,或者要求同时平

① Frederick Rudolph. Curriculum: A History of the American Undergraduate Course of Study since 1636[M]. San Francisco: Jossey-Bass Publishers, 1978:182.

② Thomas Lindsey Blayney. The Renascence of the Liberal Arts College[J]. The Sewanee Review, 1912, 20(2): 183.

等地提供两种教育。密歇根大学文德林(Wendley)教授称自己是苏格兰学校优良文化氛围的产品。他指出专家(没有文化训练)容易惩罚朝他大喊的人,这样的学者是一种自相矛盾的动物,是一个虽然受过教育但对人生价值观一无所知的人。①

在一些商人眼里,古典课程的"文化""精神""同情心"及其他内容,与有形的摩天大楼和飞转的机器相比,就像空气一般虚无缥缈。一位大型生产厂的秘书(一位庞大的商业企业的主管)的一段话很能说明问题。他表示,制药学、工程学以及大量的面包黄油课程专业的毕业生让他感到厌烦,因为这些人总表现得他们也受过学院教育一样,这实在是一个笑话。在他看来,这些工程师、药剂师和化学家根本不知道什么是自由教育②,因为这些技术类课程就像所谓的"经济学院"课程笔记一样。这位秘书也不敢轻视这样一个事实,即国家需要受过良好训练的土木工程师、机械工程师、电力工程师、化学和药剂师,但是他们不能假装自己是受过自由教育的人。他所理解的自由教育包含文学、历史、哲学、政治经济和艺术,这些东西就是伯克(Burke)所说的是用"广博和自由的理念"填充人的心灵。但是,从这些商业人士的态度中人们可以看到一个令人鼓舞的迹象,这标志着一个不可抗拒的改革浪潮的重要开始。虽然19世纪晚期美国教育领域表现出了强烈的反功利主义和实用主义倾向,但是埃利奥特之后哈佛对自由选修制的政策调整就是这股强大的改革潮流的开始,从当时投向博雅学院的三百万美元巨额捐赠中人们可以预见博雅学院20世纪的复兴③。很明显,美国文明开始缺少一些好的东西,这种东西不仅仅是装饰品,而是人类每天生活装饰的共同方面④。换句话说,过去那种"不惜一切代价快速成功"的呐喊,由于种种原因,开始步入了错误的循环。最切实的例子来自阿姆赫斯特学院1885级学生向董事会提出的建议,要求取消理科学位(B. S.),将学院的经费和精力集中在真正

① Frederick Rudolph. Curriculum: A History of the American Undergraduate Course of Study since 1636[M]. San Francisco: Jossey-Bass Publishers, 1978:183.

② 一种扩展和提升心灵、启迪品位、丰富完人的教育。

③ Thomas Lindsey Blayney. The Renascence of the Liberal Arts College[J]. The Sewanee Review, 1912, 20(2):185.

④ 同③。

的学院训练理念上,即实现无私利的文化。来自纽约的 E. P. 普伦蒂斯(E. Parmlee Prentice)代表学院委员会做报告时指出,作为个体训练和大众文化(这曾是所有美国学院的目标)的代表,向公众作一个鲜明的表态是阿姆赫斯特学院的责任。他认为学院应该表明立场,基于它对学生的责任,它为大众服务的机会,以及自我保留的利益,阿姆赫斯特学院有着独特的地位。

"实用"(useful)思潮对文化性质学科的侵蚀,就好比现代语言和自然科学所表现出来的备受谴责的果敢自信,并不是学院教育中"现代化趋势"的根本原因。传统学院课程中被取代的古典科目自身也必须对这种状况负重要责任。里海大学(Lehigh University)的佩斯 · 休斯(Percy Hughes)教授指出很少有学者从自由学科的根本性质出发来看问题,很多实用课程的教师与传统自由学科的教师相比,并不失于自由。但是,他指出很多古典学科的教育似乎走得太远了,因为古典课程并没有在学生心中点燃"高尚而强烈的"思想,不是在向新世界解释古代文学和艺术思想遗产的力量。在大多数学院中,它们衰落为仅仅是语法困难和主题修正的说明者。这是它们不可原谅的失败,它们没有认识到自己身上的重大责任,给"实用"的科学和职业课程以可乘之机。纽约大学的史蒂文森(Stevenson)教授惊呼,半个多世纪以来,文化的福音虽然已经被学院毕业生宣传,但是他们自身常常是这种文化虚假性的活生生的证明。学院的文化影响不能仅仅建立在理想之上,而必须建立在学院教什么以及如何教之上。

古典语言被现代语言取代后,将重大责任推到了后者身上。一部分人认为现代语言是"实用"学科,这使它们搭上进步的潮流走得如此之远。但是,需要了解的是,法语和德语从民族文学、政治和艺术发展的角度来教授的话,可以是无限灵感的宝库。但是,如果像古典语言一样,仅仅作为文化的工具,仅仅是一门语言时,则剥离了它们启发灵感的内容(不仅仅是词汇,而是思想),这是非常不幸的。博雅学院的教育应该让学生掌握与文学、历史和美学有关的思想,让他们了解随着时代的文化人类精神思想的不断演变。这样,学生将不需要教育,自然就会成长。这才是古典课程真正的文化内容。文化应该是学院教育的唯一目标。科学本质上也是文化的,是非常有价值的,但是它们应该由那些理解课程计划的自由平衡和普遍联系的人来教授,并且他们不能用任何与职业价值有关的错误观念来误导学生,以对抗那些与经济报酬相关性不高的学科。在学院课程中,任何声称科学的优越性,将其作为训练科目,或者作为预期的职业课程的做法都无益于真正的学院文化。

在课程转型中,一个振奋人心的现象是博雅学院恢复了学院功能的高层次理念,迅速引入了艺术史课程,并且从更哲学的角度进行传授。博雅学院引入这一课程的最初原因,不仅是因为博雅学院学术性科目中太缺乏美学训练,同时因为艺术史课程可以平衡学院课程中的唯物主义趋势。博雅学院在将艺术史课程引入学院课程体系中,并没有考虑艺术课程的应用性教学,因为这明显属于艺术学校教育的范围。人们已经意识到,美术(Fine Arts)受其所处的政治、宗教、经济和物质条件的影响,是人类文明和思想意识的最直接反映,艺术史教学如果不考虑这些因素,就不能算是真正的艺术史教学。这门课程若由一个同时了解历史、文化和艺术的人来教授,而且作为高年级课程,历史、文化和艺术可以相互联系成一个整体,而不是彼此孤立没有联系的,往往能够激发学生世界观的形成和对过去历史的尊重,这是真正文化的标志。这一时期人们对于学院课程的批判,坚定了博雅学院重振学院课程文化价值的信念。人们对于学院课程文化价值所持的高度赞赏态度,意味着学院功能的新的黎明。博雅学院应该成为一个为具备卓越才能的男子提供教育的机构,而不是舒尔曼校长(President Schurman)所说的,围绕着平庸人,强烈地朝向平庸发展的机构①。

如果博雅学院的古典课程有着不可估量的文化价值这一观点是正确的,那么卡耐基或洛克菲勒慈善基金则开辟了高等教育捐赠这个辉煌而独特的领域。在基金会的资助下,更多更伟大的威廉斯学院或阿姆赫斯特学院将会出现,这样,无私利的学院文化将不朽。古典课程作为报酬不那么明显和快速的知识追求形式,与州立大学的科学、农业和其他专业课程相比,处于明显的劣势地位。此外,随着学院中越来越多的女性学生选择文学科目,大学中一些不成熟的学生得到一个错误印象,即文科课程是

---

① Thomas Lindsey Blayney. The Renascence of the Liberal Arts College[J]. The Sewanee Review, 1912, 20(2): 188.

女子气的。这种情形在州立大学表现得最为明显，作为一个整体，州立大学从来没有期望营造这样一种文化氛围，即鼓励与现实利益联系不够紧密的自由教育。它们没有意识到这种高层次的文化理想对于国家的知识福祉，如同专家之于社会经济进步一样重要。在崇尚实用主义的美国，每个州建立一所伟大的人文机构，承诺全力进行文学、历史、美学、道德文化教育，同时兼容科学，这对于自由教育是非常必要的，这种捐赠将比其他任何形式的捐赠都更伟大。这些机构将招收全国最优秀的年轻人，这种捐赠除了最高标准的学术，不需要其他任何形式的回报，学院章程禁止所有急功近利的教育形式。因为在本质上，自由教育和富于同情心的“知识贵族”，对于公共福祉才是重要的。罗斯福总统指出，民主作为一种永久的世界潮流，不仅仅意味着大众总体水平的提高，也意味着优秀标准的提高，而这只有出色的个人才能达到。①

与古典课程的文化价值相比，科学研究和工业训练对于一个国家的发展无疑也非常重要。从国家整体发展的角度，自由教育和技术训练不可偏废。但在现实生活中，基于功利主义和世俗成功的考虑，美国民众更倾向选择后者。在本科教育阶段，人文学科注定要么在寒冷的功利主义和实用氛围里勉强维持一个不稳定和受奴役的现状，或者作为美国民众生活一个脆弱但必需的元素，在独立的伟大的但非竞争的学院里必须进行培育。正是在强调文化使命的方向中，而且只有通过这一方向，人们看到了作为美国民族生活一支重要力量的博雅学院在 20 世纪的复兴。

第三节 学院课程的新变化

19 世纪末至 20 世纪 40 年代，美国博雅学院课程转型中最重要的内容是引入选修制和新课程，同时适应学生职业准备的需求，开设职业或半职业性质的课程。课程和教学的这些变化，在为这一时期的博雅学院的发展带来了新的活力和能量的同时，也反映出一些博雅学院原有精英教

① Thomas Lindsey Blayney. The Renascence of the Liberal Arts College[J]. The Sewanee Review, 1912, 20(2): 190.

育特征的丧失。

一、选修制和新课程的引入

1869 年埃利奥特任哈佛校长后成功引领了选修制改革,对 19 世纪中后期和 20 世纪上半期美国高等教育产生了深远影响。在 1850 年至 1875 年间,美国博雅学院也开始陆续引入选修制,虽然推广程度根据各个博雅学院的特点有所不同。如阿姆赫斯特学院虽然在 1876 年之前就已经引入了选修制,但是大规模推广是在 1876 年朱利叶斯 · H. 斯利(Julius H. Seelye)①任校长之后。选修制的引入为新课程进入博雅学院打通了道路。如卫斯理学院(Wellesley College)1875 年创建时,就有了全国第一个自然科学实验室,瓦萨学院(Vassar College)在 19 世纪 90 年代②是“新史学”的先锋③。1892 年至 1894 年间,史密斯学院(Smith College)开设了现代美国社会学问题的全面课程,包括劳工问题、社会主义、刑法改革、预防犯罪和有组织的慈善事业。自由教育中原有的培养有教养的人的目标包括了人们对新兴世界的理解。至 19 世纪最后几年,自由选修制在阿姆赫斯特学院、鲍登学院和奥柏林学院已经被广泛采纳,推广程度甚至高于芝加哥大学、密歇根大学和纽约大学。④

1890 年至 1940 年斯沃斯莫尔学院⑤任职教师的变化清晰地反映了这所精英博雅学院的课程转型轨迹。根据 1890 年斯沃斯莫尔学院年鉴(Swarthmore College Halcyon),在 1888—1889 学年,学院开设的四门常规课程分别是:(1)艺术课程,授予文学士学位(A. B.)和文学硕士学位(A. M.);(2)科学课程,授予理学士学位(B. S.)和理学硕士学位(M. S.);(3)文学课程,授予法学学士学位(B. L.)和法学硕士学位(M. L.);

---

① 1876—1890 年任阿姆赫斯特学院校长。

② 注意不是 20 世纪 60 年代。

③ American Council of Learned Societies. Liberal Arts Colleges in American Higher Education: Challenges and Opportunities[J]. ACLS Occasional Paper, 2005:23.

④ Oakley, Francis. Community of Learning: The American College and the Liberal Arts Tradition [M]. New York, Oxford: Oxford University Press, 1992:29.

⑤ 斯沃斯莫尔学院创建于 1864 年,是美国最早实行男女合校的学院之一,由教友会管理。坐落在宾夕法尼亚州斯沃斯莫尔镇,距离费城 17 千米。有藏书 10000 册,有天文台、化学和物理实验室以及机械加工车间。1933 年断绝宗教联系,成为正式的非教派学院。

(4)工程学课程,授予理学士学位(B. S.)和土木工程学硕士(M. C. E.)。作为一所精英博雅学院,工程学是斯沃斯莫尔学院课程的特色,很早就成为一门常规课程。从这一学年的任职教师表中可以看出学院更细致的课程设置。

表 3-1 1888—1889 年斯沃斯莫尔学院任职教师表①

序号	教师名字	学位和毕业院校	任职科目
1	爱德华·H. 马吉尔 (Edward H. Magill)	A. B. , A. M. 布朗大学 LL. D. 哈佛大学	法语语言和文学院长兼教授
2	亚瑟·比尔兹利 (Arthur Beardsley)	C. E. Rens. Pol. Inst. M. A. S. C. E. , M. A. S. J. E. ,	土木和机械工程教授,车间主任
3	T. V. 威廉姆森 (T. V. Williamson)		土木和机械工程教授,车间主任
4	威廉·海德·阿普尔顿 (William Hyde Appleton)	A. B. , A. M. , LL. B. 哈佛大学 Ph. D. 斯沃斯莫尔学院	希腊语、英语语言和文学教授
5	苏珊 J. 坎宁安 (Susan J. Cunningham)	Se. D. 斯沃斯莫尔学院	数学和天文学教授
6	爱德华·H. 马吉尔 (Edward H. Magill)		数学和天文学教授
7	亨利·W. 罗尔夫 (Henry W. Rolfe)	A. B. , A. M. 阿姆赫斯特学院	拉丁语言和文学教授
8	艾萨克·H. 克洛西尔 (Isaac H. Clothier)		拉丁语言和文学教授
9	本杰明·史密斯 (Benjamin Smith)	A. B. , A. M. 耶鲁大学	修辞学、逻辑学、精神和道德哲学教授
10	威廉·卡斯卡·戴 (William Cathcart Day)	A. B. , Ph. D. 约翰·霍普金斯大学	化学教授
11	斯宾塞·乔托 (Spencer Trotter)	M. D. 宾夕法尼亚大学	自然历史教授,生理卫生讲师
12	弥尔顿·H. 班克罗夫特 (Milton H. Bancroft)	Mass. Art School 大众艺术学校	艺术学和机械制图教授
13	乔治·A. 霍德利 (George A. Hoadley)	A. B. , A. M. 斯沃斯莫尔 A. B. 哈佛大学	德语语言和文学教授
14	弗兰克·考利 (Frank Cawley)	B. S. 斯沃斯莫尔学院	车间教师

① Swarthmore College Halcyon, 1890:iii.

续表

序号	教师名字	学位和毕业院校	任职科目
15	米蒂 · E. 弗曼 (Myrtie E. Furman)	B. O. 全国演讲术学院 (National School of Oratory)	演讲术副教授
16	玛丽 · J · 墨菲 (Mary J. Murphy)		女生体育文化导师
17	J. K. 夏尔 (J. K. Shell)	M. D. 宾夕法尼亚大学	男生体育文化导师
18	伊丽莎白 · L. 佩克 (Elizabeth L. Peck)	M. D. 费城女子医疗学院	女生生理卫生讲师

表 3-2 斯沃斯莫尔学院 1890—1940 年任职教师人数和科目表

年份	教师人数(名)	所任科目(括号中为教师人数)
1890①	21	修辞、逻辑、精神与道德哲学(1 名);希腊和英语文学(1 名);拉丁语(2 名);演讲术(1 名);数学和天文学(1 名);物理学(1 名);化学(1 名);法语(1 名);德语(1 名);自然历史(2 名);历史与政治科学(1 名);工程学和车间主任(1 名);艺术学和机械制图(1 名);车间教师(1 名);男子生理与卫生学(1 名);男子体育文化(1 名);女子生理与卫生学(1 名);女子体育文化(1 名);图书管理员(1 名)
1900②	27(含校长、院长、管理员、校长秘书和图书管理员各 1 人)	希腊语和早期英语(1 名);拉丁语言和文学(1 名);演讲术(1 名);数学和天文学(1 名);化学(1 名);物理(1 名);法语语言和文学(1 名);法语(1 名);德语语言和文学(1 名);英语(1 名);历史(1 名);历史与政治经济学(1 名);工程学(3 名);生物和地质学(1 名);教育学(1 名);绘图和绘画学(1 名);男子生理与卫生学(1 名);男子体育(1 名);女子体育(1 名);体育锻炼(1 名);管理人员(5 名)
1910③	46(含 1 名校长,1 名名誉院长,1 名院长,2 名图书管理员)	宗教与哲学史(1 名);希腊语言和文学(1 名);拉丁语言和文学(2 名);德语语言和文学(1 名);法语语言和文学(1 名);法语和德语(2 名);英语(3 名);英语阅读(1 名);历史学(1 名);数学(1 名);数学与天文学(2 名);物理学(1 名);化学(3 名);工程学(4 名);机械工程学(2 名);土木工程学(1 名);电气工程学(1 名);经济学(4 名);艺术史(1 名);教育学(2 名);心理学与教育学(1 名);法律(1 名);公共演说(2 名);男子体育(1 名);女子体育和卫生学(1 名);管理人员(5 名)

① Swarthmore College Halcyon, 1890.

② Swarthmore College Halcyon, 1900.

③ Swarthmore College Halcyon, 1910.

续表

年份	教师人数(名)	所任科目(括号中为教师人数)
1920①	58	生物系(2 名);化学和化学工程系(3 名);经济和法律系(2 名);工程系(4 名);英语系(5 名);古典与美术系(2 名);历史与国际关系系(2 名);法语和西班牙语系(5 名);德语系(2 名);政治科学(1 名);宗教与哲学史系(2 名);公共演说(3 名);物理系(1 名);男子体育系(1 名);女子体育系(3 名);名誉教授(3 名);管理人员(17 名)
1930②	89	哲学(3 名);修辞学和演讲术(1 名);希腊语和拉丁语(2 名);公共演讲(1 名);数学(3 名);数学和天文学(3 名);物理(3 名);化学(4 名);英语(8 名);德语(1 名);法语(7 名);法语和德语(1 名);德语语言和文学(1 名);西班牙语(1 名);历史(3 名);历史与国际关系学(1 名);政治科学(3 名);经济学(3 名);教育学(3 名);法律(1 名);工程学(1 名);电气工程学(2 名);土木工程学(2 名);机械工程学(2 名);生物学(1 名);生理学和生物物理学(1 名);生理学和动物学(2 名);美术(1 名);音乐(1 名);体育(1 名);男子体育(1 名);女子体育(2 名);卫生学(1 名);名誉教授(4 名);天文台观察员(1 名);管理人员(13 名)
1936③	68(含校长、男/女院长各 1 名)	哲学(4 名);希腊语与拉丁语(1 名);希腊语(1 名);数学(2 名);天文学(1 名);数学和天文学(1 名);化学(3 名);物理(2 名);英语(7 名);英语语言和文学(1 名);德语(4 名);法语(3 名);西班牙语(1 名);政治科学(3 名);历史(4 名);经济学(3 名);心理学(1 名);心理学和教育学(1 名);工程学(2 名);电气工程学(1 名);机械工程学(1 名);土木工程学(1 名);动物学和生理学(1 名);动物学(2 名);植物学(1 名);植物学和动物学(1 名);音乐(1 名);美术(2 名);体育(7 名);足球与棒球教练(1 名);女院长助理(2 名);图书管理员(2 名)

1890 年至 1940 年任职教师表反映了斯沃斯莫尔学院这一时期课程变化的总体轨迹。除了学院的传统课程,包括古典学科(哲学、希腊语、拉丁语、修辞学和演讲术、历史)、自然科学(数学、天文学、物理、化学)和斯沃斯莫尔学院的常规课程(工程学、体育、艺术和现代语言,包括英语、德语、法语以及后来的西班牙语)之外,经济学(包括政治经济学)、教育学、法律、心理学、生物学、动物学、植物学、美术和音乐都是最新引入的课程。

① Swarthmore College Halcyon, 1920.

② Swarthmore College Halcyon, 1930.

③ Swarthmore College Halcyon, 1936. 因 1936 年后的学院年鉴只列了教师名字,没有标明任教科目,故统计到 1936 年。

其中,这些新课程最早进入斯沃斯莫尔学院课程体系的时间分别是:教育和心理学(1893 年),生理学(1893 年),生物学(1893 年),政治、经济和社会科学(1894 年),植物学(1894 年),经济学(1895 年),艺术史(1904 年),法律(1906 年),意大利语(1915 年),历史与国际关系(1915 年)。

到 19 世纪末期,实验科学也在博雅学院中牢固地奠定了自己的地位,在有些学院甚至处于优先地位。社会科学、经济学、管理学、社会学都是以伟大文化传统的承载者的身份而获准进入博雅学院课程体系的。这些新兴的学科,每一门课程自身在内容和重要性上也处于不断变化中,至今这一变化过程还在继续。新的知识范围和学科组合也在以自己的方式进入博雅学院课程备选范围,有些勉强获准成为文化遗产的保管者。可以想象或许有一天,一些相对较新的学科,如行为科学也会被誓死捍卫成为自由教育传统的重要组成部分。

与过去相比,对自由教育课程的这种演化持警觉态度的人正在减少,只有贺钦斯学派①(Hutchins school)保留了反对意见,天主教领导层对这一趋势也持批评态度。在美国学院协会(the Association of American Colleges)最近一次会议上,西奥多 · M. 赫斯伯格(Theodore M. Hesburgh)主教、圣母大学(Notre Dame University)校长尖锐地谴责古典课程(所有自由教育的核心)的沉没,并且强烈反对西方世界文化统一的解体②。在这一时期的博雅学院课程中,最具争议性的是艺术创作课程。戏剧在过去一直被认为是文学学习的一个合法部分。音乐和绘画过去是私下传授的,或者在音乐学院或职业学校中进行传授,现在也进入了博雅学院的课程目录。20 世纪上半期本科生的艺术水平,特别是音乐鉴赏的平均水平大大超越了 19 世纪的学生。如果需要证据的话,人们只需将这一时期大学合唱团的节目与 1890 年以前的进行对比就可知晓。关键的问题是,艺术的批评者或执业者是否真的可以作为文化传播的承载者。厄普顿 · 辛克莱(Upton Sinclair)40 年前对此进行了抨击,在他看来,当诗人、画家、作曲家和演唱会表演者没有得到这样的学术认可时,通过一首诗、一幅画或

---

① 指 20 世纪 20 至 30 年代贺钦斯校长在芝加哥大学倡导的"通识教育"课程,即名著课程。

② 本杰明 · 法恩于 1955 年美国学院联合会(the Association of American College)宣读的一篇论文,刊登于 1923 年 1 月 16 日《纽约时报》上。

一首交响乐来给出学分甚至授予哲学博士学位,是十分荒谬的。为此,这一门学科在博雅学院课程的地位一直处于变化中。艺术创作的学术认可并不遥远,因为它在过去就是被学院认可的。随着这种课程开设频率的增加,创作一幅画,或原创作曲,或写一首诗和一篇小说,被认为相当于一篇博士论文,于是这一时期寄宿诗人、画家、音乐家也开始出现在博雅学院中。

进入 20 世纪后,一些由原来的博雅学院转变来的研究型大学,也开始在大学内部组建"博雅学院"(college of arts and sciences)①,在本科阶段开展自由教育,开启了引人注目的课程改革。例如,哈佛的"核心课程"和哥伦比亚的现代文明课程等。依旧保持独立博雅学院地位的学院从中获得启发,也开始尝试着模仿研究型大学的这类课程方案,如斯沃斯莫尔学院开设的"荣誉课程体系"(an honors system)②在鼓励学生走出传统的"学院生活"方面赢得了持久的声誉。斯沃斯莫尔学院校长弗兰克·艾德洛特(Frank Aydelotte)坚称斯沃斯莫尔可以既是精英的也是民主的学院。为此,艾德洛特被誉为本科教育新的可能性的发言人③。

二、职业课程的引入

为了回应外界对博雅学院课程脱离现实生活的批评和质疑,步入 20 世纪以后,博雅学院开始尝试将自己的课程定位于现代世界,并且重新定义学院课程的新功能。从 19 世纪末期开始,很多中产阶级职业对读、写和分析思考能力提出了要求。博雅学院在满足这方面的需求上已经做好了准备,它们相信博雅学院限定性的严格课程体系能够更好地完成这些能力的培养。20 世纪后很多职业要求高层次的专业训练,但是这种专业训练只有在完成四年的学院教育之后才能进行。很多博雅学院虽然强调修辞学这样的古典课程的学习,但它们的课程体系中实际上包含了相当数量的职业课程,如会计、教育、平面设计等。

在本质上,确定自由教育的固定内容和定义自由教育本身一样困难。

---

① 如作为哈佛本科生院的文理学院。

② 包括家庭指导教师、综合考试和高年级论文等。

③ Steven Koblik, Stephen R. Graubard. Distinctively American: The Residential Liberal Arts College[M]. New Brunswick and London: Transaction Publishers, 1999:12.

人们不能通过一个量化标准来回避这一困难,简单地说,自由教育就是指高中之后的四年学院教育。正如人们已经看到的,美国四年制学院课程中其实并没有什么神圣的内容。博雅学院的自由教育课程体系本身也不是一个永恒的真理,而只是一个历史的偶然①。将高中作为分界点是一种方便的时间划分,但是对于这种区分不断有人提出质疑。博雅学院刚性的四年课程标准有很多不足之处,使得四年的自由教育被指责正被日益增多的职业和专业课程入侵。主修文理学科如文学、历史、生物、经济或哲学的毕业生人数,一直呈下降趋势,到了20世纪三四十年代不足学院毕业总人数的三分之一。在女子学院,因为学生的职业生涯准备需求不是那么强烈,主修文理学科的学生数量要多一些。但是,这种对传统文化中心的渐行渐远的趋势并没有得到20世纪那些富于远见的商业领袖的赞许。很多现代商业领袖因为进入商界和企业界的年轻人身上所表现出来的过分的专业化和通识教育的缺乏而痛惜。在他们看来,学院毕业生求职失败的原因往往不是缺乏具体技能,而是年轻人身上那些原本可以通过学院广博的自由教育得到纠正的性格和个性缺陷。不幸的是,这些商业领袖的值得赞赏的远见在某种程度上被他们的行为抵消了。当大型企业的招聘主管人员每年春季到大学校园进行招聘时,往往是那些受过职业训练的毕业生最先被录取。受过专业训练的学生,如工程师、商业管理的学生都备受青睐,而那些主修英语或历史的学生,则被认为"什么也做不了"②。

20世纪以来,随着职业课程进入博雅学院,自由教育与职业教育之间的关系成了博雅学院的领导者非常关注的问题。普拉特学院(Pratt Institute)校长弗朗西斯·H. 霍恩(Francis H. Horn)在谈到关于缩小自由教育与职业目标之间的距离时指责这样一种信念,即将自由真理及其价值一成不变地与职业教育分离开来。20世纪之后,大部分进入博雅学院的年轻人在两年或四年制学院教育中必须为职业做准备,自由教育的倡导者们在斥责博雅学院自由教育中的这种职业倾向时表现出不友好的宽

① George P. Schmidt. The Liberal Arts College: A Chapter in American Cultural History[M]. New Jersey: Rutgers University Press, 1957:240.

② 同①。

容。在霍恩看来,关键问题不在于自由教育与职业教育之间的对立,自由教育并没有看起来那么多内容,“正如所谓的自由课程可以被不自由地传授一样,职业课程也可以被自由地传授”①。换句话说,课程可以根据它的基本原理和内在结构来传授,这也正是贺钦斯学派所指出的,自由课程也可能堕落为机械的技能训练和事实掌握。这一观点提示了很多真相,霍恩校长认为自由课程也有其局限性,并不是所有课程对于所有目标都有同样的价值。一门报纸广告或植物病理学的课程,如果教授得好的话,从为学生参与民主社会负责的角度来看,可能不会比一门宪法问题课程或政治行动的讨论课效果更差。② 这就涉及了自由教育与职业教育关系问题的核心。自由教育不是一个像等腰三角形一样有着明确定义的东西,不是学院手册在给定时间内列出的固定的课程表,也不是可以通过不同方式获得的个人素质和个人成就。涉猎关于这个主题的大量文献可以发现,因为自由教育的目标一直不精确,人们对此需要有足够的谨慎。正如斯坦福的威廉·H. 考利(William H. Cowley)③曾指出的,“高等教育文献中流露出许多伤感的目的”④。西奥多·罗斯福(Theodore Roosevelt)也曾指出,自由教育充满了陈词滥调和定义模糊的目标。尽管如此,依然有许多写过自由教育著作或进行过相关实践的人确信,自由教育中一定存在一些无价的东西。如果说它的组成成分有些模糊的话,总有些部分可以通过下面一些内容来描述。自由教育是指知识:是关于自然界及其过程、关于人类社会及其历史渊源和其不断变化的当前形式的验证和可靠的信息。它是指训练有素的技能和能力:有效地使用自己的母语和充分地运用一门或多门外语的能力;在选择中做明智的判断的能力;有益地参与社会活动的能力。它意味着对人自身、对行动的道德和精神品质,对人在绘画、音乐、诗歌、戏剧、数学、天文或物理等方面展示出来的人类想象力的欣赏、尊重与判断。自由教育就是类似这些内容的东西,

---

① George P. Schmidt. The Liberal Arts College: A Chapter in American Cultural History[M]. New Jersey: Rutgers University Press, 1957:241.

② 同①。

③ 汉密尔顿学院前校长。

④ Theodore M. Greene. Liberal Education Reconsidered[M]. Cambridge: Harvard University Press, 1953.

对于那些从未体验过的人,努力解剖它将毫无意义;对于那些已经体验过的人,这种解剖又是多余的。

今天的博雅学院面临问题的广泛性和多样性即是这类机构仍在转型中的一个证明,正如它的历史一样。人们可能会问,这样一种处于演变中的机构需要多长时间才可能保留它的基本特征,是否实际上这种基本特征已经变得面目全非了。要回答这个问题不那么容易,因为自由教育一词的含义并不十分明确。一个用于机构名称的词汇根据词义的变化,也处于不断的变化之中。说起自由教育,人们或许会联想到大学的博雅学院(arts and sciences),有时也被称为人文学院(humanities college)或通识教育学院(the college of general education)。这些模糊的称谓只会将定义的问题复杂化①,人们可以从另一方面来考虑,自由—通识—人文是所有职业和专业课程之外剩余的课程。这种反方向的理解为自由教育界定了一个清晰的范围,但实际上什么也没解释。虽然自由教育概念定义不清,但是它的内涵是能够被扩展的。对于保守的贺钦斯学派而言,自由教育等于经典名著的遗产。他们认为,这份遗产前辈们已经传给了美国学院学生,但是埃利奥特和其他反对传统观念的人破坏了自由课程,引用了自由选修制。尽管如此,没有人能够否认这一遗产一直存在,美国现代文明正是建立在这一遗产基础之上的。至于它们实际是否以一种现在不存在的方式传授给前辈,则是值得商榷的。另一个相关的问题出现了:真理和价值是否只能通过一些固定的课程来传授?对学院课程演变历史进行考察后,得出的答案是否定的。

职业课程的引入给博雅学院带来了一些不利影响。一些小型学院开设新兴的职业课程,招聘未经专业训练的教师。在他们看来,开设这些课程只要有教师教授就可以,不论其年纪和职位如何。一些博雅学院没有想到这会破坏学院学生和教师的道德水平。这是连一个好点的高中都无法容忍的情形。在本质上,这样的机构没有真正的学院氛围。因为学生、教师和公众可能会想,如果一个如此糟糕的教师就能满足学院管理者的期望,这所机构的所有教学职位是不是都是这一层次的人。对于部分博

① George P. Schmidt. The Liberal Arts College: A Chapter in American Cultural History[M]. New Jersey: Rutgers University Press, 1957:237.

雅学院中出现的这种倒退,博雅学院的学生和校友组织比其管理者更早察觉到了。事实上,当廉价和肤浅进入学院氛围的时刻,学院的作用就结束了。当然,这种情况的出现很多时候是因为学院财务状况紧张,也是学院尝试进入半职业领域的不幸和为其昂贵的野心必须付出的代价。现代学院的真正朋友——那些自然科学的、大学教育的和热衷于公共利益的人士,都支持学院教学和管理采取更科学有效的方式。职业课程带来的负面影响也使人们认识到了这样一个事实,即"我们的学院发展处于危机中,在课程的现代化我们走得太远了,我们的理念必须调整,否则学院将会消失"①。一位工程师 M. L. 库克(M. L. Cook)被卡耐基基金聘用调查学院组织的效率问题,他引用哈佛前校长埃利奥特的话作为报告的结束语:教育的效用不能是庸俗的或实用的,而必须是理想的、人文的和情感的,否则它就不能达成其目标。基于这样一个事实,美国学院为了继续得到承认、自信和爱戴,就需要证明它们提供了埃利奥特所提到的这些要素——最高层次的"文化"要素,这是高中或专业学院所不能提供的。

从课程转型的结果来看,随着职业或半职业性质课程的引入,博雅学院自由教育课程健全和发展所需的经费和精力也开始逐渐被转移到所谓的半职业课程上面。一些对此持反对态度的人表示,课程扩张对博雅学院所带来的损害几乎难以修复,而且这种损害可能会一直持续下去。随着课程扩张,这一时期的博雅学院同技术学院展开了不合理和令人沮丧的竞争,一些博雅学院因为在课程的现代化上走得太远,引入的职业课程多到盖过了自由教育课程,从而丧失了博雅学院的机构特征性,沦为职业和技术学院。

三、阿姆赫斯特学院的课程改革

作为美国精英博雅学院的代表,在 1890 年至 1940 年期间,阿姆赫斯特学院也经历了很多次课程改革。1876 年朱利叶斯 · H. 斯利(Julius H.

---

① Thomas Lindsey Blayney. The Renascence of the Liberal Arts College[J]. The Sewanee Review, 1912, 20(2): 181.

Seelye)任校长之前,选修制在阿姆赫斯特学院①并未大规模引入②。哈佛在1886年取消了入学和毕业的希腊语要求,阿姆赫斯特学院却将希腊语和拉丁语要求保持到了1890年。在这之后,只要求学生学习其中一门或其他古代语言。从阿姆赫斯特学院校长亚历山大·米克尔约翰一份关于学院1913—1914年课程变化及更远行动的建议中可以看出,1914年秋季,阿姆赫斯特学院课程变化最显著的特点是社会经济学院大一新生选修课程的引入③。最初这一课程的名称一直有点模糊,因为它的真正性质是由教授这门课程的教师的兴趣和方法决定的。但不论其形式如何,开设这门课程的目的是为学院引入人文社会科学服务。如果可能的话,学院希望让学生从接触学院课程一开始就了解道德、社会和经济制度,即他们作为成员之一的社会。这些课程不鼓励学生去相信他们可以找到他们的长辈们非常困惑的问题的解决方法,也不使他们怀疑所有问题都无法解决。它的作用在于:对人类现实处境的理智彻底的揭示;陈述这些现实可能会被理解的方法。这一选修课程将主要引入伦理学、逻辑学、经济学、法律、管理等具体课程科目。由于这类课程会使教师面临很多问题,为了简化这一任务,所以只限定在大学一年级设置。

学院很多教师和董事会将这次大一新课程的引入当成一次实验。大一新生学院生活的主要任务不是为人类生活做准备。他们认为这种学习没有大一新生课程应该有的训练质量方面的准确性和彻底性。他们担心心智内容的模糊性和不连贯性以及心智方法的松散性使学生们处于学院所有人正面临的困难境地。对于这一新的选修课程计划,不否认有反对力量存在,正因为有人反对,所以新课程还只是实验。然而从另一方面来看,在亚历山大·米克尔约翰看来,开设这些课程是非常重要的。首先,应该指出的是心智方法的不连贯性和松散性,在学院课程的一开始就发

---

① 1835年,阿姆赫斯特试图设立平行于古典学科的课程,更少地专注于希腊语和拉丁语,更为重视英语、法语、西班牙语、化学和经济学等。但是直到20世纪,这一平行课程才真正设立起来。

② Robin Varnum. Fencing with Words: A History of Writing Instruction at Amherst College during the Era of Theodore Baird, 1938 -1966[M]. National Council of Teachers of English, 1996:57.

③ Alexander Meiklejohn. The Liberal Arts College[M]. Boston: Marshall Jones Company, 1920:135.

现比结束时才发现要好。阿姆赫斯特学院现在的课程一个最普遍的结果是,直到学院生活快要结束时学生才意识到他们应该思考什么。每年学院送走的毕业生中,总有一些非常优秀的学生最后逐渐认识了人类的境况,但是在解决这些问题上,他们没有得到系统的训练。他们只有付出更多的时间和更大的努力,才能找到解决方法和观点,本来他们应该在学院生活的几年时间里就开始接触和思考这些问题。此外,正是内容的不精确性和方法的松散性,才为寻找理想的教师提供了机会。如果教授得当,学生们将会认为自己的思考是贫乏的、愚蠢的和不恰当的。他们将被迫去面对这样一个事实,即在真正的人类问题之前,他们的信息是一知半解和不准确的,他们的推理是混乱和前后不一致的。学生们还会更明确认识到他们在剩下的三年时间中必须完成的任务。此外,一个简单的事实就是,现代教育的进步取决于知识的进步。阿姆赫斯特学院过去没有人文学科是因为当时没有这一学科,过去对人类的经验的学习是通过文学作品的鉴赏和其他途径,例如相对不准确的哲学和历史。很显然人类经验和活动的学习在一定程度上已经达到了科学性,如果学院不能使学生认识和了解人文科学的任务和已经取得的成就,如果不能引发学生对人文科学有关问题的重大兴趣,学院在其最显著和最为引人注目的职责上将是失败的。亚历山大·米克尔约翰认为,无论这一任务如何困难,阿姆赫斯特学院的学生从学院课程一开始就应该接触这些课程,并且无论在学院还是毕业离开,一直对此保持关注,学习的机会对他们总是开放的。

到了20世纪30年代,阿姆赫斯特学院又进行了一次重大的课程改革。这次转型显然在教师群体之间出现了摩擦。因为1939年,五名教师包括贝尔德(Baird)的高年级同事乔治·惠彻(George Whicher)和罗伊·埃利奥特(Roy Elliot)联名写信给当时的校长斯坦利·金(Stanley King)①呼吁他保持阿姆赫斯特学院小型精英学院的特征。从1932年金校长任期开始,在他的努力下,学院成功解除了对大一新生学习一门古典语言的要求。新生英语,或称为英语(A)在1933—1934年不再作为一门被要求课程,但是实际上,大部分大一新生继续选修它,例如在1937—1938年,237名新生中有220选修了这门课程。1935年采用的课程计划几乎取消

① 律师和商人,学院董事会积极成员,1932—1946年为学院第11任校长。

了所有的具体课程和分配的要求，根据年级不同建立了顺序要求。1937年春天，教师们决定重启课程评估，并且任命奥托·格拉泽（Otto Glaser）①、西奥多·贝尔德（Theodore Baird）和查尔斯·W. 科尔（Charles W. Cole）担任课程委员会（Curriculum Committee）委员。一份1978年对于阿姆赫斯特学院课程的研究显示，阿姆赫斯特学院根据格拉泽课程委员会建议进行的并且在1938—1940年间启动的课程改革，尽管被二战后的课程改革所掩盖，但"在阿姆赫斯特学院史上那些引入分配式课程体系的改革中，是最重要的一次"②。经过改革后，学生被要求从"数学与自然科学""社会科学与哲学"和"语言、文学与艺术"三大学科中选择其中之一作为主修课程，要求大一、大二年级的学生选修每个大学科中的核心课程。这种三重划分成为新的课程计划的组织基础，一直被采用到1945年。

---

① 担任主席。

② Robin Varnum. Fencing with Words: A History of Writing Instruction at Amherst College during the Era of Theodore Baird, 1938 - 1966[M]. National Council of Teachers of English, 1996:62.

第四章　博雅学院学习和生活的变化

随着教育目标的调整和课程改革的推进，美国博雅学院的学习和生活也发生了相应的变化。这种变化不仅体现在博雅学院的师生人数、招生范围、学费、教学方法的革新等方面，博雅学院内部也出现了进一步分化。博雅学院对逻辑学和写作教学的重视反映出了学院学习的典型特点，学生活动的价值也开始受到博雅学院管理者的肯定。

第一节 博雅学院的总体变化

与研究型大学等美国其他高等教育机构相比，博雅学院与众不同的地方在于它的私立、小规模和寄宿制等特征，这种独特的学习环境对教学产生了积极影响。与此同时，随着外界环境的变化，博雅学院的学习环境、学习和生活在保持原有传统教学特点的基础上，也发生了一些显著变化。

一、博雅学院环境的新变化

美国早期的博雅学院大多有着浓厚的宗教背景，很多是由教会直接创办和控制的。博雅学院一般建在相对安静的小城镇，远离大城市的喧嚣，给外界一种遗世独立和封闭保守的感觉。大部分博雅学院的校园环境都十分优美，学院建筑格局紧凑雅致，教堂和宗教场所位于学院中心地带，其他学习和生活设施围绕教堂而建，宗教是学院学习和生活的核心。

博雅学院一直以小规模著称，保持着低生师比，师生总体人数不多。

但是,从19世纪末期开始,越来越多的美国家长将自己的子女送到大学接受教育。根据美国教育局(the United States Bureau of Education)的统计数据,1927—1928学年,1076所学院、大学和专业学院的招生总数为868793人。在1890年,招生人数为121942人,1900年为167999人,1910年为266654人,1920年随着战争结束经济的恢复,增至462445人,1924年达到664266人,1926年为767263人。① 据保守估计,招生总人数中的四分之三是学院的学生。同样根据美国教育局的统计数据,在1890年,学院、大学和专业学院的招生总数为121942人。这一年美国19—22岁的人口总数为5025856人。也就是说,这个年龄群体的招生比例为2.43%。1905年为3.03%,1915年为4.16%,1920年增至6.23%,1922年为7.51%,1924年为9.03%,1926年为10.41%,1928年达到11.77%。自1920年以来,学院学生的人数以每两年100000的数字在增长。1928年与1920年相比,增长比例达到87.9%(80.2%为男生,101.5%为女生)。② 其中,博雅学院的总体数量已经由1900—1901年的664个增至1925—1926年的819个。博雅学院的学生数量,1900—1901年为92683人,1925—1926年增至540530人,增长了60%③。以阿姆赫斯特学院所在的小城为例,其人口从1870年的4000人增加到1900年的5000人,1945年达到7000人。④ 在南北战争之前,一半的博雅学院毕业生选择牧师职业,到了1871年后,四分之三的毕业生选择其他职业。

---

① Archie M. Palmer. The Liberal Arts College Movement[M]. New York: J. J. Little and Ives Company, 1930:64.

② Archie M. Palmer. The Liberal Arts College Movement[M]. New York: J. J. Little and Ives Company, 1930:65.

③ Archie M. Palmer. The Liberal Arts College Movement[M]. New York: J. J. Little and Ives Company, 1930:16.

④ Robin Varnum. Fencing with Words: A History of Writing Instruction at Amherst College during the Era of Theodore Baird, 1938 – 1966[M]. National Council of Teachers of English, 1996:61.

表 4－1　斯沃斯莫尔学院 1890—1940 年教师和学生人数①

年份（年）	教师人数				学生人数				
	管理	教学	行政	总计	大一	大二	大三	大四	总计
1890	11	21	53	85	60	51	36	19	166
1900		26	51	78	74	48	65	53	240
1910		46	32	78	135	—	137	115	387
1920	—	58	86	144	201	169	95	110	575
1931	34	81	32	147	158	174	170	151	653
1940	63	—	32	—	—	—	166	121	—

不仅学生数量在增加，这一时期的博雅学院为了赢得优质生源，开始突破地区限制，实行全国性招生。尽管这其中经历了漫长的过程，但是一些有影响力的博雅学院很早就跨出了这一步。阿姆赫斯特学院 1893 级学生生源地统计表反映出了这一趋势。

表 4－2　阿姆赫斯特学院 1893 级学生生源地分布统计②

州名	人数	州名	人数
缅因州	3	俄亥俄州	2
新罕布什尔州	3	伊利诺伊州	7
佛蒙特州	1	威斯康星州	1
马萨诸塞州	17	明尼苏达州	3
罗得岛州	1	科罗拉多州	3
康涅狄格州	3	新墨西哥州	1
纽约州	28	华盛顿州	1
新泽西州	6	俄勒冈州	1
宾夕法尼亚州	5	加利福尼亚州	2
哥伦比亚特区	1	波多黎各	1
总计（人）	90		

大学的兴起带来了教育学的巨大变化，实现了从演绎到归纳推理和

① Swarthmore College Halcyon, 1890, 1900, 1910, 1920, 1931, 1940. 空格表示数据不详。

② Decennial Class Book, Eighteen Hundred Ninety-five, Amherst College, edited by The Secretary, 1906:77.

实验法的转变。早期的博雅学院广泛采用背诵教学,而大学的讲座是开放式科学研究方法的一个示范。后来博雅学院逐渐采纳这种教学方法,学院教授们开始学习在小班环境中采用实验教学,但是他们保持了讲座的非正式形式,提倡开放式提问和讨论。博雅学院开始为小型学院的环境辩护,认为这种学习环境允许更充分的课堂讨论和更多的学生写作,而且学生的论文和文章都是由教授自己评阅的,而不像大学是由研究生来评阅。关于博雅学院课堂小规模的新一轮的讨论借鉴了早期概念中教授与学生一起努力这一核心原则:我们再次重温威廉姆斯学院传奇人物马克·霍普金斯(Mark Hopkins)坐在原木一端讲学,而学生坐在另一端认真聆听的故事。当博雅学院使新的学生适应了它们规模相对小和资源相对有限的教学环境时,他们则专注于他们可以做得更好的方面。博雅学院提供自由教育范围的基础课程,同时还提供自然科学和人文科学课程。一些博雅学院特别强调文学、历史、哲学和宗教学科的重要性。① 尽管年轻教师开始在他们的学科领域中运用新的学术研究工具,也经常和年长的教师合作,但是年长的教师常常认为探索课文中的道德和伦理意义而非科学研究,才是博雅学院教学的中心任务。

博雅学院教育的学习和生活费用根据机构的性质不同,学院之间的差异和变化也很大。一般而言,学费最低的是那些边境地区的由当地社区和教会支持的小学院,为了满足来自牧师家庭学生的要求,保持着低学费。在鲍登学院、汉密尔顿学院和奥伯林学院以及戴维森学院,在19世纪中期及前后,一个节俭的学生的花费,包括学费、住宿费、燃料和水费等每年在100美元之内。一些历史悠久和具有全国声望的东部学院,费用则大为不同。在哈佛,单学费每年就要75美元,每年的总花费至少250美元,当然,有些学生花得更多。在19世纪早期,南卡罗来纳州一位富裕的种植园主约翰·拉特利奇(John Rutledge)估计,他的儿子在哈佛一年的花费高达600美元。在1817年,一个哈佛毕业生举办100人左右的毕业典礼,花了他父母近780美元(其中78美元是酒的费用)。很早就富于声望的普林斯顿被誉为年轻绅士的理想学院。1804年,史密斯校长估计

① American Council of Learned Societies. Liberal Arts Colleges in American Higher Education: Challenges and Opportunities[J]. ACLS Occasional Paper, 2005:22.

一个普林斯顿学生每年的平均开支是171.23美元,也有很多学生花费达500美元甚至更多。1831年普林斯顿针对贫穷学生的晚餐进行了一次实验,原本目的在于减少学生之间的阶级差异,结果却适得其反。1883年,为了回应外界对学院炫耀性消费的指控,普林斯顿麦考什校长被迫出来捍卫学院,表示学费可能降低至每年200美元。① 在学费上,可以与这些北部学院相匹敌的是南部的州立大学。学费仅次于哈佛的全国最昂贵的大学是弗吉尼亚大学。1840年南卡罗来纳学院的学费比19世纪晚期(如1890年)的高三分之一。总体来看,南部州立大学的学生开支要比私立学院和教派学院要高些,这些大学也因为独占有钱人和社会精英而遭受教会人士的批判。19世纪中期之后的阿姆赫斯学院,当学生由早期以贫困的农场主和牧师的儿子为主,变为成功商人的儿子为主,学院经历了一些转型。② 在霍巴特学院(Hobart Colleges)③,安德鲁·迪克森·怀特(Andrew Dickson White)表示与他那些富裕和生活放荡的同学相处感觉很不舒服。④

表4-3　1896年一名阿姆赫斯特学院学生一学期的花费⑤

费用名称	数目(美元)
学费	110.00
房租	2.00
燃料(宿舍)和照明费	45.00
伙食费	13.50
医药费	60.00
总计	230.50

注:花费根据每个学生的个性和奢侈度而不同。

① George P. Schmidt. The Liberal Arts College: A Chapter in American Cultural History[M]. New Jersey: Rutgers University Press, 1957:77.

② George P. Schmidt. The Liberal Arts College: A Chapter in American Cultural History[M]. New Jersey: Rutgers University Press, 1957:78.

③ 成立于1789年,是一所男子博雅学院。

④ Oberlin Catalogue for 1890-1891. Samuel E. Morison. Three Centuries of Harvard[M]. Cambridge: Harvard University Press, 1936:200.

⑤ William Carpenter Howland. Amherst Life, Selection from the Undergraduate Publications at Armherst College[M]. Amherst, 1896:11.

和阿姆赫斯特学院一样，斯沃斯莫尔学院的花费也不低。根据学院1891—1892年的目录手册(Annual Catalogue)①，一名学生每年的伙食和学费为450美元，其中250美元需提前支付，200美元在入学后第一个月内付清。教友派宗教协会(the religious Society of Friends)成员的孩子可以减免100美元。走读生(Day Students)每年的学费是200美元，需提前支付100美元，剩余的入学后第一个月付清。教友派宗教协会成员的孩子可以减免50美元。走读生和寄宿生一起共进午餐。斯沃斯莫尔学院的学生需要自己购买书籍②，学院以最小的比率提供。他们也要自己购买文具、绘图工具以及一些在车间需要用到的工具和材料，还要支付合理比例的洗衣费用。参加实验室课程的同学在课前需要支付10美元作为实验材料费，课程结束后多退少补。在生病的情况下，除非请了医生，不然不会有额外的费用。这些基本涵盖了学生一年内所有必要的支出。

在博雅学院，不论贫富，所有学生一开始都住在同一栋建筑中，周围有很多空地围起来，哈佛称之为“方场”(yard)，威廉与玛丽学院和耶鲁也同样用这个词来为它们的学院建筑命名。1774年普林斯顿开始采用拉丁语的“校园”(campus)这个词，其他学院也渐渐采用这个词(哈佛除外)。一开始，生活、学习和玩乐都在同一栋建筑中，直到学院的财产允许，才开始建造其他的建筑。在很多学院，最早的学院建筑依然还在，被许多更大和更现代的建筑围绕，这是对简单而辉煌的过去的一个简单的提醒。渐渐地，有了其他教室以及早晚祷告室等设施。早期所有建筑都没有供水管道或中央供暖的设施。

博雅学院提倡“在生活中学习”(Learning at the Helm of Life)。阿姆赫斯特学院校长亚历山大·米克尔约翰呼吁博雅学院的董事会、教师、校长、毕业生和本科生忠诚于这一理念。他指出，“学院是生活之路的开始，而不是结束。在这里，学生不会停止自由学习，而是去发现什么才是真正的自由学习。这里揭示了人类的真正福祉所在，学生选择并且遵循自己

① Annual Catalogue of Swarthmore College[M]. Philandelphia：Franklin Printing Company，1892：24.

② 在1889年，书籍由学院免费提供。

的道路,学院将引导他们去他们所想去的地方”①。学院的学习和生活是一个整体,如果学习是生活的向导,它必须只有一个,而不是很多个。学习是评价和解释。学习将我们生活和知识的不同部分形成一个整体。②此外,博雅学院是一个自由学习的地方。自由对于学院和教师而言,不是一项特权而是一种责任。自由作为一项权利并不重要,当它作为一项义务和责任时才非常重要。社区与学院关系密切,而学院又与教授关系密切。社区对学院的教授做出了要求,为了我们的福祉,必须保证学者和孩子的学习是自由的③。教授对于学院的义务和责任就好比学院对于社区的义务与责任一样。为此,他们必须是自由的。当他们说到自由,他们不是在玩弄自己的权利,而是在履行自己肩负的责任。学术自由的基本原则需要从学院的目标中反映出来。学术自由是什么?亚历山大·米克尔约翰认为它是博雅学院的典型特征。如果问一所学院是否自由,这是毋庸置疑的,否则它就不能称为学院。在他看来,博雅学院是我们的社会和个人摆脱可能缠绕我们的社会关系的努力。它是从我们自身出发寻找自由的过程。④ 学院是男孩们应当去的地方,因为这里有可以引导他们和值得他们尊敬的教师和学者。对于学院而言,半自由是不存在的。如果学院作为整体没有自由,教授也就失去了自由。因此,学院的自由有着特有的完整性。

二、博雅学院内部的分化

19 世纪之前的学院,因为宗教的关系,学院自身存在一定的内在完整性(inner unity)。这种内在完整性一直延续到 19 至 20 世纪之交,之后被进化论和弗洛伊德思想以及不受控制的物质财富诱惑撕成碎片。学院一直在努力将这些碎片再次拼合起来,试图恢复原有的统一性和完整性。

---

① Alexander Meiklejohn. The Liberal Arts College[M]. Boston: Marshall Jones Company, 1920:71.

② Alexander Meiklejohn. The Liberal Arts College[M]. Boston: Marshall Jones Company, 1920:74.

③ Alexander Meiklejohn. The Liberal Arts College[M]. Boston: Marshall Jones Company, 1920:85.

④ Alexander Meiklejohn. The Liberal Arts College[M]. Boston: Marshall Jones Company, 1920:89.

然而,社会环境已经发生巨变,影响博雅学院的内外因素日益增多,博雅学院要面对的问题也日益复杂,学院内部的多元化和差异性趋势越来越明显。

美国有将近1,000所私立学院①,因为绝大多数博雅学院规模相对小,实行寄宿制,专注于为本科生提供自由教育,外界倾向于认为它们是同质的群体。事实上,私立博雅学院在某些方面比其他类型的高等教育机构更多样化。例如,一些富裕的博雅学院花在每个学生身上的支出要比不那么富裕的学院多5倍②。此外,很多博雅学院与某一特定教派关系密切,非常重视学生的精神发展和宗教教育,是宗教背景的学院,而另一些则完全独立于教会,如私立博雅学院。博雅学院在课程设计上也有很大的不同,涵盖了从一些高度结构化的"共同核心课程"到完全由学生自己设计的课程。在教学方式上,从传统的课堂讲座和讨论到对独立学习或合作学习的强调。最后,大多数博雅学院很少或根本不重视研究生和专业教育,少数有大量的商业、教育、法律和其他专业领域的学士后课程。在这些多样性中,最重要的一个方面是博雅学院所招学生在学术准备平均水平上的重大差异。寄宿制博雅学院包含一些高选择性学院,同时也有大量中等选择性的以及实行开放入学的学院。招生选择性,可能是衡量一所机构声望或精英等级的最常用的尺度③。

鉴于美国博雅学院模仿的是英国古老的牛津和剑桥大学的本科教育的精英形式,并且今天的绝大多数精英或选择性博雅学院都是美国最早建立的这类学院,也就可以理解,很多人倾向于将"寄宿制自由教育"与高等教育的精英形式等同起来。但实际上,今天绝大多数寄宿制博雅学院都不是高选择性或精英型的,精英博雅学院只占少数。此外,经过几十年低成本高等教育的大规模扩张,博雅学院和其他高等教育机构在生源上展开竞争。很多博雅学院能够生存甚至繁荣只能归因于这样一个事实,很多父母和学生相信它们能够提供特殊的教育收益,这种教育收益不

① 根据"卡耐基教学促进会"(the Carnegie Foundation for the Advancement of Teaching)的高等教育机构分类标准。

② Alexander W. Astin. How the Liberal Arts College Affects Students[J]. Cambridge: The MIT Press, 1999, 128(1): 78.

③ 同②。

可能在更负声望的私立大学或各种类型的公立大学中得到。一般而言，寄宿制博雅学院，特别是富于声望的高选择性的博雅学院，如阿姆赫斯特学院，其本科教学质量是美国其他类型的高等教育机构无法媲美的①。与此同时，随着研究型大学的兴起，高等教育领域专业化趋势日益增强，很多大学强调自己在研究领域和研究生教育培养上的优越。而事实上，高选择性博雅学院不仅比其他任何类型的高等教育机构都努力在本科教学与学术研究之间实现合理平衡，而且它们的教育计划还包括范围广泛的范例教学实践。

不同性质的博雅学院的一些具体表现可能不一样。如在"自由主义"(libertarianism)②问题上，有着罗马天主教背景的博雅学院对"极端自由主义"(不经常参加宗教仪式以及对性、离婚、堕胎和毒品上的自由宽容态度)放任程度是相对低的，这得归因于天主教学院内同辈群体的影响。换句话说，罗马天主教学院强化了机构权威，阻止了社会自由主义思想的形成。天主教学院对学生成绩有积极影响，加入一所天主教学院将会增加学生取得好成绩的概率，并减少他们成为社会兄弟会(fraternities)或联谊会(sororities)成员的概率。相比罗马天主教学院，进入一所新教学院则提高了学生加入社会兄弟会或联谊会的可能性，增加了学生参加演奏会或音乐会的机会，但是对取得好成绩有负面影响。相比之下，独立博雅学院的同辈群体环境表现出完全不同的模式：它们在极端自由主义、艺术兴趣和女性主义方面表现强势，在艺术兴趣和学术自信上略高于平均水平。

---

① 20 世纪中期以来，已有一些专门研究寄宿制博雅学院如何影响学生发展的成果。这些早期研究的主要缺陷在于大部分针对的是单个博雅学院，而不是能够代表这类高选择性学院的样本。参见 Kenneth Feldman, Theodore Newcomb. The Impact of College on Students[M]. San Francisco: Jossey-Bass, 1969. 此外，大部分研究属于静态研究，是一种片断式的扫描，未能分析学生是如何随着时间推移改变和发展的。参见：Alesander W. Astin. Assessment for Excellence: The Philosophy and Practice of Assessment and Evaluation in Higher Education[M]. Washington, D. C. and Phoenix: American Council on Education and Oryx Press, 1991.

② 学生倾向于支持堕胎合法化和大麻合法化，反对学院管理人员规范学生校园外行为和禁止校园内极端言论的权利。

另外,将选择性博雅学院与非选择性博雅学院和研究型大学区分开来①的是影响教学效果的积极因素,这些因素都与积极的教学效果相关②,主要包括:(1)频繁的师生互动;(2) 频繁的学生之间的互动;(3)在学生服务上的慷慨支出;(4)教师对多样化的重视和强调;(5)频繁地采用跨学科和人文课程(特别是历史和外语);(6)频繁采用强调写作的课程;(7)频繁采用叙述性评价;(8)学生频繁参与独立研究;(9)学生频繁参与教师的研究。从这些因素可以看出,基于独特的教学环境,博雅学院比美国其他高等教育机构更充分地体现了被认为是本科教育中最好的教育行为③。"最好的"指的是对学生学习和发展起着最有利影响的行为。这些行为都是"资源密集型"④的,之所以在博雅学院比其他机构更常见,是因为博雅学院为了达到教学目的,能够比大多数其他类型的机构支出至少超过50%。因此,这在不够富裕的一般性博雅学院中也很少见。与学生频繁互动,强调作文考试和采用叙述性评价,显然要求教师更多的时间和精力。交叉课程也同样如此,取决于教师如何构建和教授的。需要指出的是,许多选择性稍差的博雅学院,除了在财政资源上相对有限之外,的确也体现了很多前面列出的"最好的行为"。同样,在课程内容上,选择性较差的博雅学院对人文课程重视得少些,主要是因为相比选择性博雅学院,他们有更多的学生主修教育、商业或其他专业课程。相比之下,大多数选择性博雅学院甚至都不提供这些专业课程。⑤

---

① Alexander W. Astin, Mitchall J. Chang. Colleges that Emphasize Research and Teaching [J]. Change,(September /October, 1995): 45 - 49.

② Alexander W. Astin. How the Liberal Arts College Affects Students[J]. Cambridge: The MIT Press, 1999, 128(1):90.

③ Arthur W. Chickering, Zelda F. Gamson. Seven Principles for Good Practice in Undergraduate Education[J]. The Wingspread Journal,(June,1987 Speacial Section):2.

④ Alexander W. Astin. How the Liberal Arts College Affects Students[J]. Cambridge: The MIT Press, 1999, 128(1):92.

⑤ Alexander W. Astin. How the Liberal Arts College Affects Students[J]. Cambridge: The MIT Press, 1999, 128(1):93.

三、博雅学院独特的教学效果

和其他高等教育机构相比，博雅学院独特的教学环境及学院学习经历对学生发展有着独特的影响。特别是一些高选择性博雅学院的教育效果比一般博雅学院要好得多①。因此，在求职和进入研究生学习阶段时，来自小型和相对不出名的私立博雅学院的毕业生与来自更大或更著名的机构的毕业生相比往往处于劣势，高选择性或精英博雅学院因为富于声望，往往更具竞争力。总体上，博雅学院的本科教育对于学生的学术成就（学业成绩、技能发展、标准化测试成绩）、职业发展（主要学习和职业领域的选择）、行为模式、个性品格、自我概念（self-concept）、态度、价值和信仰等方面的影响很大②。一些研究结果发现形成博雅学院这种独特影响的环境因素包括学生中的同辈群体（peer group）③、教师和学院的课程。这主要是指博雅学院的学习环境能够增强学生的"参与性"，如师生交往、学生之间的交往等。这些绝大部分都可以归因于私立博雅学院区别于其他高等教育机构的独特特征——小规模、寄宿性质和教师强烈的学生取向。这三个特征也反过来提高了学生学术工作的参与度，增强了学生之间、师生之间的接触机会，产生了积极的效果。④ 影响博雅学院教学质量最重要的因素是学生对教师、教学质量、总体教育要求的满意度，以及学生对这所机构是否以学生为本的感知。换句话说，进入私立博雅学院的学生，相比进入其他类型机构的学生，更满意于他们的教师、教学质量、总体教学课程，而且更容易将这所学院看成是以学生为本的。

博雅学院教师强烈的学生取向具体是指：（1）教师十分关心学生的学术问题；（2）教师十分关心学生的个人问题；（3）教师效忠于该机构的福祉；（4）很多教师对少数族裔问题十分敏感；（5）办公时间之外也很容

① J. W. Henson. Institutional Excellence and Student Achievement: A Study of College Quality and Its Impact on Education and Career Achievement[D]. Unpublished Ph. D. Dissertation, University of Califormia, Los Angeles, 1980.

② 近年来一些短期研究表明，博雅学院特别是那些高选择性的文理学院，比其他类型的机构增加了学生进入研究生院学习、赢得研究生奖学金并最终获得博士学位的几率。

③ Alexander W. Astin. What Matters in College[M]. Jossey-Bass, 1997.

④ 同③。

易看见教师;(6)有很多师生互动的机会;(7)不以分数为衡量学生的唯一指标。①。强烈的学生取向,是绝大多数博雅学院的独特特征,也是博雅学院区别于研究型大学和州立大学的重要特征。除了小规模、寄宿制和强烈的学生取向这些对博雅学院本科教学产生影响的独特环境因素,还有其他一些因素也不容忽视。这些因素主要包括:高比例的学生服务支出;学生与管理者之间的积极关系;教师对学生能力和准备的积极态度。此外,博雅学院还有一个环境因素对学院教学质量产生重要影响,这就是博雅学院中的学生同辈群体,其甚至成了最有力影响的源泉。

在教学效果上,与其他高等教育机构相比,博雅学院在写作技能、文化意识、医学院入学考试(the Medical College Admission Test,MACT)成绩以及选择主修社会科学上有积极的影响,在学生对个人支持服务(咨询、健康服务及类似)的满意度、选择跨学科课程的机会和学生对机构价值多元性的认识上有积极的影响,还对学生的文化参与意识、参加演奏会或音乐会的热情有积极的影响。这些主要是因为博雅学院的教师也是自由的,提供"自由"课程和重视多元化,同辈群体是自由的、宽容和有着艺术倾向的,学生往往具有较高的学术竞争力和社会经济地位。进入选择性博雅学院的典型学生,一般有着良好的学术准备,相对容易进行独立研究和参与教师的研究项目,与教师的互动往往更为频繁。此外,学生同辈群体往往来自社会经济地位较高的家庭,这一点比其他任何实质环境因素,如课程或教师,与积极的学生成果联系更密切。

第二节 博雅学院的学习

尽管博雅学院的学习环境发生了一些改变,引入了大量新兴课程,课程选择日益丰富,教师们也开始学习和采用一些新的教学方法,但总体保持了传统课堂教学的一些典型特征。选修制导致了博雅学院对逻辑学的重视,从中可以看出学院对于心智训练目标的强调,而博雅学院的写作教

① Alexander W. Astin. How the Liberal Arts College Affects Students[J]. Cambridge: The MIT Press, 1999, 128(1): 84.

学则反映了学院教师对学生发展的关注。在本质上，这些教学特点也是博雅学院自由教育原则和对学生发展强烈关注的反映。

一、逻辑学的独特价值

一般而言，博雅学院课程大致可分为两类，一是提供训练的课程，二是提供信息、增加知识总和的课程。逻辑学属于第一类。通常情况下，教授逻辑学的教师不处理任何特定的事实，他可以利用人类任何知识领域的内容作为素材。逻辑学常常会讨论这样一些观点，如所有人都会死，所有猫都喜欢鱼，两点之间直线最短。但是，在解决这些问题时，教师希望为学生提供一定的心智技巧、思维触碰和心智把握的力量，这使他们可以胜任任何思维工作。逻辑学的训练价值不能被低估，同时逻辑学培养的敏锐洞察力有利于学生对新知识的学习和掌握。这门课程对于实现博雅学院的教育目标有着独特的价值。

和其他所有古老学科一样，自 19 世纪中后期开始，逻辑学也遭受了所谓的现代科学的侵蚀和侵犯。过去的学科界线已经被研究“心理过程和发展”的新心理学、研究必然联系的新数学、对自然科学和社会科学进行区分的新社会学打破。① 但是，为了应对这些新的侵犯者，相应地也出现了新的逻辑学。一般来说，逻辑通常被等同于三段论（Art of the Syllogism）。这仅仅是因为在一般的课程计划中，三段论由于其训练价值而被单独列出来，这门学科其实还有其他更重要的功能被人们忽视了，或者还不为人所知。但是，逻辑学在今天是一个有明确的概念界定的研究领域，有曾经赋予所有学科整体性并且其他学科自身明确承认的定义。尽管自然科学在内容和方法上已经发生变化，但是逻辑学依然是科学的科学，就是说这门学科研究的对象是它的同伴。尽管人类的思维活动在过去几个世纪里已经发生了根本的变化，逻辑学依然是思维的科学。逻辑学的任务是认识思维和人类的思维活动。只要存在人类思维的地方，就有逻辑学研究的素材。物理学家测量和解释数据，逻辑学分析和解释物理学家。生物学家总结概括他的观察，逻辑学研究分析生物学家。社

① Alexander Meiklejohn. The Liberal Arts College［M］. Boston：Marshall Jones Company，1920：108.

会学已经成为一种新的学科领域，逻辑学也试图努力去认识和了解它是什么，来自哪里，往哪里去。简而言之，其他人认识世界，逻辑学认识他们的思维，试图了解他们知道事实时的思想。

对逻辑学概念的外部审查从来没有吸引过科学家自身的注意，因为他们比外界更了解自己的事业，让他们自己指导自己的判断会更好些。逻辑学的目标不是要指导科学家应做什么，而是要了解他们正在做什么。另一方面，必须坚持的一点是，逻辑学家为了认识科学家的工作，必须达到一个专注于自己的论据和论点的科学家自己都达不到的程度。逻辑学不了解科学家的论据，但是希望了解科学家，包括他的目标、他的问题、他的方法、他的概念以及结果。如果逻辑学家要了解自己的心智体验，这些单独的判断必须被理解成彼此相互联系。就好比一个事实可以同时从数量和质量、原因与结果、存在与价值等方面进行解释，逻辑学需要了解这些不同的解释是如何相互联系在一起的。如果逻辑学家想要了解自己的想法，就需要去解决这些明显的差异和矛盾。

回到教育领域，逻辑学在博雅学院的总体课程方案中的地位是不难确定的。心智训练的目的是使学生深入地了解人类的心智生活，并且在这种活动中发挥他应有的作用。这也是所有教育的假定前提，因为正是在这个意义上才能说教育是生活的良好准备。一个人在知道了他同伴的所思所想时，自己才能更好地思考。

在课程改革和引入选修制后，美国博雅学院课程最显著的缺点是课程的碎片化，缺乏统一的设计或目标。① 当一个学生可以自由选择课程，他难以认识到这些不同科目的学习对彼此的重要性，难以认识思维的完整性和生活的整体性。对于科研人员而言，专注于自己研究的问题和方法，固然十分重要，但是由谁来负责为学生指出不同学科之间的关联呢？这是课程改革后美国博雅学院一个亟待解决的问题。在认识到这一问题的重要性后，有些博雅学院开始采取一些改革的措施。部分博雅学院坚持要求一个学生在每一门学科上花费一些时间，并且开始要求每个学生至少深入学习一门学科的知识。但是，这不是解决问题的根本方法。试

① Alexander Meiklejohn. The Liberal Arts College [M]. Boston: Marshall Jones Company, 1920:113.

想一下，如果将一点数学、文学、历史、物理学、化学、经济学、社会科学、国际法和艺术加在一起，学生会得到什么？学生当然学到了很多，但这些是什么呢？如果分开来，它们是知识，因为每门学科都是组织化的。但是作为一个整体，它们就不是知识了，因为不同的部分没有组织起来，它们仅仅是被胡乱堆积在了大脑中。接受这种教育的孩子懂得很多，他能知晓世界，但是无论从何种意义上来说，他都不了解自己和同伴的心智生活。逻辑学能够成功阻止这种数量、质量、功能与价值的无序填充，当学院生活结束时，逻辑学能够帮助学生挑选这些独立的元素进行组织，将它们联系成一个整体。简而言之，如果能够做到这一点，逻辑学的工作就是值得的。

此外，逻辑学对于道德和宗教还有更直接的价值。道德和宗教总是从价值方面来诠释生活。在过去的三到四个世纪，自然科学家们已经将其他概念，如数量、因果关系和功用等加在人们的观念中。19 世纪中后期以来自然科学发展如此迅速，成就如此巨大，以致其内在价值观念被掩盖和忽略，甚至在很多情况下消失了。这是每一位大学教师都要面临和解决的问题。没有任何一所学院有权力将年轻人送去参与人类活动，却不告诉他们对于价值观的清晰认识。如果一个学生不了解人类社会与自然之间的不同，责任在学院，而学生自己也没有为未来的道德问题做好心智准备。

总体来看，逻辑学对于博雅学院的学生在道德和宗教方面有三个贡献。第一，它有毋庸置疑的训练价值。第二，通过研究不同学科之间的联系以及思维的总体工作，它使得明确阐述包含每一种宗教信仰的整体性成为可能。它使人们从特定问题、方法和领域的局限中摆脱出来，为人们打开了通向人类灵魂统一性的道路。这是对于宗教的贡献。第三，它有利于界定清晰的价值概念，据此人们可以更好地理解人类自己的生活。它给道德领域带去了秩序，这也正是古老格言"认识你自己"在博雅学院的自由教育中的重要性。

二、写作教学

1876—1890 年，朱利叶斯 · H. 斯利（Julius H. Seelye）校长将选修制大规模引入阿姆赫斯特学院，学生学习希腊语和拉丁语的要求保持到了

1890年。在这之后,学院只要求学生学习其中一门或其他古代语言。阿姆赫斯特学院的英语系始建于19世纪80年代①。在1885年,这个羽翼未丰的院系已经有三位教师,其中一位约翰·富兰克林·杰农(John Franklin Genung)②负责教授修辞学。他与亚当斯·谢尔曼·希尔(Adams Sherman Hill)、哈佛的巴雷特·温德尔(Barrett Wendell)和密歇根大学的弗雷德·牛顿·斯科特(Fred Newton Scott)被认定为写作史学家。阿尔伯特·基察伯(Albert Kitzhaber)通过出版他们的修辞学教科书,在19世纪最后三分之一的时间里建立了写作教学的理论与实践基础。

西奥多·贝尔德(Theodore Baird)是对阿姆赫斯特学院写作课程影响较大的一位教师。1927年,26岁的贝尔德接受了阿姆赫斯特学院的教师职位。作为一名土生土长的俄亥俄州人,贝尔德于1921年在纽约的霍巴特学院取得了学士学位,1922年在哈佛取得硕士学位。贝尔德在阿姆赫斯特学院早期的资深同事包括乔治·温彻尔(George Whicher)、罗伊·埃利奥特(Roy Elliot)、大卫·莫顿(David Morton)。此外,还有一名重要人物是罗伯特·弗罗斯特(Robert Frost)③,他1926年至1938年间在学院担任全职教授。1927年,"英语(A)"在阿姆赫斯特学院是一门向大一学生开设的课程。贝尔德在介绍教学的文章中,提到了自己早期关于写作教学的想法,并且强烈要求学生接受写作训练。他的写作课一般要求学生从学写自传开始。《亨利·亚当斯的教育》(*The Education of Henry Adams*)和《第一年:自传选》(*The First Years: Selection from Autobiography*)被选作教材。贝尔德认为他的课程不仅仅是一门自传课程,而且是一门写作课程。他指出,在写自传的过程中,学生能够对自己做一些有趣的发现。这种自我发现,与写作过程密切联系在一起,可以为学生提供证据,写作的艺术与规则和修辞相比,与直线思维联系得更紧密些,写作本身也有其价值和重要性。

① Robin Varnum. Fencing with Words: A History of Writing Instruction at Amherst College during the Era of Theodore Baird, 1938 – 1966[M]. National Council of Teachers of English, 1996:58.

② 1882年来到阿姆赫斯特学院执教。

③ 1916年来到阿姆赫斯特,担任教职近40年。

罗伯特·弗罗斯特(Robert Frost)有一个重要思想是“通过诗歌来教学”(Education by Poetry)①,这对贝尔德产生了很大影响。在阿姆赫斯特学院,尽管弗罗斯特比贝尔德大27岁,沃克·吉布森(Walker Gibson)记得他们两个是很好的朋友。威廉·普里查德(William Pritchard)既是阿姆赫斯特学院的校友,也是这里的教师。在他的印象中,贝尔德大声地朗读《哈姆雷特》(*Hamlet*)时,故意表现出受其演技的影响。普里查德认为在贝尔德表演的后面,有着“弗罗斯特的榜样”。弗罗斯特在1929年曾表示,任何作品都有戏剧色彩。写作要么是戏剧,要么什么也不是。② 散文和诗中任何值得读者关注的段落,字里行间必然也有语气,可以展开想象。根据普里查德的记录,弗罗斯特认为诗中至高无上的声音,是行动和阅读艺术的基石。弗罗斯特对阿姆赫斯特学院英语系的影响是“无处不在的”。他指出,自己在阿姆赫斯特学院教授的英语1—2级以及接下来的文学课是“耳朵阅读的重要训练”。

写作课程另一位重要教师是杰农(Genung)③,他既从事教学,也撰写教材。在《美国传记词典》(*The Dictionary of American Biography*)的一篇讣告中,杰农的学生智治·温彻尔(George Whicher)说,杰农一直是最温和的老师,他的课是许多没头脑的学生的避难天堂,也是少数能够欣赏他的良好学识和丰富智慧的学生持久的灵感来源。杰农自己在1894年撰写的《阿姆赫斯特学院的英语》(*English at Amherst College*)的一文中,描述了他给大二学生上一年的修辞学选修课的情景,从中可以看出阿姆赫斯特学院教学过程中师生之间密切的互动以及教师对学生个人发展的关注和重视。

写作课程共三学期,前两学期主要学习修辞学基本原理、这些原理在写作过程中的运用以及范文分析。第三学期学习文章写作,要求学生每

① Robin Varnum. Fencing with Words: A History of Writing Instruction at Amherst College during the Era of Theodore Baird, 1938 -1966[M]. National Council of Teachers of English, 1996:46.

② Robin Varnum. Fencing with Words: A History of Writing Instruction at Amherst College during the Era of Theodore Baird, 1938 -1966[M]. National Council of Teachers of English, 1996:47.

③ 贝尔德从不认识杰农,杰农在1919年已经去世。

两星期陈述一次。杰农表示，在讨论时，他对每篇文章作出细致的点评。根据杰农的观点，这门课程一个有趣和新颖的特点是设立了很多学生作文的类型，阅读和点评。在1887年《修辞学研究》(*The Study of Rhetoric*)的小册子中，杰农描述了这门课程的其他特点，包括课程发布制度，这和后来英语(1—2)的制度非常像。值得注意的是，他喜欢让学生点评彼此的文章。在第三学期，他经常先拿出一小时时间朗读和点评学生的文章，每个学生都有机会。讨论之前，杰农会选出四到五篇范文，然后他在课堂上大声朗读，事先并不告诉学生作者是谁，也不事先告知会读谁的文章。读完一篇文章之后，杰农邀请学生就"忠于事实、生动性、连贯性和写作风格等方面"进行点评。①

贝尔德推测吉尔伯特·霍格(Gilbert Hoag)当初开写作课的原因，他说："我想他可能只是练习当院长……当然，写作课本身也很有趣。"阿姆赫斯学院英语系处理新生英语的方式在20世纪30年代的博雅学院很平常。根据约翰·迈克尔·沃兹尼亚克(John Michael Wozniak)的《东部学院的英语作文，1850—1940年》(*English Composition in Eastern Colleges, 1850—1940*)的调查，20世纪整个30年代，在37所东部私立学院中，有28所都要求向新生开设写作课，包括阿姆赫斯特学院②。到30年代末期，阿勒格尼学院(Allegheny)、布朗学院(Brown College)、科尔比学院(Colby College)和阿姆赫斯特学院，都在根据学生分班考试成绩来决定是否免除新生的写作课。1942年"全国英语教师委员会"(the National Council of Teachers of English)的一份调查显示，在290所学院和大学中，有213所要求开设一年的写作课程，187所学院根据学生成绩进行写作分班。

---

① Robin Varnum. Fencing with Words: A History of Writing Instruction at Amherst College during the Era of Theodore Baird, 1938 - 1966[M]. National Council of Teachers of English, 1996:59.

② Robin Varnum. Fencing with Words: A History of Writing Instruction at Amherst College during the Era of Theodore Baird, 1938 - 1966[M]. National Council of Teachers of English, 1996:64.

第三节 学生活动的兴起

美国博雅学院非常注重学生的全面发展,对于学生的课外生活也十分关注。但在过去,由于古典课程学业繁重、学院管理滞后以及学院对于学生自我管理的不信任等原因,在严格的学院纪律约束之下,学院学生的生活十分单调,学生活动经常被学院禁止,学院教师更是对学生活动持警惕的态度。为此,经常有学生反叛行为出现,学院常常采取相应的惩罚措施进行压制。直到 19 世纪末期,这种状况才有所改善。之后伴随着现代体育运动的发展,学生活动的价值日益受到学院管理者的重视和肯定,并且发展成为博雅学院校园生活极为重要的内容。

一、学生活动的价值

从 19 世纪末期开始,学生活动成了博雅学院校园生活非常重要的部分,没有学生活动的学院生活几乎是难以想象的。除了体育运动之外,博雅学院的学生活动还包括组织辩论、戏剧表演、举办音乐会、办报纸和文学杂志、参加慈善和宗教组织等,这些活动有着不同的社会功能。博雅学院选择不同的男生,将他们聚集到学院社区,组织起来,目的是为了教育他们,训练他们的心智。但是,除去上课时间,学生们不可避免地要与同伴们学习和生活在一起,参加共同的活动。这些活动在学生们看来是富有吸引力的,至少是娱乐性的。通常情况下,根据博雅学院的学习安排,学生每天学习 5 到 7 个小时,除去睡眠的时间,他们还有很多时间可以一起做一些喜欢的事情。当然,博雅学院原本不是为了这些活动而把他们聚在一起,但是一旦把他们聚集起来,这些活动就随之而来了。学生活动可以说是学院教学过程的必然结果。只要男生聚集在学院的公共生活中,它们就会一直存在。在现实中,有些博雅学院对于学生活动进行太多的干预和限制。其实学院应该让学生自由发展与成长,就像男生的自发活动一样,学生的成长与发展才是学院应真正关心的事情。学生活动有利于学生的身体健康,并且可以让学生学会照顾自己。阿姆赫斯特学院校长亚历山大·米克尔约翰说起和当时一所最好的法学院院长谈论工

激励学生自发自由地展开课余活动,如果他们仅仅学习课本并且最后都还给教师,那么博雅学院的训练效果非常小。博雅学院可能会培养出听话的好学生——他们除了做被告知的事情之外,不会做其他任何事情;而不能培养出具备良好的思维能力和心智全面发展的年轻人。

过去的学院管理者对学生活动持警惕和反对的态度,这种情况到了19世纪末期开始转变。现代博雅学院的管理者越来越重视学生活动的作用和价值。但学院管理者认为,必须确保这些活动是由课堂主导的,课堂教学决定学生活动的形式和内容。学院不能立法取缔那些与课程不协调的活动,教师更不能去控制学生的思考和想象力,因为这对于学院教育是十分有害的。如果教师仅仅是工头,分配学习任务并且监督学生完成,就不能指望学生因为热爱任务而去完成它们。在学院,学生应该而且必须完成学业。但是,如果学生活动仅仅是为了对抗学习、逃避单调烦闷的苦差事,这样的机构根本就不是学院。如果学院教师不能让学生积极主动地去做有价值的事情,那么这样的教师只是好的教官,而不是好的教师,这也不符合博雅学院崇尚自由文化的精神。

很多博雅学院的教师担心学生活动过量会影响学习。但实际上,相比而言教师们更应该担心的是那些根本不参加学生活动的学生。一个从不参加辩论、表演、写作、阅读、慈善服务或音乐活动的学生都做些什么呢? 学院教师究竟对他们做了什么或没做什么,使得他们在闲暇时不愿意参加活动? 他们会怎么打发时间呢? 在人们看来,他们只是四处游荡,或者打牌、打台球、谈论球队、看报纸、逛街或看行人。阿姆赫斯特学院校长亚历山大·米克尔约翰表示,自己作为学院的管理者,对这些学生是有责任的,并且非常担忧他们的命运。在他看来,一些非常认真的学院教师对学生活动的敌意态度是十分可悲的,这种态度是不理智的,它会将教师和学生带入一种完全错误的关系。然而,不论在什么情况下,教师都必须是掌控者,在课堂内外都必须占主导地位。

三、斯沃斯莫尔学院学生活动

斯沃斯莫尔学院作为美国精英博雅学院的代表,创建的时间相比阿姆赫斯特学院要晚一些,在开放性上要优于后者。和同时期美国其他博雅学院一样,斯沃斯莫尔学院的管理者一直对学生活动持谨慎的态度,尤其是体育运动，长期以来一直被斯沃斯莫尔学院的管理者认为是最不利于学院的。但是到了19世纪末期，在适当的管理下，体育活动成为学院生活如此重要的一部分，以至于学院每年的经费投入预算都要考虑这一项内容。

自1890年以来，斯沃斯莫尔学院发生了很多值得载入校史的事情。学院管理者们逐渐认识到“学生个体最好的发展不仅需要发展智力，而且需要体育锻炼”①。1888年，学院设立了体育文化部（the Department of Physical Culture），任命了体育院长。这项任命填补了一个长期以来的空白，因为在此之前，学生不允许进行任何与健康或体力有关的锻炼。现在，在院长的监管下，所有学生都要进行体育锻炼。1890年学院不仅期望学生整体体质的显著提高，还希望能够培养学生成为运动员的素质和能力。从1890年学院的体育运动成绩来看，在足球运动上学院表现不佳。因为有队员受伤，在与强队宾夕法尼亚的比赛中，斯沃斯莫尔学院的分数出奇的低，并且总有人暴力犯规。田径运动为斯沃斯莫尔学院带来了骄傲和荣耀。斯沃斯莫尔学院还经常与一些兄弟院校进行校际体育比赛。总体来看，1890年后，斯沃斯莫尔已经进入了一个体育运动繁荣兴盛的时代。这是在学院男校友和本科生的共同努力下实现的。作为男女合校的博雅学院，斯沃斯莫尔的女子体育运动也得到了大力发展。后来随着各种运动组织的成功合并，在校友中成立了咨询委员会。这个委员会同本科生委员会一起，希望在不久后可以为体育运动寻求更稳固的财政基础，建立一个与斯沃斯莫尔学院在体育领域地位相称的体育馆。

斯沃斯莫尔学还创建了很多学生社团（Society）、协会（Association）和俱乐部（Club），同时还创建了大量的兄弟会组织（Fraternity），与体育运动一起共同构成了斯沃斯莫尔学院学生活动兴盛的图景。在1890年，斯沃斯莫尔学院共有三个文学社团，分别是优诺米派文学社团（Eunomian）、特尔斐文学社团（Delphic）和萨默维尔文学社团（Somerville）。前两个是学院男生组织的，第三个是女生组织的。这三个社团在当时都处于蓬勃发展中，都有自己的图书馆，其中特尔斐文学社团的图书馆最大，并且有着珍贵的历史收藏品。萨默维尔文学社团由于规

① Swarthmore College Halcyon, 1890:46.

模过大，后来分成两个分部，由同一个人管理，这两个分部在规定的时间内召开联合会议。这三个社团的主要活动内容是组织辩论和写文章，学生受益匪浅。斯沃斯莫尔学院还有一些其他的社团组织，包括 1889 年成立的科学协会（the Scientific Society），这一协会成员增长很快。拉丁语研讨班（the Latin Seminaries）被合并进了拉丁语协会（Latin Society），作为日常课堂教学的辅助和补充。植物学俱乐部（the Botany Club）正在努力展开植物领域的调查研究。

总体来看，随着学院管理对学生活动态度的转变，斯沃斯莫尔学院校园生活在摆脱了过去僵化刻板的学院纪律约束之后，开始呈现出生机勃勃的一面，学生活动类型多样，学院生活丰富多彩。在 1890 年已经建立的学生社团基础上，学院学生出于自身兴趣和爱好，共同创建了经典名著、摄影和远足等俱乐部。在自然科学发展的推动下，对自然科学感兴趣的学生组织创建了物理、化学和生物等科学俱乐部。随着现代语言的兴起，后来创建了现代英语、法语、德语俱乐部。体育运动在学院管理者的重视下得到蓬勃发展，学院学生经常参与州际、校际和班际的体育竞赛。这一时期，很多现代体育运动项目也进入了学院生活，包括足球、篮球、棒球、羽毛球、曲棍球、曲棍网兜球、田径、网球、游泳、击剑、射箭、高尔夫球、越野赛跑、舞蹈等。女子体育运动也得到了振兴，篮球、曲棍球、网球、游泳和舞蹈都是学院女生热爱的体育项目。此外，斯沃斯莫尔学院创建的大量兄弟会组织，成为学院生活的重要组成部分。《凤凰》（*Phoenix*）是斯沃斯莫尔学院较早创办的学生刊物，30 年代后又新办了“Halcyon”①和“The Manuscript”，这些校园刊物详细记录了斯沃斯莫尔学院的学生生活。具体可参看 1890—1940 年学生社团的概况表，从中可以了解这所精英博雅学院学生活动发展的详细状况。

① 斯沃斯莫尔学院年鉴。

表4-4　斯沃斯莫尔学院1890年学生社团概况表[①]

社团类别	名　称	社团性质	创建时间（年）
学生社团	萨默维尔文学社团 The Somerville Literary Society	文学	
	特尔斐文学社团 The Delphic Literary Society	文学	
	优诺米派文学社团 The Eunomian Literary Society	文学	
	科学社团 The Scientific Society	科学	1889
	拉丁语社团 The Latin Society	语言	
俱乐部	生物俱乐部 The Botany Club	科学	1888
	歌唱俱乐部 Swarthmore College Glee Club	音乐	1888
	象棋俱乐部 Swarthmore College Chess Club	象棋	
	大二烹饪俱乐部 Sophomore Cooking Club	烹饪	1888
研讨班	大三生物研讨班 Junior Biological Seminary		
协会组织	校际记者协会[②] Central Inter-Collegiate Press Association	新闻	
	高校运动协会[③] Inter-Collegiate Athletic Association	体育	
	宾州校际运动协会 Inter-College Athletic Association of Pennsylvania	体育	
	宾州校际草地网球协会 Inter-College Lawn Tennis Association of Pennsylvania	体育	
	斯沃斯莫尔运动协会 Swarthmore College Athletic Association	体育	1877

① Swarthmore College Halcyon，1890。空白处是因为资料不详。
② 哈佛、哥伦比亚、普林斯顿等。
③ 哈佛、耶鲁、普林斯顿、达特茅斯、阿姆赫斯特、哥伦比亚、国王、康奈尔、密歇根等。

续表

社团类别	名 称	社团性质	创建时间（年）
兄弟会[①] Fraternity	Kappa Beta Sigma Society		1889
	Phi Kappa Psi		1889
	KBZ		1886
其他	The Swarthmore Gyglers		
	Phoenix	刊物	

表 4－5 斯沃斯莫尔学院 1900 年学生社团概况表[②]

类别	名 称	创建时间（年）
文学	文学社团 Literary Society（Eunomian，Somerville，Delphic）	
科学	约瑟夫·莱迪科学社团 The Joseph Leidy Scientific Society	1895
辩论	斯沃斯莫尔辩论协会 Swarthmore Oratorical Association	
	宾夕法尼亚州校际辩论联盟 Pennsylvania Inter-Collegiate Oratorical Union	
协会	青少年之友协会 The Young Friends Association	
	校友协会 Alumni Association	
兄弟会	T. H. D	
	ΣΔ	1899
	Delta Alpha Sigma	
	Phi Kappa Psi Fraternity	1852
	Phi Beta Kappa	1776
	Phi Chapter of the Kappa Sigma Fraternity	1867
	Pennsylvania Kappa Chapter	1867
	The Epsilon Chapter of Pennsylvania	
	Swarthmore Chapter of the Delta Upsilon Fraternity	1852

① 兄弟会社团，因名称特殊，未译成中文，后同。

② Swarthmore College Halcyon，1900.

续表

类别	名　称	创建时间(年)
体育运动	斯沃斯莫尔运动协会 Swarthmore College Athletic Association	
	斯沃斯莫尔足球协会 The Swarthmore College Football Eleven	1888
	宾夕法尼亚校际运动协会 Inter-Collegiate Athletic Association of Pennsylvania	1885
	班际篮球 Inter-Class Basketball	
	女子体育俱乐部 Girl's Athletic Club	1898
其他	经典名著俱乐部 Classical Club	1899
	斯沃斯莫尔文法学校俱乐部 Swarthmore Grammar School Club	1899
	斯沃斯莫尔学院摄影俱乐部 Swarthmore College Camera Club	1893
	德语俱乐部 Das Deutsche	
	乔治学校俱乐部 George School Club	
	学士女 The Bachelor Maids	1899
	The Phoenix	校园刊物

表 4-6　斯沃斯莫尔学院 1910 年学生社团概况表①

名　称	创建时间(年)
Pennsylvania Kappa Chapter of the Phi Kappa Psi Fraternity	
Alumni Club	
Alumni Association	
Pi Chapter of the Kappa Sigma Fraternity	1867
Swarthmore Chapter of the Delta psi Fraternity	
Phi Chapter of the Phi Sigma Kappa Fraternity	1873
Alpha Beta Chapter of Kappa Alpha Delta Fraternity	
Pennsylvania Alpha Chapter of the Pi Beta Phi Fraternity	1807

① Swarthmore College Halcyon, 1910.

续表

名　称	创建时间(年)
Beta Dota Chapter of Kappa Kappa Bamma Fraternity	
Phi Beta Kappa	
Glee Club	
Book and Key-Senior Society	
Pi Sigma Phi	1907
Domta Human's Blee Club	
Bamma Lota Kappa	
Delta Alpha Sigma	
ΑΣΔ	
Elite	
Hoosier State Club	
Thirteen Hungry Devils	
YE Monks of the Black Cowl	
Friends' Central School Club	
Der Deutsche Verein	
Literary Society(Eunomian, Somerville, Delphic)	
The Joseph Leidy Scientific Society	1895
Phoenix	校园刊物

表 4-7　斯沃斯莫尔学院 1920 年学生社团概况表①

类别	名　称	创建时间
兄弟会	Kappa Sigma Fraternity	1869
	Phi Kappa Psi Fraternity	1852
	Deta Kpsilon Fraternity	1834
	Phi Sigma Kappa Fraternity	1873
	Phi Delta Theta Fraternity	1848
	Kappa Alpha Theta Fraternity	1870
	Pi Beta Phi Fraternity	1867
	Kappa Kappa Gamma Fraternity	1870
	Delta Gama Fraternity	1873
	Phi Sigma Phi Fraternity	1918
	Alpha Theta Pi Fraternity	1918
	Phi Beta Kappa	荣誉社团

① Swarthmore College Halcyon, 1920.

续表

类别	名 称	创建时间
兄弟会	Mortar Board	1918
	Deta Sigma Pho	1906
	Sigma	1904
	Book and Key Senior Society	
体育运动	斯沃斯莫尔学院运动协会 Swarthmore College Athletic Association （包括足球、篮球、棒球、游泳等运动项目）	1877
	女子体育（队打曲棍球、篮球）	

表 4-8 斯沃斯莫尔学院 1931 年学生社团概况表①

类别	名 称	创建时间
兄弟会	Kappa Sigma	1888
	Phi Kappa Psi	1889
	Delta Upsilon	1893
	Phi Sigma Kappa	1918
	Phi Delta Theta	1918
	Theta Sigma Pi	1924
	Kappa Alpha Theta	1891
	Pi Beta Phi	1892
	Kappa Kappa Gamma	1893
	Delta Gamma	1912
	Chi Omega	1919
	Phi Mu	1919
	Delta Zeta	1930
	Wharton Club	
	Elizabeth Powell Bond Club	1928
	Phi Beta Kappa	荣誉社团
	Sigma XI	1886
	Delta Sigma Rho	
	Omicron Delta Epsilon	1909
	Coranto	
	Kwink	
	Gwimp	

① Swarthmore College Halcyon, 1931.

续表

类别	名 称	创建时间
其他	Book and Key	
	Morta Board	
音乐	The Glee Club	
	Orchestra and Chorus	
戏剧	The Little Theatre Club	
俱乐部	本科生俱乐部 Undergraduate Club	1930
	自由俱乐部 The Liberal Club	1930
	现代英语俱乐部 Contemporary English Club	1930
	英语俱乐部 English Club	
	工程学俱乐部 Engineer Club	1915
	化学俱乐部 The Chemistry Club	
	哲学俱乐部 The Philosophy Club	
	经典名著俱乐部 Classical Club	
	The Varsity Club	
	法语俱乐部 Le Cercle Francis	
	乔托生物协会 The Trotter Biological Society	
体育运动	斯沃斯莫尔学院运动协会（足球、长曲棍球、篮球、棒球、曲棍球、田径、网球） Swarthmore College Athletic Association	1877
	Varsity Lettermen①	男子社团
女子体育	女子体育协会（曲棍球、篮球、游泳、网球） Women's Athletic Association	
校园刊物	*Phoenix*, *Halcyon*, *The Manuscript*	

① 一个男子社团，具体内容不详。

表 4-9　斯沃斯莫尔学院 1940 年学生社团概况表①

类别	名　称②
活动	MSGA
	WSGA
	Student Board
	Somerville
	Social Committee
	Debate Board
	Halcyon, Phoenix
	Press Board
	Portfolio
	美国学生联盟 American Student Union
	Little
	戏剧 Theatre
	音乐 Music
	摄影俱乐部 Camera Club
	Bird Club
	法语俱乐部 French Club
	德语俱乐部 German Club
	远足俱乐部 Outing Club
	工程俱乐部 International Relations Club
	工程俱乐部 Engineers Club

① Swarthmore College Halcyon, 1940.

② 部分社团名称特殊,具体内容不详,未译成中文。

续表

类别	名　称
兄弟会	Kappa Sigma
	Phi Kappa Psi
	Delta Upsilon
	Phi Sigma Kappa
	Phi Delta Theta
	Phi Beta Kappa
	Sigma XI
	Sigma Tau
	Kwink
	Gwimp
体育运动	足球、篮球、游泳、击剑、曲棍网兜球、棒球、高尔夫球、田径、越野赛跑、网球
女子体育	曲棍球、高尔夫球、篮球、游泳、击剑、羽毛球、射箭、舞蹈、网球

结　语

在崇尚实用与民主的美国倡导自由教育是一场伟大的冒险。有着300多年悠久历史和崇高声望的美国博雅学院,自诞生之日起就一直处于与实用主义的对抗和捍卫自由教育传统的矛盾冲突中。到了19世纪末期,美国社会政治经济和高等教育结构转型,使得美国博雅学院面临严峻危机与挑战。宗教影响力的日渐衰落,实用主义思潮和专业化趋势引发高等教育的巨变,中产阶级子弟涌入大学校园,人类学科知识领域的不断扩展,都成了美国博雅学院需要面临的问题。为了适应内外环境的变化,博雅学院自身进行了一场变革,重新定义和调整教育目标,进行课程改革,学院生活也相应地发生了一些变化,向现代博雅学院过渡和转型。从表面上看,博雅学院的现代转型是为了重塑与现代生活之间的联系,证明其与现实世界的适应性。本质上,博雅学院转型的根本目的是在新的环境条件下坚守和捍卫自由教育传统,从历史传统中寻找富于活力和养分的元素,既是对现实生活的回应,也是对自由教育传统的重新复归。尽管转型之后依然要面临各种不同挑战,然而博雅学院所坚守的自由教育传统及其教学模式对美国高等教育影响深远,其价值值得进一步深思和挖掘。

一、转型对博雅学院自身的影响

作为美国历史悠久的高等教育机构之一,博雅学院必然随着时间和社会的变化不断演进和变革。博雅学院不仅有着辉煌的历史,而且一直是美国人生活的精神中心。[①] 在一个崇尚民主实用的国度，对于博雅学院而言，来自现实的挑战从来没有停止过，变革的动力也一直存在。从诞生之日起，它一直处于渐变的过程中。然而，比较起来，之前的挑战都不如 19 世纪末的这次来得明显和剧烈。在工业化和城市化的推动下，美国高等教育结构转型和日渐完善，博雅学院一统高等教育的格局被打破。它要面对的不仅是外部环境的压力，还有来自高等教育结构内部的压力。功利与实用需求，专业化发展趋势，学生的多元化教育需求，都是推动博雅学院改革的动力。随着高中功能健全，开始提供自由教育性质的课程，大学也开始在本科阶段提供一定的自由教育，在中学和大学的双重挤压下，博雅学院的地位日趋尴尬。迫于内外压力，博雅学院不得不进行变革，向现代博雅学院转型。

促使博雅学院现代转型的因素不仅仅来自外部环境，还有一部分原因来自博雅学院自身。其一是博雅学院教育目标不够清晰，在机构林立、功能健全的高等教育系统中难以找到自己的定位。在早期，博雅学院占统治地位，它们对自己的目标还是有着清晰的认识的，大部分目标都指向宗教、知识和人的培养等内容。但是，其他高等教育机构出现后，也提出了一些类似的教育目标，这冲淡了博雅学院原有目标的清晰性和独特性。因而在转型过程中，博雅学院要重申"宗教、普遍知识和能力""心智训练"和"完人"培养这些传统目标，同时捍卫古典课程的价值。其二是博雅学院倡导的是自由教育，而自由教育也同样是一个历史悠久同时随时间不断演进的概念，没有统一的定义和固定的教育内容。这样一种承袭贵族精英血统的教育，随着等级社会的崩塌，在崇尚功利实用、注重现实成功的社会文化氛围里，必须不断向外界去证明自己的价值和有用性。事实上，自由教育从一开始，一直面临一项历史任务，就是将自己与一些固定的功能联系在一起，否则它就是无用的。[②] 另外，自由教育的课程涵盖的内容也一直处于变化中，不同时期有不同的内容。这种演变历史越悠久，解释起来就越困难，也更容易造成误解和争论。

---

① Steven Koblik, Stephen R. Graubard. Distinctively American: The Residential Liberal Arts College[M]. New Brunswick and London: Transaction Publishers, 1999:169.

② Sheldon Rothblatt, Bjorn Wittrock. The European and American University since 1800[M]. Cambridge: Cambridge University Press, 2002:23.

从博雅学院的现代转型本身来看，作为一种有着悠久历史和传统的机构，博雅学院转型的出发点是增强与现代生活之间的协调性和适应力，向新环境和时代证明自身的价值。所以，在重新定义目标时，增加了培养“负责任的公民”这样与现实联系紧密的内容，在对课程进行变革时，引入了符合时代潮流的选修制，在原来的古典人文和自然科学的基础上，增设了新兴的人文社会科学课程，同时为了满足学生职业准备的需求，开设了职业或半职业性质的课程。这些都是顺应环境做出的改变。但是，在转型过程中，更为重要的内容在于博雅学院对于过去教育传统的坚守。重申自由教育的宗教和知识、心智训练培养完人的传统目标，包括培养“负责任的公民”在内，以及捍卫古典课程对知识和生活的整体理解以及作为西方文化的基石的独特价值，都是对传统的复归。这也证明了这一机构的未来出路可能来自重拾过去①，它将会发现最好的前进方式需要后退一两步去适当地重新利用历史的假定和责任②。博雅学院现代转型的成功，不仅取决于它与现实生活的协调性能否建立起来，更取决于它对原有传统的保留和坚持。自由教育传统是博雅学院根基所在，如果在转型中丢失传统的内容，博雅学院就会丧失其机构的独特性和根本价值。因此，转型的关键在于坚守，在坚守中回应现实的需求和变化，成功与否取决于在守与变中能否实现平衡。

经过转型后，博雅学院内部出现了分化。一部分坚守传统的博雅学院③，如阿姆赫斯特学院和斯沃斯莫尔学院，保持了自己机构的独特性，没有向综合型大学方向发展，也没有沦为目标混乱和课程复杂的多重功能学院。还有一部分博雅学院在变革的路上走得太远，引入了大量职业课程，古典课程让位于实用和职业课程，机构性质发生改变，成为职业或半职业性质的学院。现代转型成功的博雅学院，不仅成功保留了原来的教育传统，以古典人文课程内容为主，同时引入了一些新兴课程，增强了与现代生活之间的联系和适应性。

转型成功的博雅学院增强了适应性和开放性。在 20 世纪 30 年代出

① Steven Koblik, Stephen R. Graubard. Distinctively American: The Residential Liberal Arts College[M]. New Brunswick and London: Transaction Publishers, 1999:118.

② 同②。

③ 主要是一些建立时间较早，有着宗教背景的博雅学院。

现了一次复兴,兴起了一场博雅学院运动,要求博雅学院加强内外合作,增强对美国社会和人们生活的影响力。转型后的博雅学院还对美国当时的大学教育产生了重要影响。一些州立大学也开始在本科阶段提供自由教育的内容,同时从博雅学院寄宿特点中获得启发,大规模建造学生宿舍设施,在大学的结构内重建学院生活,建立学习与生活之间的联系。一些研究型大学,如哈佛在30年代重新审视选修制,限制选修制的自由,实行"有限"的选修,要求学习有着自由教育性质的"核心课程"。

然而,需要明确的是转型并没有使博雅学院从危机和挑战中走出来,外部的压力依旧没有从根本上解除。在办学经费和学生生源等问题上,博雅学院也有大量现实问题要解决。在实用主义思潮和功利主义动机的推动下,大量中产阶级子弟进入博雅学院,提出各种偏离自由教育目标的需求,对博雅学院形成巨大挑战。可以说,实用主义教育理念已经对自由教育造成了非常严重的损害①,博雅学院已经在为不同职业提供技术要求的准备性课程中遭受重创。渐渐地,随着医学、法律、工程、商业等准备课程的开设,一些博雅学院很少有机会去为学生提供广博的和文化的准备。正如阿姆赫斯特学院校长(Meiklejohn)所说的,博雅学院的功能在于挽救男生,使之免于愚昧,给予他们思考的乐趣,使他们对快乐的感受和理解变得敏感,向他们揭示心智活动是如何美妙、迷人和益于健康。然而,在机械发明和科学成就不断涌现的时代,一个附带的后果是人们越来越重视物质进步和现实成就②。未来的博雅学院还要继续面对各种新的挑战和压力,其依然要面临各种不确定。

二、对美国高等教育的影响

寄宿制博雅学院提供的本科教育质量是美国其他类型高等教育机构难以匹敌的,人们曾希望这种本科教育的独特模式可以成为"二战"后美国一些新机构教育的主要范本。但是20世纪50年代和60年代,美国高等教育的大规模扩张的方向相反,不是崇尚小规模,而是建立规模更大的

---

① Archie M. Palmer. The Liberal Arts College Movement[M]. New York: J. J. Little and Ives Company, 1930:95.

② 博雅学院中学生消费主义情绪的上涨就是一个最好的证明。

机构;不是要求寄宿,而是建立自由居住的开放性机构;不是要求所有的教师高度重视本科生工作,而是创建了大量的研究型大学,只聘用和要求具备很高的科学和学术才能的教师;不是追求学术工作和教学工作的平衡,而是创建了许多社区学院,在那里学术不太受重视。所有这些都是对博雅学院教育模式的背离。

分析其原因,第一是金钱和声望的诱惑。以研究型大学为例,政府对于研究的大规模投资太诱人,难以抵制。认识到杰出的科学家和学者是吸引政府研究经费最强大的磁石,拥有大量稳定的这种教师是建立大学声望的关键,大学为了聘用这些顶尖的研究人才全力展开激烈的竞争,而且大学的学术人事政策几乎完全取决于学者的学术成就——“发表或死亡”。提供给顶尖学者的一项福利,当然是低(或者完全没有)“教学工作量”。第二是认为本科自由教育可以根据课程分数简单界定。选修这类学科的课程组合,通过考试,就说是已经接受了“自由教育”。在这种本科教育观点下,一个人如何获得必需的学位或文凭似乎并不重要:在一所或五所机构,用四年或十五年时间,寄宿或住校外,在职或全日制,20 人的班级或 500 人的班级,有大量的同辈互动或根本没有这种互动,有大量与教师接触的机会或没有师生接触,大量的课程参与或没有这种参与,都没有关系。此外,高等教育中的“远程教育”和“技术革命”也在进一步削弱自由教育的空间。

很多人认为寄宿制博雅学院是“过时的”和“不符合成本效益”的,对于学生的积极影响和其他高等教育机构是无关的。人们一致认为现代大学不是一所博雅学院,或者认为自由教育与社区学院无关,因为这里学生的平均年龄是 31 岁。事实上,其他类型的高等教育机构与寄宿制博雅学院有一个共同的基本功能:为本科生提供自由教育。然而,现实的情形常常令人沮丧。人们理所当然地认为履行研究和职业教育职能的机构,就有权利提供二流的学士教育。好像参与研究和研究生教育就有理由缩减本科生教育,开展职业教育就有理由提供中等水平的中转教育。虽然社区学院学生的平均年龄高于大多数博雅学院是事实,但每年 500,000 名

18 岁至 19 岁的新生中的绝大多数都是全日制攻读学士学位①。从学生数量上看,这是所有类型博雅学院招收的新生数的两倍。另外,随着机构规模的扩大,对研究和研究生教育的重视,和从大机构中寻求更大的自主权的压力增加,本科阶段自由教育的核心——通识教育,往往变得支离破碎和被边缘化。事实上,在今天的很多一流研究型大学里,正式教师很少或者几乎不指导一、二年级的本科生,本科教学的大部分工作要么由研究生承担,要么由兼职教师或助理教师担任。在单个学生的成本支出上,博雅学院的支出差异非常大,而事实上,很多博雅学院在单个学生上花费的成本比许多大型公立机构低。一些高选择性博雅学院在单个学生的成本支出上并没有超过绝大多数其他类型的机构。毋庸置疑,对于任何一所希望在教学和研究取得良好平衡,或者效仿选择性博雅学院一些典型教学手段(如叙述性评价,作文考试,学生服务的慷慨支出等)的机构而言,成本都是一个重要问题。即便如此,任何一所机构为了提高学生之间的互动、师生互动投入学术工作的时间以及学生参与的其他形式的目标,都没有理由因考虑成本而不频繁地采用这些教育手段。

对于高等教育而言,当纯粹从经济或物质主义的角度来考虑问题时,人们往往容易忽略寄宿制自由教育理念的基础价值。这种教育的真正价值远远超越了培养更多的医生、教师、科学家、技术人员、律师、商业主管和其他专业人员以满足劳动力市场的需求。小规模寄宿环境下的自由教育真正鼓励学生思考和解决一些人生最根本的问题:生活的意义是什么?人生的目标是什么?对生、死、上帝、宗教、爱、艺术、音乐、历史、文学和科学的想法和感受是什么?人生需要什么样的朋友和伙伴?应该和什么样的同辈群体交往?小学院环境下的自由教育概念中的哲学基础,在很多方面要归因于同辈群体的力量。这种形式的教育隐喻假定的是优质的自由教育不仅仅是课程分数的集合和得到好结果的一点点小运气。允许年轻人远离家庭和在一个亲密的学术环境氛围里生活一段时间,一些好的结果自然会发生。人们往往并不知道这些好的结果会是什么,但是这种教育模式培养的学生很少让人失望。由此可见,博雅学院教育模式的价

---

① L. J. Sax et al. The American Freshman: National Norms for Fall 1997[M]. Los Angeles: Higher Educaiton Research Institute, UCLA, 1998.

值不言而喻。

三、自由教育的价值

从最早的时候起，实用教育与自由教育理念的冲突一直存在。这两种不同的教育目标被古代的亚里士多德、西塞罗处理成两者的相对价值。亚里士多德用如下文字总结了两者的区别："实用的目的在于结果，自由的目的在于享受。所谓结果，我是指带来收入，享受则没有。"①西塞罗则列举了心智卓越的不同目标，并将知识追求作为第一目标："我们所有人都被对知识的追求吸引，在这中间，我们表现出我们的优秀的同时，也会犯错，走错路，变得无知，以及被邪恶和无耻欺骗。"在同样的讨论中，西塞罗表示，在我们的生存必须以及我们自己、我们的家人及亲人的生存必须满足之后，则是对真理的追求；当我们逃离必须的生存压力之后，随即我们就希望去看、去听和去学，去思考隐藏起来的知识或我们幸福的条件。

在本质上，自由教育的特征是非职业的、非准备的、非功利目的，闲暇深思的、广泛的社区模式②，博雅学院的教育没有教条③，自由教育必须提升心灵的自由④。这些都是博雅学院自由教育所要追求的目标，也是其独特价值所在。相比之下，大学总是非常关心技术知识，因为大学应该对所有知识学科都保持关注。其结果就是，大学必须设立医学院、法学院、神学院、工程学院、商学院、新闻学院、农学院等。所有这些学科都不是从知识本身出发，以知识自身为目标，而是利用这些知识可以从事的工作。因此，在一个追求高效、激励、舒适和奢华的时代，崇尚实用知识的大学很自然比博雅学院受到更多关注。一些富人慷慨地向大学提供各种捐赠，必然过度地注重实用知识的具体价值，而且捐赠本身会影响和妨碍学院

---

① Archie M. Palmer. The Liberal Arts College Movement[M]. New York: J. J. Little and Ives Company, 1930:95.

② Steven Koblik, Stephen R. Graubard. Distinctively American: The Residential Liberal Arts College[M]. New Brunswick and London: Transaction Publishers, 1999:169.

③ Alexander Meiklejohn. The Liberal Arts College[M]. Boston: Marshall Jones Company, 1920:91.

④ Robin Varnum. Fencing with Words: A History of Writing Instruction at Amherst College during the Era of Theodore Baird, 1938 -1966[M]. National Council of Teachers of English, 1996:36.

自由[1]。他们倾向于通过烟囱的数量来衡量一个国家的伟大,而不是人们的精神和文化成就。他们没有认识到,一所教堂能够比一个工厂制造更多的幸福和正确的人类生活;一套哲学体系能够比科学发明更深刻地影响人类的命运;一个伟大的诗人比武器更能够建造或摧毁一个帝国。[2]

从历史发展的角度来看,美国早期高等教育机构都主要致力于追求自由知识而不是实用技能。哈佛学院建立的目的是"向年轻人传播知识和善"。达特茅斯学院的章程指出,它的建立是"为了教授野蛮人宗教"。在一个全新的国家,当人们为生存所需开发自然资源和征服自然时,牺牲对自由的追求而发展实用知识,这是自然且合理的。只有最没有远见的人才会试图低估实用主义教育对人类幸福和效率的贡献,但是,当满足了人体生活所需的物质时,严格的自由教育的智力和精神力量复苏的时候也到了。得到整个世界而丧失自己的灵魂对人类有何益处呢?积累了物质财富,却不懂得如何生活,又有何价值呢?正确的人类生活的守卫者,除了宗教的力量之外,就是博雅学院了。每一所博雅学院都应当将它们的目标和伟大导师的话作为自己的座右铭。作为拥有全面丰富生活的必备条件,教授宗教真理以及自然和道德法的知识应该是博雅学院的功能和职责。在博雅学院,不应该有封闭的书本,真正的学术自由要求宗教真理和自然科学真理一样自由地被教授。博雅学院倡导的是去学习和教育,教育是为了使人自由。[3] 在崇尚实用和注重现实成功的国家,必然要有一种纯粹以追求真理为目标的学习机构。在这里,思考重于行动,真善美重于实用。博雅学院的主要角色和功能不是教育年轻人如何谋生,而是如何生活,这是一项难度更大但意义深远和更为重要的任务,也是自由教育的真正价值所在。

---

① Alexander Meiklejohn. The Liberal Arts College[M]. Boston: Marshall Jones Company, 1920:92.

② Archie M. Palmer. The Liberal Arts College Movement[M]. New York: J. J. Little and Ives Company, 1930:97.

③ Alexander Meiklejohn. The Liberal Arts College[M]. Boston: Marshall Jones Company, 1920:96.

参考文献

一、中文文献

1. 著(译)作

[1] 艾伦·布卢姆. 美国精神的封闭[M]. 战旭英,译. 南京:译林出版社,2011.

[2] 丹尼尔·布尔斯廷. 美国人: 民主的历程[M]. 香港: 美国驻华大使馆新闻文化处出版, 1988.

[3] 哈佛委员会. 哈佛通识教育红皮书[M]. 李曼丽,译. 北京:北京大学出版社, 2010.

[4] 贺国庆,王保星,朱文富,等. 外国高等教育史[M]. 北京:人民教育出版社, 2003.

[5] 黄坤锦. 美国大学的通识教育——美国心灵的攀登[M]. 北京:北京大学出版社,2006.

[6] C. 赖特·米尔斯. 白人——美国中产阶级[M]. 杨小东,等,译. 杭州:浙江人民出版社,1987.

[7] 劳伦斯·克雷明. 美国教育史3:城市化时期的历程[M]. 朱旭东,等,译. 北京:北京师范大学出版社,2002.

[8] 劳伦斯·维赛. 美国现代大学的崛起[M]. 栾鸾,译. 北京: 北京大学出版社, 2011.

[9] 李曼丽. 通识教育: 一种大学教育观[M]. 北京:清华大学出版社,1999.

[10] 刘小枫，陈少明．古典传统与自由教育[M]．北京：华夏出版社，2005.

[11] 滕大春．美国教育史[M]．吴寿彭，译．北京：人民教育出版社，1994.

[12] 涂艳国．走向自由——教育与人的发展问题研究[M]．武汉：华中师范大学出版社，1999.

[13] 亚里士多德．政治学[M]．北京：商务印书馆，2009.

[14] 约翰·亨利·纽曼．大学的理想（节本）[M]．徐辉，顾建新，何曙荣，译．杭州：浙江教育出版社：2001：31.

[15] 茱丽·A. 罗宾．现代大学的形成[M]．贵阳：贵州教育出版社，2004.

2. 期刊文章及学位论文

[1] 陈向明．对通识教育有关概念的辨析[J]．高等教育研究，2006，(3)：64－68.

[2] 黄坤锦．大学通识教育的基本理念和课程规划[J]．现代大学教育，2005，(2)：34－38.

[3] 刘海燕．大众化教育进程中的精英教育的重新审视[J]．复旦教育论坛，2003，(4)：39－42.

[4] 刘铁芳．精英教育与大众教育之间的大学品格[J]．高等教育研究，2005，(3)：7－11.

[5] 刘小双．自由教育理念及其理想状态的构建[J]．教学研究，2005，(5)：196－198.

[6] 马凤岐．自由教育涵义的演变[J]．北京大学教育评论，2004，(2)：108－112.

[7] 潘懋元．精英教育与大众教育[J]．中国高教研究，2001，(12)：16.

[8] 钱星博．美国文科学院面临的挑战[J]．比较教育研究，1990，(3).

[9] 沈文钦．近代英国自由教育及其古典渊源[D]北京：北京大学，2008.

[10] 沈文钦．论“七艺”之流变[J]．复旦教育论坛，2007，(1)：

34 - 39.

[11] 沈文钦. 纽曼自由教育学说的历史渊源[J]. 高等教育研究, 2009,(6):32 - 37.

[12] 沈文钦. “自由”人与“自由”知识:西方 liberal education 概念史研究[J]. 教育学术月刊,2008,(3):16 - 21.

[13] 石中英. 自由教育三题[J]. 湖南师范大学教育科学学报,2003,(1):3 - 7.

[14] 涂艳国. 试论古典自由教育的含义[J]. 清华大学教育研究, 1999,(3):15 - 18.

[15] 王春春. 美国博雅学院的新生研讨课的特点及其启示[J]. 大学(学术版), 2010,(2):57 - 63.

[16] 王春春. 美国博雅学院卓越本科生教育的制度保障[J]. 中国高教研究,2010,(10): 65 - 68.

[17] 王春春. 美国精英博雅学院研究:对麦克莱斯特学院的文化人类学研究[D]. 华中科技大学,2009.

[18] 王春春. 以“学”为中心:美国精英博雅学院教学特点分析[J]. 高等工程教育研究,2010,(2):128 - 133.

[19] 王春春. 与众不同的学院:美国博雅学院的特征分析[J]. 高等教育研究, 2009,(5):85 - 91.

[20] 王肃婷. 美国博雅学院的自由教育哲学浅析[J]. 江苏高教, 2007,(3):148 - 150.

[21] 张会亮. 美国博雅学院办学特色分析[J]. 比较教育研究,2011,(3):22 - 26.

[22] 朱宏清. 美国综合文理本科学院及文理教育探微[J]. 河北师范大学学报(教育科学版),2004,(1):83 - 86.

二、英文文献

1. 著作

[1] American Council of Learned Societies. Liberal Arts College in American Higher Education Challenges and Opportunities[M]. OCCASIONAL Paper, 2006.

[2] Amsler, Mary Margapet. Organizational Adaptions: The Effects of Coping Strategies on A Small, Private Liberal Arts College[M]. Cambridge: Harvard University, 1985.

[3] Astin, Alexander W. Achieving Educational Excellence[M]. San Francisco: Jossey-Bass, 1985.

[4] Astin, Alexander W. The Invisible Colleges: A Profile of Small, Private Colleges with Limited Resources [M]. New York: McGraw-Hill, 1972.

[5] Astin, Alexander W. What Matters in College[M]. San Francisco: Jossey-Bass, 1993.

[6] Axtell, James. The Making of Princeton University: from Woodrow Wilson to the Present[M]. Princeton: Princeton University Press, 2006.

[7] Bailey, C. Beyond. The Present and the Particular: A Theory of Liberal Education[M]. London: Routledge and Kegan Paul, 1984.

[8] Bailyn Bernard, Fleming Donald, Handlin Oscar, et. Glimpses of the Harvard Past[M]. Cambridge, Massachusetts, and London, England: Harvard University Press, 1986.

[9] Barker, G. Liberal Arts Education for a Global Society[M]. New York: Carnegie Corporation of New York, 2000.

[10] Belknap, Robert L., Kuhns Richard. Tradition and Innovation-General Education and the Reintegration of the University: A Columbia Report [M]. New York: Columbia University Press, 1977.

[11] Bell, D. The Reformings of General Education: the Columbia College Experience in Its National Setting[M]. Garden City, New York: Anchor Books, 1968.

[12] Bess, James L. College and University Organization: Insights from the Behavioral Sciences[M]. New York and London: New York University Press, 1984.

[13] Bonvilliam, G., Murphy R. The Liberal Arts College Adapting to Change: The Survival of Small Schools[M]. New York: Garland Publishing, 1996.

[14] Bowen, Howard R. Efficiency in Liberal Education: A Study of

Comparative Instructional Costs for Different Ways of Organizing Teaching-learning in a Liberal Arts College[M]. New York: McGraw-Hill, 1971.

[15] Boyer, Ernest L. College: the Undergraduate Experience in America[M]. New York: Harper & Row, 1987.

[16] Breneman, D. Liberal Arts Colleges: Thriving, Surviving, or Endangered [M]. Washington, D. C.: Brookings Institution, 1994.

[17] Brubacher, J. S., Rudy W. Higher Education in Transition: A History of American College and University, 1636 - 1976[M]. New York: Harper & Row, 1976.

[18] Chamberlain, Philip C., Shilling Roy B. Jr. Private Liberal Arts Colleges and Their Changing Purposes [M]. Bulletin of the School of Education Indiana University, 1967.

[19] Clark, Burton R. The Distinctive College[M]. New Brunswick: The Transaction Publishers, 1992.

[20] Clark, Daniel A. Creating the College Man: American Magazines, Masculinity and Business Success in Transition, 1880 - 1929[M]. Ann Arbor, Mich.: UMI, 2001.

[21] Clark, Daniel A. Creating the College Man: American Mass Magazine and Middle-Class Manhood, 1890 - 1915[M]. Madison, Wisconsin: The University of Wisconsin Press, 2010.

[22] Clugston, Richard Martin, Jr. Strategic Adaption in an Organized Anarchy: Priority Setting and Resource Allocation in the Liberal Arts College of A Public Research University[M]. University of Minnesota, 1987.

[23] College Placement Council. Four-year Liberal Arts Graduates: Their Utilization in Business, Industry, and Government. The Problem and Some Solutions[M]. Bethlehem, PA: College Placement Council, 1975.

[24] Commision on the Core Curriculum. Reports of the Commission on the Core Curriculum[M]. New York: Columbia College, 1988.

[25] Conroy, Mary Catherine. Enrollment Planning in Higher Education: A Case Study of A Private Liberal Arts College[M]. Cambridge: Harvard University, 1984.

[26] Crimmel, Henry H. The Liberal Arts College and the Ideal of Liberal Education: the Case for Radical Reform[M]. New York: University Press of America, 1993.

[27] Diffendal, Elizabeth Linn. Significant Differences: An Ethnographic Study of Women and Minority Faculty in the Development of an Innovative Liberal Arts College [M]. The Union for Experimenting Colleges and Universities, 1986.

[28] Donham, Wallace Brett. Education for Responsible Living: the Opportunity for Liberal-arts Colleges[M]. Cambridge: Harvard University Press, 1944.

[29] Feldman, Kenneth A., Newcomb Theodore M. The Impact of College on Students[M]. San Francisco: Jossey-Bass Inc., 1970.

[30] Fideler, Elizabeth Freund. Faculty Teaching Goals at A Liberal Arts College[M]. Cambridge: Harvard University, 1988.

[31] Fletcher, Robert Samuel. A History of Oberlin College: from Its Foundation through the Civil War[M]. Arno Press, 1971.

[32] Freedman, James O. Idealism and Liberal Education [M]. Michigan: The University of Michigan Press, 1996.

[33] Gary, E. M. The Meaning of General Education[M]. Teacher College(Columbia University), 1988.

[34] Geiger, Roger L. The American College in the Nineteenth Century [M]. Nashville: Vanderbilt University Press, 2000.

[35] General Accounting Office. Problems and Outlook of Small Private Liberal Arts Colleges. Reports to the Congress of the United States[M]. Washington, D.C., 1978.

[36] Handlin, Oscar. The American College and American Culture: Socialization as A Function of Higher Education[M]. New York: McGraw-Hill, 1970.

[37] Harvard Committee. General Education in a Free Society[M]. Cambridge: Harvard University Press, 1945.

[38] Harvard Committee. Report on the Core Curriculum[M]. Cambridge,

Mass: Office of the Dean. Faculty of Arts and Sciences, Harvard University Press, 1978.

[39] Herbert, C. New Perspectives in a Program of Liberal Education [M]. Seattle and London: University of Washington Press, 1988.

[40] Horowitz, Helen Lefkowitz. Campus Life: Undergraduate Cultures from the End of the Eighteenth Century to the Present[M]. New York: Alfred A. Knopf, 1987.

[41] Howard C. Theories of General Education[M]. Macmillan, 1992.

[42] Howell, J. A., Eidson, D. R. The Idea of an Ideal Liberal Arts College[M]. New York: University Press of America, 1985.

[43] Hutchins, R. M. The Great Conversation: The Substance of A Liberal Education[M]. Chicago: Encyclopedia, 1952.

[44] Jacob, Philip E. Changing Values in College[M]. New York: Harper & Brothers Publisher, 1957.

[45] Jarausch, Konrad H. The Transformation of Higher Learning, 1860-1930[M]. Chicago: University of Chicago Press, 1983.

[46] Joseph, Kett. Rites of Passage: Adolescence in America, 1790 to the Present[M]. New York: Basic Books, 1977.

[47] Kane, T. J. The Price of Admission: Rethinking How Americans Pay for College[M]. Washington, D. C.: Brookings Institution Press, 1999.

[48] Karabel, Jerome. The Chosen: The Hidden History of Admission and Exclusion at Harvard, Yale and Princeton[M]. New York: Houghton Mifflin, 2005.

[49] Karabell, Zachary. What's College for: A Struggle to Define American Higher Education[M]. Basic Books: A Member of the Perseus Books Group, 1998.

[50] Keeton, Morris T. Models and Mavericks: A profile of private Liberal Arts Colleges[M]. New York: McGraw-Hill, 1971.

[51] Kinder, James S. The Internal Administration of the liberal Arts College[M]. New York: Bureau of Publications, Teachers College, Columbia University, 1934.

[52] King, Stanley. A History of the Endowment of Amherst College [M]. Amherst, Mass.: Amherst College, 1950.

[53] Kington, P.W., Lewis L. S. The High-Status Track: Studies of Elite Schools and Stratification[M]. New York: State University of New York Press, 1990.

[54] Koblik, S., Graubard, S. R. Distinctively American: The Residential Liberal Arts Colleges[M]. New Brunswick and London: Transaction Publishers, 2000.

[55] Koch, Connie Keith. Assessment of Dominant Learning Styles and Preference for Teaching Methods in Adult Studnets Attending A Liberal Small Liberal Arts College[M]. Southern Illinois University at Edwardville, 1984.

[56] Kuh George D., Schuh John H. The Role & Contribution of Student Affairs in Involving Colleges[M]. National Association of Student Personnel Administrators, Inc., 1991.

[57] Lattuca, Lisa R. Shaping the College Curriculum: Academic Plans in Content[M]. San Francisco: Jossey-Bass: A Wiley Imprint, 2009.

[58] Lawless, Greg. The Harvard Crimson Anthology: 100 Years at Harvard [M]. Boston: Houghton Mifflin Company, 1980.

[59] Leslie, W. Bruce. Gentlemen and Scholars: College and Community in the "Age of University", 1865 - 1917[M]. University Park: Pennsylvania State University Press, 1992.

[60] Levine, David O. The American College and the Culture of Aspiration, 1915 - 1940[M]. Ithaca, NY: Cornell University Press, 1986.

[61] Lewan, Lloyd Sheldon. A Study of Management Congruence as Related to Distinctiveness in Small Private Liberal Arts Colleges in the United States[M]. Oklahoma State University, 1980.

[62] Meiklejohn, Alexander. The Liberal College [M]. Boston: Marshall Jone Company, 1920.

[63] Miles, S. The Vocational-Liberal Arts Controversy: Looking Backwards[M]. Sugar Grove, IL: Wabaunsee Community College, 1986.

[64] Miller, Richard Earl, J. R. The Development of Reference

Services in the American Liberal Arts College, 1876－1976[M]. University of Minnesota, 1984.

[65] Millett, Fred B. The Rebirth of Liberal Education [M]. New York: Harcourt Brace and Company, 1945.

[66] Morgan, Hariiet Phiilips. Moving Missions: Organizational Change in Liberal Arts Colleges[M]. The University of Chicago, 1998.

[67] Morison, Samuel Eliot. Three Century of Harvard, 1636－1936 [M]. Cambridge, Massachusetts, 1937.

[68] Newman, Mary Alice. The Student and the College Community: A Study of Attrition and Persistence in a Highly Selective Liberal Arts College [M]. OERR, 1966.

[69] Oakley, Francis. Community of Learning: the American College and the Liberal Arts Tradition [M]. New York: Oxford University Press, 1992.

[70] Orrill, Robert. Education and Democracy: Reimaging Liberal Learning in America[M]. New York: College Entrance Examination Board, 1997.

[71] Pace, C. The Demise of Diversity: A Comparative Profile of Eight Types of Institutions [M]. Berkeley, CA: Carnegie Commission on Higher Education, 1974.

[72] Palmer, Archie M. The Liberal Arts College Movement[M]. New York: J. J. Little and Ives Company, 1930.

[73] Pasacrella, Ernest T. How College Affects Students: A Third Decade of Research[M]. San Francisco: Jossey-Bass, 2005.

[74] Pasacrella, Ernest T. How College Affects Students: Findings and Insights from Twenty Years Research [M]. San Franscisco: Jossey-Bass Publishers, 1991.

[75] Pasarella, Emest T. Liberal Arts Colleges and Liberal Arts Education: New Evidence on Impacts [M]. ASHE Higher EDUCATION Report, 2005.

[76] Pierson, George Wilson. Yale College: An Educational History, 1871－1921[M]. New Haven: Yale Univ. Press, 1952.

[77] Pope, Loren. Colleges That Change Lives: 40 Schools that You Should Know about even if You're not a Straight-A Student[M]. New York: Penguin Putnam Inc, 1996.

[78] Randall, William M. The College library: A Descriptive Study of the Libraries in Four-year Liberal Arts Colleges in the United States[M]. Chicago: American Library Association and the University of Chicago Press, 1932.

[79] Reeves Floyd W., Russell John Dale., Gregg H. C., et al. The Liberal Arts College: Based upon Surveys of Thirty-Five Colleges Related to the Methodist Episcopal Church [M]. Chicago: The University of Chicago, 1932.

[80] Rudolph, Frederick. Curriculum: A History of the American Undergraduate Course of Study Since 1636[M]. San Francisco: Jossey-Bass Publisher, 1978.

[81] Rudolph, Frederick. The American College and University: A History[M]. Athens and London: The University of Georgia Press, 1962.

[82] Runkel, Jane Elizabeth. Liberal Arts College Presidents: Credentials, Affiliation, Socialization and Inbreeding [M]. Northwestern University, 1987.

[83] Schmidt, George Paul. The Liberal Arts College: A Chapter in American Cultural History[M]. New Jersey: Rutgers University Press, 1957.

[84] Schneider C., Shoenberg R. Contemporary Understandings of Liberal Education: The Academic in Transition[M]. Washtington, D. C.: Association of American Colleges and Universities, 1998.

[85] Seldin, Peter. How Colleges Evaluate Professors. Current Policies and Practices in Evaluating Classroom Teaching Performance in Liberal Arts College[M]. New York: Blythe-Pennington, Ltd., 1976.

[86] Smith, Gregory Lee. Milton College: An Evaluative Case Study in Decline(Closings; Wisconsin)[M]. The University of Wisconsin-Madison, 1985.

[87] Smith, Harry E. Renewing Liberal Arts Colleges. Identifying,

Planning, Implementing, and Assessing Institutional Renewal[M]. Society for Values in Higher Education, 1976.

[88] Stancil, Wilbum T. A Student's Guide to the Liberal Arts[M]. Kansas: Rockhurst University Press, 2003.

[89] Stone, Lawrence. The University in Society(Vol.1)[M]. New Jersey: Princeton University Press, 1974.

[90] Thelin, J. A History of American Higher Education [M]. Baltimore: Johns Hopkins University Press, 2004.

[91] Thompson Dr., LaVerne Elizabeth. A Study of Influence in Liberal Education and Liberal Educational Though: Presidents Alexander Meiklejohn and Charles W. Cole of Amherst College[M]. The University of Toledo, 1991.

[92] Ward, Merle Scott. Philosophies of Administration Current in the Deanship of the liberal Arts College[M]. New York, Teachers College, Columbia University, 1934.

[93] Wegener, Charles. Liberal Education and the Modern University [M]. Chicago and London: The University of Chicago Press, 1978.

[94] William Whitcomb Whitehouse. Geographical Distribution of Liberal Arts Students in Michigan Colleges and Universities[M]. Cooperative Bureau for Educational Research, 1938.

[95] Winter D., McClelland D., Stewart A. A New Case for the Liberal Arts[M]. San Francisco: Jossey-Bass, 1981.

[96] Wynn, G. richard. At the Crossroads: A Reports on the Financial Condition of the Forty-Eight Liberal Arts Colleges Previous Studied in the Golden Years, the Turning Point[M]. Ann Arbor: Center for the Study of Higher Education, School of Education, the University of Michigan, 1974.

[97] Young Malcolm Oakman. Amherstiana: A Bibliography of Amherst College[M]. Amherst, Massachusetts: Amherst College, 1921.

2. 期刊文章及学位论文

[1] Adams, David E. The Teaching of Religion in the Liberal Arts College[J]. Journal of the National Association of Biblical Instructors, 1934,

2(2):56 - 60.

[2] Ana M. Martinez, Katya Salkever. Mission, Multiculturalism, and the Liberal Arts College: A Qualitative Investigation [J]. The Journal of Higher Education. Columbus, 2003, 74(5):563 - 596.

[3] Anthony P. Carnevale, Jeff Strohl. The Demographic Window of Opportunity: Liberal Education in the New Century [J]. Peer Review, Winter, 2001.

[4] Arkinson D., Swanson D., Reardon M. The State of Liberal Education: Part 2. Assessing Institutional Perspective[J]. Liberal Education, 1998, 84(2):26 - 31.

[5] Astin, Alexander W. How the Liberal Arts College Affects Students [J]. The MIT Press, 1999, 128(1):77 - 100.

[6] Atkinson, D. The State of Liberal Education [J]. Liberal Education, 1997, 83(2):48 - 54.

[7] Axtell, James. The Death of the Liberal Arts College[J]. History of Education Quarterly, 11, 4,71, 1971:339 - 352.

[8] Blackburn, Robert T. General Education in Liberal Arts Colleges [J]. New Dimensions in Higher Education, 1967,(24).

[9] Black Max, Murphy Arthur E. Liberal Arts in Wartime[J]. The Journal of Higher Education, 1943, 14(3):121 - 125.

[10] Blaich Charles, Bost Anne, Ed Chan, et al. Executive Summary: Defining Liberal Arts Education[J]. 2004, 23,(February).

[11] Blauch, L. E. Teacher Training in Colleges of Liberal Arts[J]. Peabody Journal of Education, 1932, 10(2):92 - 97.

[12] Blayney, Thomas Lindsey. The Renascence of the Liberal Arts College[J]. The Sewanee Review, 1912, 20(2):175 - 190.

[13] Blecker, Michael. Beyond Survival in the 1980s for Liberal Arts Colleges[J]. Liberal Education, 1980, 66(3):357 - 363.

[14] Bowen, Howard R. Why Preserve Liberal Arts College [J]. Change, 1975,(75): 7, 6, 9, 72.

[15] Breneman, D. Are We Losing our Liberal Arts Colleges [J].

College Board Review, 1990, 150:16-21.

[16] Breneman, David W. For Whom is Liberal Education Produced [J]. New Direction for Higher Education, 1994, 85:53-59.

[17] Brennan, Robert Thomas. The Making of the Liberal College: Alexander Meiklejohn at Amherst[J]. History of Education Quarlerly, 1988, 28(4):569-597.

[18] Breslich, E. R. The Improvement of Practice Teaching in the Liberal-Arts College: Organization and Administration of Practice-teaching in Privately Endowed College of Liberal Arts by Jacob I. Baugher[J]. The School Review, 1932,40(5): 389-390.

[19] Campbell, James A. Accounting in the Curriculum of the Small Liberal Arts College[J]. The Accounting Review, 1930, 5(2):142-145.

[20] Carnes, Bruce M. A Profile of Private Liberal Arts Colleges[J]. Reports-Research Technical, 1978:(143).

[21] Carnevale A., Strohl J. The Demographic Window of Opportunity: Liberal Education in the New Century[J]. Peer Review, 2001, 3(2):10-13.

[22] Chandler, John W. The Liberal Arts College in Postindustrial Society[J]. Educational Record, 1974, 55(2):126-130.

[23] Cowley, W. H. Liberal-Arts Students: Comparisons of Students of Teachers Colleges and Students of Liberal-Arts Colleges by Margaret Kiely [J]. The Journal of Higher Education, 1933,4(2):105-106.

[24] Cowley, W. H. Liberal-Arts Students: Factors Influencing the Choice of Courses by Students in Certain Liberal-Arts College by Helen Foss Weeks[J]. The Journal of Higher Education, 1933, 4(2):106.

[25] Creager, J. O. The Curriculum for the College of Liberal Arts. Reports of the Curriculum Conference Held at Rollins College[J]. Journal of Educational Sociology, 1931, 5(3):195.

[26] Cutten, George Barton. The Futures of the American Liberal-Arts College[J]. The Journal of Higher Education, 1939, 10(2):59-67.

[27] Davis, E. P. The Negro Liberal Arts College[J]. The Journal of

Negro Education, 1933, 2(3):299 - 311.

[28] Durden, W. Liberal Arts for All[J]. Trusteeship, 2002, 10(2): 25 - 28.

[29] Durst, Maribeth, Schaeffer E. Marilyn. A Cultural Analysis of Student Life at a Liberal Arts College[J]. Lewiston/Wueenston/Lampeter: The Edwin Mellen Press, 1992.

[30] Feedman, J. On a Liberal Education: Have Our Curricula Been Adulterated by Vocationalism[J]. Spectator, 2000,(33):10 - 11.

[31] Geiger, Louis G. The Impending Crisis of the Liberal Arts Colleges[J]. AAUP Bulletin, 1971,(71): 57, 4, 500 - 504.

[32] Gilbert, Joan. The Liberal Arts College: Is It Really an Endangered Species[J]. Change, 1995, 27(5):36.

[33] Gillcrist, Thomas J. Changes and Continuities in A Liberal Arts College, 1963 - 1983[J]. ADE Bulletin, 1986,(83):19 - 24.

[34] Gray, W. S. Philosophies of Education Current in the Preparation of Teachers in the United States: A Study of Four State Teachers College, Twelve Normal Schools, and Nine Liberal Arts Colleges by Francis Edwin Peterson[J]. The Elementary School Journal, 1934, 34(9):711 - 713.

[35] Griffin, F. L. The Undergraduate Mathematical Curriculum of the Liberal Arts College[J]. The America Mathematical Monthly, 1930, 37(2): 46 - 54.

[36] Hanslein, John D. The Position of Accounting in the Small Liberal Arts College[J]. The Accounting Review, 1930, 5(2):150 - 152.

[37] Harriman, Philip L. Antecedents of the Liberal-Arts College[J]. The Journal of Higher Education, 1935, 6(2):63 - 71.

[38] Hazzard, J. C. What Should Differentiate the Course of Study in the Teacher-Training Institution from the Course of Study in the College of Liberal Arts[J]. The English Journal, 1926, 15(9):695 - 700.

[39] Hersh,. Richard H. The Liberal Arts College, the Most Practical and Professional Education for the 21st Century[J]. Liberal Educaiton, June1, 1997:24 - 1822.

[40] Higgins, Paul S., Rossmann Jack E. Student Characteristics Preferred by the Faculty at a Liberal Arts College[J]. Journal of College Student Personnel, 1973,13(3):225－230.

[41] Immerwahr. J., Harvey. J. What the Public Thinks of College [N]. Chronicle of Higher Education, 1995, 41(35):B1.

[42] Isetii, Ronald. The Future of Liberal Arts College: Commercialization or Integrity[J]. Liberal Education, 1974:539－547.

[43] Johansson, Charles B., Rossmann Jack E. The Disadvantaged Student at a Liberal Arts College[J]. Research in Higher Education, 1974, (2):195－206.

[44] King, Edgar A. Can Professional Education Survive in the Traditional Liberal Arts Colleges[J]. Teacher Education, 1969, 20:15－16.

[45] Lattuca, L., Stark J. Liberal Studies and Professional Specialization [J]. AAC&U Peer Review, 2001, 3(2):4－8.

[46] Lewis, E. E. Teacher Training in Liberal-Arts Colleges[J]. Educational Research Bulletin, 1929, 8(11): 247－248.

[47] Lind, L. Robert. College Bells: The Teacher and the Liberal Arts College[J]. The Sewanee Review, 1938, 46(4):417－431.

[48] Manchester, Earl N. Use of Government Documents: The Selections of United States Serial Documents for Liberal Arts College by Kathryn Naomi Miller[J]. The Journal of Higher Education, 1939, 10(8):460－461.

[49] Mayfarth, William C. The Inclusion of Musical Studies in the Liberal Arts College Coures[J]. Music Supervisor Journal, 1930, 17(2): 25, 52, 53.

[50] McConaughy, James L. Is the Liberal-Arts College Doomed[J]. The Journal of Higher Education, 1938, 9(2):59－67.

[51] McCracken, C. C. A compilation of Details: The Liberal Arts College by Floyed Reeves[J]. The Journal of Higher Education, 1932, 3 (7):400.

[52] McPheeters, Alphonso A. The Department of Education in Seventeen Small Negro Liberal Arts Collges[J]. The Journal of Negro

Education, 1938,7(2):160 - 164.

[53] McPherson, M. S., Schapiro, M. O. The Future Economic Challengers for the Liberal Arts Colleges[J]. Daedalus, 1999:128.

[54] Meland, Bernard Eugene. The Study of Religion in a Liberal Arts College[J]. Journal of Bible and Religion, 1937, 5(2):62 - 69.

[55] Mohrman, K. What Really Matters in the Liberal Arts [J]. Trusteeship, 1999,7(4):8 - 12.

[56] Ogan, R. W. The College Dean: Philosophies of Administration Current in the Deanship of the Liberal Arts College by Merle Scott Ward[J]. The Journal of Higher Education, 1935, 6(9):502 - 503.

[57] Oppenheimer, J. J. Two Diverse Studies of the Arts College[J]. The School Review, 1932, 40(10):787 - 788.

[58] Paulsen, Michael B. Curriculum Change at Liberal Arts Colleges: The Influence of Financial Conditions[J]. Liberal Education, March, 1990: 24 - 1822.

[59] Pfnister, Allan O. The Role of the Liberal Arts College: A Historical Overview of the Debates[J]. Journal of Higher Education, 1984, 55(2): 145 - 170.

[60] Rainey, Homer P. A Status Study: The Internal Administration of the Liberal Arts College by James S. Kinder [J]. The Journal of Higher Education, 1934, 5(9):509.

[61] Reeves, Floyd W. The Liberal-Arts College[J]. The Journal of Higher Education, 1930, 1(7):373 - 380.

[62] Richey, Robert W. A Wealth of Material: Trends of Professional Opportunities in the Liberal Arts College [J]. The Journal of Higher Education, 1939, 10(1):57 - 58.

[63] R. ,J. R. Factors Influencing the Choice of Courses by Students in Certain Liberal Arts Colleges by Helen Foss Weeks [J]. Peabody of Education, 1931, 9(3):187.

[64] Russell, John Dale. A Typical Liberal- Arts College[J]. The Journal of Higher Education, 1934, 5(7):405.

[65] Shea, C. Idealism and Economic Pragmatism Mix in Debate over Value of Liberal Arts[N]. Chronicle of Higher Education, 1993, 39(25): A16.

[66] Sidney, Hook. A Challenge to the Liberal-Arts College[J]. The Journal of Higher Education, 1939, 10(1):14-58.

[67] Splete, Allen P. Values and the Survival of the Liberal Arts College[J]. Liberal Education, Mar, 1977, 60(3):377-384.

[68] Stark, J. Liberal Education and Professional Programs: Conflict, Coexistence, or Compatibility[J]. New Direction for Higher Education, 1987, 15(1):91-102.

[69] Stretch, Lorena B. Extra of a College Professor (Liberal Arts) [J]. Peabody Journal of Education, 1937, 15(3):131-134.

[70] Sweet, William Warren. Methodist College Education: The Liberal Arts College upon Surveys of Thirt-Five Colleges Related to the Methodist Episcopal Church by Floyd W. Reeves, John Dale Russell, H. C. Gregg, A. J. Brumbaugh, L. E. Blauch[J]. The Journal of Religion, 1933, 13(2): 233-234.

[71] Tansil, Rebecca C. The Present Status of the Registrar's Office in the Small Accredited Liberal Arts College of the Southern States[J]. Peabody Journal of Education, 1928, 5(6):333-338.

[72] Thurber, Clarence Howe. The Liberal-Arts College[J]. The Journal of Higher Education, 1934, 5(7):382-388.

[73] Umbach, Paul D., Kuh George D. Student Experience with Diversity at Liberal Arts College: Another Claim for Distinctiveness[J]. The Journal of Higher Education, 2006, 77(1):169-192.

[74] Wilkins, Ernest H. Liberal-Arts Colleges in Teacher Education [J]. The School Review, 1931, 39(8):576-584.

[75] Will, Earhart. Music in the Liberal Arts College[J]. Music Educators Journal, 1935, 21(6):53.

[76] Wright, Harvey A. Mathematics in the Liberal Arts College[J]. National Mathematics Magazine, 1935, 9(4):95-99.

[77] Wyer, J. I. The Library: The College Library; A descriptive Study of the Libraries in Four-Year Liberal Arts Colleges in the United States by William M. Randall[J]. The Journal of Higher Education, 1932, 3(7):397.

[78] Zeleny, Leslie Day. Scholarship and Democracy by J. B. Johnston; The Nature of a Liberal College by Henry M. Wriston... [J]. American Sociological Review, 1938, 3(1):123-126.

三、网络资源

[1] 开放图书馆: http://openlibrary. org/

[2] 美国博雅学院协会(Consortium of Liberal Arts College, CLAC): http://www. kiberalarts. org/

[3] 美国大学和学院联合会(The Association of American Colleges and Universities, AACU): http://www. aacu. org/

[4] 在线数字图书馆: http://www. archive. org/; http://www. hathitrust. org/

[5] 在线图书、报纸杂志等档案资料: http://onlinebooks. library. upenn. edu/

后　记

本书是在我的博士论文基础上修改完成的。北京师范大学六年的学习和生活给予了我太多，在这里我度过了人生中最简单、充实和快乐的六年，接触和认识了很多可敬可亲的学者、老师、同学和朋友。在收获知识的同时，我也收获了理解和感动，这些都将成为我人生中最珍贵的回忆和最宝贵的财富。

本书得以完成，首先要感谢恩师张斌贤教授。正是张老师的知遇之恩，我才有了在北师大进一步求学的宝贵机会。六年来，张老师不仅以其博学严谨的治学精神感染着我，而且以其勤奋认真的人生态度激励着我。在点点滴滴的言传身教中，老师不仅教会了我如何治学，还教会了我如何为人处世，令我受益终身。老师不仅在学术上孜孜以求，而且深怀一颗温暖宽厚的师者之心，在学习和生活的严格要求中饱含着对学生的爱护和为人之师的良苦用心。正如已经毕业的陈瑶师姐所说，张老师时刻为学生着想，把学生的事当成自己的事情来关心。能够成为张老师的学生，我深感幸运，也倍感幸福。本书从选题、写作到最终出版，张老师都付出了大量心血，提供了最主要的指导。

其次，感谢北京师范大学外国教育史专业其他授业老师给予的教导、关心和鼓励。感谢我的硕士导师孙益老师，孙老师不仅在学习上一直鼓励和督促我，而且在生活上给予我很多关心和帮助。在博士论文开题和写作过程中，孙老师为我提供了资料和宝贵意见。感谢郭法奇老师、李子江老师和王晨老师在我博士论文开题和写作过程中提出宝贵建议和提供文献资料。感谢北京师范大学其他为我的学习生活提供了引导和无私帮助的老师。

感谢周采教授、贺国庆教授、王保星教授、李立国教授和郭法奇教授，他们在我博士论文答辩中提出了许多宝贵的意见和建议。

感谢为本书资料收集提供无私帮助的同学们。感谢外国教育史大家庭一起学习的同窗林伟、涂诗万、康绍芳、祝贺、王慧敏（博）、李曙光、曹春平、王慧敏（硕）、郑菲遐、高玲、董静和张潇方等，大家在学习上互相鼓励和启发，生活上相互关心和帮助，让我倍感温暖。外国教育史专业其他已经毕业和未毕业的师兄师姐师弟师妹，在此也一并感谢。

感谢我的家人对我学业的支持。

本研究项目得到“中央高校基本科研业务费专项资金”资助，谨在此表示感谢。感谢浙江教育出版社冯傲雪和戴正泉等同志为此书出版所付出的努力。

因本人才疏学浅，从博士论文完成至拙著写成已有较长一段时间，回头再看当时的研究，深感仍有完善和拓展的空间，书中也难免有不妥和疏漏之处，敬请学界的专家和同仁给予批评指正。

刘春华

2015 年 3 月 20 日

图书在版编目（C I P）数据

美国博雅学院的现代转型 / 刘春华著. -- 杭州 :
浙江教育出版社, 2015.10（2016.8 重印）
（美国教育变革研究）
ISBN 978-7-5536-2750-2

Ⅰ. ①美… Ⅱ. ①刘… Ⅲ. ①高等教育－教育史－研究－美国 Ⅳ. ①G649.712.9

中国版本图书馆CIP数据核字(2015)第030149号

美国教育变革研究
MEIGUO JIAOYU BIANGE YANJIU
美国博雅学院的现代转型
MEIGUO BOYA XUEYUAN DE XIANDAI ZHUANXING
刘春华 著

责任编辑 冯傲雪
责任校对 戴正泉
封面设计 曾国兴
责任印务 陈 沁
出版发行 浙江教育出版社
（杭州市天目山路 40 号 邮编 310013）
激光照排 杭州兴邦电子印务有限公司
印 刷 杭州富春印务有限公司
开 本 710mm × 1000mm 1/16
印 张 14.25
插 页 3
字 数 233 000
版 次 2015 年 10 月第 1 版
印 次 2016 年 8 月第 2 次印刷
标准书号 ISBN 978-7-5536-2750-2
定 价 30.00 元
联系电话 0571-85170300-80928
电子邮箱 zjjy@zjcb.com
网 址 www.zjeph.com